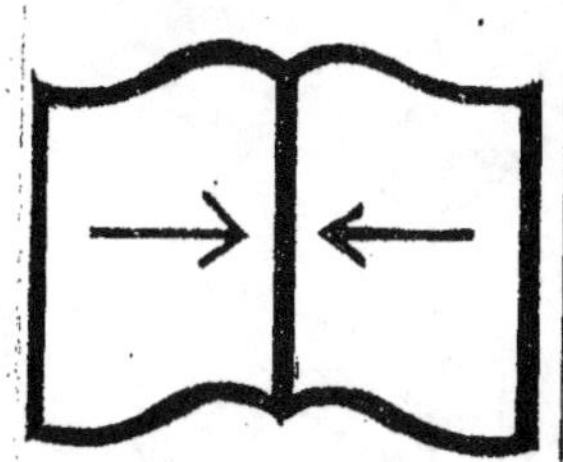

RELIURE SERREE
Absence de marges
intérieures

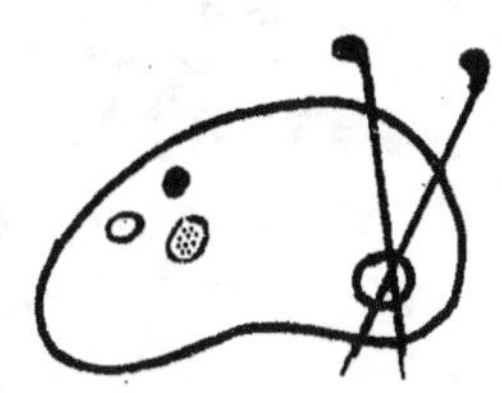

Couvertures supérieure et inférieure
en couleur

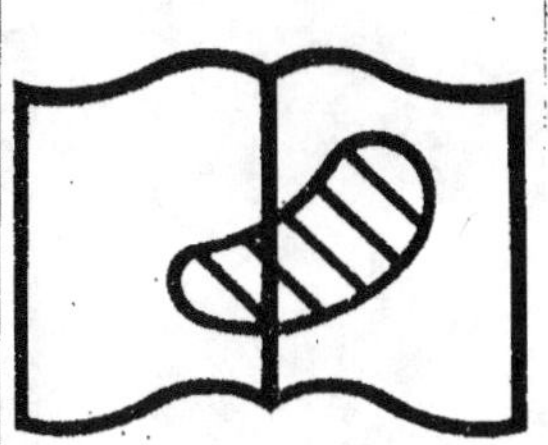

Couvertures supérieure et inférieure
partiellement illisibles

DEUXIÈME ÉDITION

LES DRAMES DE LA VIE

LA GRAND'MÈRE

PAR

ÉMILE RICHEBOURG

II

LES MISÉRABLES

E. D.

PARIS

DENTU & Cie, ÉDITEURS

LIBRAIRES DE LA SOCIÉTÉ DES GENS DE LETTRES

PALAIS-ROYAL, 15-17-19, GALERIE D'ORLÉANS

ET 3, PLACE VALOIS

1887

PUBLICATIONS RÉCENTES DE LA LIBRAIRIE E. DENTU

GUSTAVE AIMARD

Œuvres complètes en 1[illegible] vol., chaque vol. se vend séparément. 3 »

E. DU BOISGOBEY

- La Bande Rouge. 2 vol. 6 »
- La Belle Geôlière. 2 vol. 6 »
- Le Cri du sang. 2 vol. 6 »
- Le Mari de la Diva. 1 vol. 3 »
- Le Secret de Berthe. 2 vol. 6 »
- Jean Coupe-en-deux. 1 vol. 3 »

EUGÈNE CHAVETTE

- Aimé de son concierge. 1 vol. 3 »
- Défunt Brichet. 2 vol. 6 »
- Nous marions Virginie. 1 vol. 3 »
- L'Oncle du Monsieur de Madame. 1 vol. 3 »
- Si j'étais riche. 2 vol. 6 »

PAUL FÉVAL

- Le Bossu. 2 vol. 7 »
- Le Capitaine Fantôme. 1 vol. 3 50
- Les Mystères de Londres. 1 vol. 3 50
- Madame Gil Blas. 2 vol. 7 »

ÉMILE GABORIAU

- L'Affaire Lerouge. 1 vol. 3 50
- L'Argent des Autres. 2 v. 7 »
- La Clique dorée. 1 vol. 3 50
- La Corde au cou 1 vol. 3 50
- Le Crime d'Orcival 1 vol. 3 50
- La Dégringolade. 2 vol. 7 »
- Le Dossier N° 113. 1 vol. 3 50
- Les Gens [illegible] 1 vol. 3 50
- Le 13e Hussards. 1 vol. 3 50
- Monsieur Lecoq. 2 vol. 7 »

A. MATTHEY (Arthur Arnould)

- La belle Julie. 1 vol. 3 50
- Cherchez la Femme. 1 v. 3 50
- Le Duc de Kandos. 1 vol. 3 50
- Les deux Duchesses. 1 v. 3 50
- La Fille Mère. 1 vol. 3 50
- Le Roi des Mendiants. 1 vol. 3 50
- Le Passé d'une Femme. 1 vol. 3 50
- Thérèse Buisson. 1 vol. 3 50
- La Fête de Saint-Remy. 1 vol. 3 50
- La Princesse Belladone. 1 vol. 3 50
- Les Noces d'Odile. 1 vol. 3 50

CHARLES MEROUVEL

- Cœur de Créole. 1 vol. 3 50
- Dos à dos. 1 vol. 3 50
- Le Gué aux Biches. 1 v. 3 50
- Solange Fargeas. 1 vol. 3 50
- Les derniers Kérandal. 2 vol. 7 »
- Le Divorce de la Comtesse. 1 vol. 3 50
- Fleur de Corse. 1 vol. 3 50
- La Maîtresse du Ministre. 1 vol. 3 50
- Le Krach. 1 vol. 3 50
- Le Roi Crésus. 2 vol. 7 »
- La Veuve aux 100 Millions. 2 vol. 7 »
- La Vertu de l'abbé Mirande. 1 vol. 3 50

XAVIER DE MONTÉPIN

- La Baladine. 2 vol. 6 »
- La Bâtarde. 2 vol. 6 »
- La Belle Angèle 6 vol. 18 »
- Le Bigame. 2 vol. 6 »
- Le dernier duc d'Hallaly. 4 vol. 12 »
- Le Fiacre n° 13. 4 vol. 12 »
- La Fille de Marguerite. 6 vol. 18 »
- Les Filles de bronze. 5 vol. 15 »
- Les Filles du Saltimbanque. 2 vol. 6 »
- Le Mari de Marguerite. 3 vol. 9 »
- Les Maris de Valentine. 2 vol. 6 »
- Sa Majesté l'Argent. 5 vol. 15 »
- Le Médecin des Folles. 5 vol. 15 »
- La Porteuse de Pain. 6 vol. 18 »
- Sa [illegible] l'Amour. 6 vol. 18 »
- La Sorcière rouge. 3 v. 9 »
- Les Tragédies de Paris. 4 vol. 12 »
- Le Ventriloque. 3 vol 9 »
- La Vicomtesse Germaine. 3 vol. 9 »
- La Voyante. 4 vol. 12 »

PONSON DU TERRAIL

Œuvres complètes en 84 vol., chaque vol. 3 »

ÉMILE RICHEBOURG

- Andréa la Charmeuse. 2 vol. 6 »
- Un Calvaire. 1 vol.
- Les deux Berceaux. 2 v.
- La Dame voilée. 1 vol.
- Les deux Mères. 2 vol.
- Les Drames de la Vie. 3 vol.
- L'Enfant du Faubourg. 2 vol.
- La fille Maudite. 2 vol.
- Le Fils. 2 vol.
- L'Idiote. 3 vol.
- Jean Loup. 3 vol.
- Le Mari. 3 vol.
- Les Millions de Joramie 3 vol. 9
- La Nonne amoureuse. 1 vol. 3

PAUL SAUNIÈRE

- A travers l'Atlantique. 1 vol. 3
- Le Beau Sylvain. 2 vol. 6
- Flamberge. 2 vol. 6
- Le Legs du Pendu. 1 v. 3
- Deux rivales. 1 vol. 3
- Mam'zelle Rossignol. 2 vol. 6
- La petite Marquise. 1 v. 3
- Le Secret de la Roche-Noire. 1 vol. 3

LÉOPOLD STAPLEAUX

- Les Amours d'une Horizontale. 1 vol. 3
- Les Amoureux de Lazarine. 1 vol. 3
- La Reine de la Gomme. 1 vol. 3
- Les Cocottes du grand Monde. 1 vol. 3
- Les Belles Millionnaires 1 vol. 3
- Le Coucou. 3 vol. 9
- Les Compagnons du Glaive. 1 vol. 1
- La Langue de Mme Z. 1 vol. 3
- La Nuit du Mardi gras. 1 vol. 3
- Les Viveuses de Paris. 1 vol. 3
- Une Victime du Krach. 1 vol. 3
- Le Capitaine Rouge. 1 v. 3

PIERRE ZACCONE

- Les Drames du Demi-Monde. 2 vol. 6
- Les Nuits du Boulevard 2 vol. 6

Bibliothèque choisie de Romans contemporains. 1 fr. le vol.

Biblioth. choisie des chefs-d'œuvre franç. et étr. 26 vol. à 1 fr

Paris. — Typ Noizette

LES DRAMES DE LA VIE

LA GRAND'MÈRE

II

LES MISÉRABLES

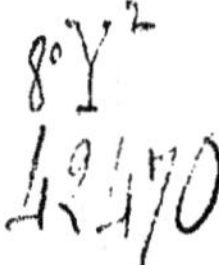

OUVRAGES DU MÊME AUTEUR

ANDRÉA LA CHARMEUSE, 5e édition. . . . . 2 vol.
UN CALVAIRE, 2e édition . . . . 1 vol.
LES DEUX BERCEAUX, 4e édition . . . . 2 vol.
LA DAME VOILÉE, 6e édition. . . . . 1 vol.
DEUX MÈRES, 6e édition. . . . . 2 vol.
LA PETITE MIONNE, 4e édition. . . . . 3 vol.
L'ENFANT DU FAUBOURG, 4e édition. . . . . 2 vol.
LA FILLE MAUDITE, 8e édition . . . . 2 vol.
LE FILS, 6e édition. . . . . 2 vol.
L'IDIOTE, 4e édition . . . . 3 vol.
JEAN LOUP, 4e édition . . . . 3 vol.
LES MILLIONS DE M. JORAMIE, 3e édition . . . . . 3 vol.
LE MARI, 3e édition. . . . . 3 vol.
LA NONNE AMOUREUSE, 4e édition . . . . 1 vol.

EN COLLABORATION AVEC M. DE LYDEN

LES AMOUREUSES DE PARIS. . . . . 2 vol.

BIBLIOTHÈQUE CHOISIE A 1 FR. LE VOLUME

LA BELLE TIENNETTE . . . . 1 vol.
HISTOIRE D'UN AVARE, D'UN ENFANT ET D'UN CHIEN . 1 vol.
QUARANTE MILLE FRANCS DE DOT . . . . 1 vol.

EMILE COLIN. — Imprimerie de Lagny.

LES DRAMES DE LA VIE

LA GRAND'MÈRE

PAR

ÉMILE RICHEBOURG

II

LES MISÉRABLES

PARIS
DENTU ET CIE, ÉDITEURS
LIBRAIRES DE LA SOCIÉTÉ DES GENS DE LETTRES
PALAIS-ROYAL, 15-17-19, GALERIE D'ORLÉANS
ET 3, PLACE DE VALOIS

1887

LES DRAMES DE LA VIE

LA GRAND'MÈRE

DEUXIÈME PARTIE

LES MISÉRABLES

I

AU CHATEAU DE LA POMELIÈRE

Un jour de décembre, par un affreux temps froid et neigeux, M. le marquis de Prémorin, accompagné de son fidèle Célestin, arriva au château de la Pomelière.

Il n'avait pas annoncé sa visite et on l'attendait si peu que le régisseur du domaine resta un long instant muet de surprise et comme pétrifié en reconnaissant son maître et Célestin, lequel avait été autrefois son ami.

Le château de la Pomelière a été édifié sur une des

pentes des collines du Perche, à quelques lieues de Mortagne.

Le domaine de la Pomelière, qui se composait, outre le château et le parc, d'une belle ferme et de plusieurs centaines d'hectares de bois, avait fait partie de l'héritage de la marquise de Prémorin, dont le jeune comte Sosthène de Prémorin avait été mis en possession à sa majorité et que Charlotte Letellier lui avait fait dévorer en quelques années.

C'était dans un des bois du domaine, un jour de chasse au chevreuil, qu'une balle avait frappé mortellement le comte Sosthène, et, quelques heures après, il avait rendu le dernier soupir dans une chambre du château.

Le domaine de la Pomelière était alors la dernière épave de la fortune de Sosthène, et encore était-il grevé d'hypothèques.

Après la mort du malheureux jeune homme, il avait été saisi au nom des créanciers et mis en vente. Le marquis l'avait racheté et avait payé ainsi les dettes de son fils.

Mais, depuis la catastrophe qui avait fait au cœur de M. de Prémorin une blessure incurable, il ne s'était pas senti le courage de visiter les lieux qui lui rappelaient ce douloureux souvenir ; et Jacques Blaisois, le régisseur du domaine, un ancien serviteur de la famille de Prémorin, n'avait pas vu le marquis depuis le jour, où, tout en larmes et la poitrine pleine de sanglots, il était venu lui annoncer la mort tragique de son fils.

Pendant dix-huit ans, le vieux Blaisois avait vainement espéré que le marquis viendrait passer quelques jours à la Pomelière.

Il se consolait en se disant qu'il avait la confiance

de son maître et que tout ce qu'il faisait était trouvé bien.

Chaque année, à la Saint-Martin, il réglait ses comptes avec l'intendant de M. de Prémorin, et tout était dit.

On comprend la surprise, la stupéfaction, la joie du brave régisseur, en voyant arriver le marquis en plein hiver, c'est-à-dire au moment où il l'attendait le moins.

— Mon ami, dit le marquis à Blaisois, en lui serrant la main, je remarque avec satisfaction que vous êtes heureux de me revoir.

— Ah ! monsieur le marquis, j'attends depuis dix-huit ans la joie que j'éprouve aujourd'hui.

— J'avais des raisons pour ne pas venir à la Pomelière ; du reste, vous n'ignorez pas que j'ai passé bien des années loin de la France. D'autre part, mon brave Blaisois, ma présence ici n'a jamais été bien nécessaire ; je connais votre dévouement et je savais que je pouvais me reposer entièrement sur vous. Depuis dix-huit ans, l'administration du domaine n'a rien laissé à désirer. Merci, Blaisois, merci, mon ami.

— Oh ! monsieur le marquis !

— Je vous témoigne ma satisfaction.

— Monsieur le marquis restera-t-il plusieurs jours au château ?

— Deux ou trois jours seulement. Demain, nous visiterons le domaine, et, si vous avez quelques améliorations à me proposer, elles seront immédiatement décidées.

— Merci, monsieur le marquis. Je vais faire préparer une chambre à monsieur le marquis.

— Oui, Blaisois, celle où mon pauvre fils est mort.

Le régisseur s'inclina respectueusement devant son maître, puis s'éloigna pour aller donner des ordres.

M. de Prémorin, suivi de Célestin, se mit en devoir de visiter les appartements.

Il y avait partout des traces de l'abandon où le château avait été laissé. Comme le maître n'était pas attendu, il y avait une épaisse couche de poussière sur les meubles; dans plusieurs pièces, les tapisseries détachées des murs retombaient sur le parquet; le papier, envahi par la moisissure, était en lambeaux.

— Le temps ne respecte rien, pensait le marquis, sur les hommes comme sur les choses, sur tout il porte ses ravages.

Il marchait lentement, la tête inclinée, pensif.

Il ne disait rien à Célestin et celui-ci respectait le recueillement de son maître.

Le marquis semblait évoquer, les uns après les autres, les lugubres souvenirs depuis longtemps endormis sous les voûtes sombres du château.

Quand il entra dans la chambre qui avait été celle de Sosthène et que déjà l'on avait préparée, le vieillard fut secoué par un tremblement nerveux et resta un long instant suffoqué par l'émotion.

Dans cette chambre rien n'avait été changé, le lit et les autres meubles étaient aux mêmes places. Sur un bureau d'acajou, le marquis voyait l'encrier où, pour la dernière fois, son fils avait trempé sa plume dans l'encre.

Il laissa échapper un long soupir et essuya ses yeux mouillés de larmes.

— Je me croyais plus fort, murmura-t-il, et, après

tant d'années écoulées, moins accessible à la douleur du souvenir. Décidément, j'ai eu tort du venir ici.

Le soir, le marquis se coucha sur le lit dans lequel son fils avait rendu le dernier soupir. Il l'avait voulu. Mais il lui fut impossible de fermer les yeux; pendant les longues heures d'une nuit d'insomnie, il vit passer et repasser devant lui de sombres fantômes.

Il pensa à Charlotte Letellier, à Sosthène et à son meurtrier. Il suivit ce dernier devant la cour d'assises et se rappela les longs débats de l'affaire criminelle à la suite desquels le garde-chasse Frédéric Lapret, bien qu'il eût constamment et énergiquement protesté de son innocence, avait été condamné aux travaux forcés à perpétuité.

Le garde-chasse Lapret était-il coupable?

Avant de mourir, Sosthène l'avait désigné comme son assassin; il avait vu le garde le mettre en joue et tirer. C'était surtout la déclaration de la victime qui avait fait condamner Lapret.

Le marquis n'avait pas assisté aux débats; mais il en avait lu le compte rendu très attentivement dans la *Gazette des Tribunaux*, et, plus tard, il avait pu prendre connaissance de toutes les pièces de la procédure.

Eh bien, malgré l'accusation de Sosthène portée contre le garde-chasse, malgré ces paroles que Lapret, très amoureux de sa femme, avait laissé échapper un jour: « Si un homme se permettait de faire la cour à ma femme, je le tuerais! » malgré cela, le marquis n'avait point trouvé que la culpabilité du garde-chasse eût été clairement démontrée, et, en raison de l'obscurité de certains faits, il avait eu souvent cette pensée que le jury avait pu subir l'influence du violent réquisitoire du ministère public et que les juges, à leur tour, avaient peut-être condamné un innocent.

Pour tout dire, le marquis de Prémorin soupçonnait Charlotte Letellier de ne pas avoir été étrangère à l'assassinat de son fils.

D'un autre côté, dans sa conscience et son cœur d'honnête homme, bien des choses plaidaient en faveur du condamné.

C'est qu'il connaissait Frédéric Lapret; c'était lui qui, dix ans avant la mort de Sosthène, l'avait investi des fonctions de gardien des chasses du domaine de la Pomelière.

Lapret lui avait été recommandé par un de ses meilleurs amis, le colonel de Bornier. Il venait d'être libéré du service militaire avec le grade de sergent-fourrier; il avait fait plusieurs campagnes en Afrique où il s'était plus d'une fois distingué par son courage; enfin, il avait toujours eu une excellente conduite.

Après avoir répondu à la recommandation du colonel de Bornier par son dévouement et ses bons services comme garde-chasse, était-il possible que Lapret, au lieu de se montrer reconnaissant du bien que lui avait fait le marquis, eût été assez ingrat, assez oublieux de son passé irréprochable, pour assassiner son maître?

Voilà pourquoi un doute sur la culpabilité du garde était toujours resté dans l'esprit du marquis de Prémorin. Et c'est parce qu'il avait ce doute que le marquis s'était intéressé à la femme et au fils du condamné. Mystérieusement, d'une façon occulte, il avait veillé sur eux. Sans lui, que seraient devenus ces malheureux? Dieu seul le sait.

Grâce au marquis, madame Lapret avait joui d'un

certain bien-être, qui lui avait permis d'élever convenablement son fils.

Tous les trimestres, elle recevait une somme d'argent, et jamais elle n'avait pu découvrir le nom de son mystérieux bienfaiteur.

Elle avait changé de nom et se faisait passer pour veuve ; son fils croyait qu'elle était veuve réellement; n'ayant jamais eu connaissance de la condamnation de son père, il ignorait qu'il fût le fils d'un forçat.

A sept heures et demie, le marquis sonna Célestin, et, quand le valet de chambre eut allumé un grand feu dans la cheminée, M. de Prémorin se leva.

Il avait fait sa toilette et achevait de s'habiller, lorsqu'on frappa discrètement à la porte.

— Entrez, dit-il.

C'était Blaisois.

Le régisseur demanda d'abord à son maître comment il avait passé la nuit, et, quand le marquis lui eut répondu en souriant qu'il n'avait pas aussi bien dormi qu'il l'aurait voulu, il parut vivement contrarié.

M. de Prémorin le rassura et le consola en lui disant qu'il s'était, néanmoins, parfaitement reposé, qu'il n'éprouvait aucune fatigue et que, certainement, il ne ferait qu'un somme la nuit prochaine.

— Monsieur le marquis, reprit Blaisois, vous voudrez bien me pardonner d'être venu vous trouver de si bonne heure ; je savais par Célestin que vous étiez levé depuis huit heures, et si je me suis permis de frapper à votre porte avant que vous m'eussiez fait appeler, c'est que j'ai à vous annoncer une visite.

— Une visite ? fit le marquis étonné.

— Un homme du village, un vieillard de soixante-seize ans, a appris hier soir que vous étiez arrivé à la Pomelière, et ce matin, à la pointe du jour, il s'est présenté au château demandant à voir M. le marquis ; on a voulu le renvoyer ; mais il a déclaré, en se mettant en colère, qu'il ne s'en irait pas sans vous avoir parlé. Il a, dit-il, des choses très importantes à vous dire.

— Ah !

— Le père Bourlot, — c'est le nom du vieillard, — est dans l'antichambre du rez-de-chaussée, où il attend.

— Voilà qui est singulier, murmura le marquis ; qu'est-ce que cet homme peut avoir à me dire ? Blaisois, faut-il lui donner audience ?

— Monsieur le marquis sait mieux que moi ce qu'il doit faire.

— Mon ami, c'est un conseil que je vous demande.

— En ce cas, monsieur le marquis, je crois que rien ne s'oppose à ce que vous accordiez un moment d'entretien au vieux Bourlot.

— Vous doutez-vous un peu de ce qu'il a à me dire ?

— Non, monsieur le marquis.

— Il me semble que ce nom de Bourlot ne m'est pas inconnu.

— Cela prouve que monsieur le marquis a une excellente mémoire. Le paysan Bourlot était un manœuvre, un homme de journée, et, pendant des années, il a travaillé dans le jardin et le parc du château.

— Oui, oui, c'est cela, Blaisois, je me souviens de cet homme. Amenez-le moi, je suis prêt à le recevoir.

Le régisseur sortit de la chambre et au bout de quelques minutes le vieux paysan parut devant le marquis.

Le bonhomme était assez proprement vêtu ; il avait la barbe et les cheveux blancs comme neige ; son attitude était humble, respectueuse ; il paraissait très ému et c'est à peine s'il osait lever les yeux...

— Monsieur Bourlot, lui dit le marquis avec bonté, asseyez-vous là, dans ce fauteuil ; vous avez, paraît-il, des choses importantes à me communiquer ?

— Oui, monsieur le marquis.

— Eh bien, je vous écoute, de quoi s'agit-il ?

— Monsieur le marquis, je suis un misérable, un vieux coquin !

— Oh ! oh ! fit M. de Prémorin, vous vous traitez peut-être un peu durement.

— Non, monsieur le marquis, je suis un gueux, une canaille !

— Monsieur Bourlot, celui qui reconnaît son indignité et s'accuse lui-même acquiert des droits à l'indulgence.

— Aussi, monsieur le marquis, viens-je implorer votre indulgence.

— Avant de savoir de quoi vous êtes coupable, je vous promets d'avance d'être indulgent. Mais est-ce donc une confession que vous venez me faire ?

— Oui, monsieur le marquis.

— Alors, monsieur Bourlot, parlez !

— Ah ! monsieur le marquis, dit le vieux paysan d'une voix tremblante, c'est gros, bien gros, allez, ce que j'ai sur la conscience et là, dans le cœur ! Ça m'étouffe, ça me ronge !... Et, quand je pense que je pouvais mourir sans avoir parlé, je me sens frissonner dans tout mon vieux corps. Quel poids, monsieur le marquis, quel poids énorme j'ai porté ! J'en ai été écrasé !

Ce que je sais, j'aurais pu le dire à d'autres, mais je ne voulais pas... C'était mon idée. C'était à vous, à vous seul, monsieur le marquis, que je voulais faire ces révélations. Pendant des années, je vous ai attendu et vous ne veniez pas !... Ah ! si j'avais su écrire !

Jugez de ma joie quand j'ai appris, hier soir, que vous étiez au château.

« Enfin, je vais donc pouvoir décharger ma conscience ! » m'écriai-je.

Et je respirais à pleins poumons : je ne sentais déjà plus le terrible poids sur mes vieilles épaules. Je me suis couché parce que c'est l'habitude ; mais, allez, monsieur le marquis, je n'ai guère dormi. Je me suis levé avant le jour, et il commençait à peine à paraître que déjà j'étais ici, demandant à voir monsieur le marquis de Prémorin.

Après un court silence, le vieillard leva les yeux sur M. de Prémorin et reprit :

— Monsieur le marquis, vous souvenez-vous de moi ?

— Parfaitement, monsieur Bourlot.

— Autrefois, j'ai travaillé dans les jardins du château.

— Je le sais.

— En ce temps-là, j'étais jeune encore et j'avais la force.

— Nous vieillissons tous, monsieur Bourlot, et en avançant en âge, nous perdons nos forces.

— Oui, monsieur le marquis. J'étais journalier et je faisais encore un autre métier.

— Ah !

— Je braconnais, monsieur le marquis.

— C'était mal.

— Oui, c'était mal, et je vous en demande humblement pardon aujourd'hui, monsieur le marquis.

— Je vous ai promis d'être indulgent, je vous pardonne. Est-ce là la révélation que vous aviez à me faire ?

— C'est une des choses, monsieur le marquis.

— Alors, continuez.

— J'ai détruit pas mal de chevreuils et de lièvres dans les bois du domaine, et cependant je n'ai jamais été pris en flagrant délit. J'étais rusé, aussi rusé que le garde Lapret. Il savait bien que j'étais un braconnier, et nous nous sommes souvent querellés à ce sujet. Que de fois il a brisé mes collets et cherché à me prendre ! Nous ne nous aimions guère, cela se comprend. Toutefois, je dois le reconnaître, Lapret ne m'a jamais fait tort de rien. Il n'avait qu'un mot à dire pour me faire renvoyer des jardins du château, m'ôter mon travail, mon pain, il ne l'a pas dit.

Ah ! monsieur le marquis, le garde Lapret était un bien honnête homme, et moi, je vous l'ai dit, je suis un misérable !

M. de Prémorin tressaillit et arrêta sur le paysan son regard scrutateur.

Bourlot continua :

— Pauvre Lapret ! Il a été arrêté, mis en prison, jugé et condamné aux travaux forcés à perpétuité.

Où est-il aujourd'hui ? Il est mort, peut-être !

— Non, monsieur Bourlot, Lapret, le forçat, vit toujours.

— Vous êtes sûr, monsieur le marquis?...

— Je suis sûr.

— Ah! ça me fait du bien!

Le marquis put voir deux grosses larmes rouler dans les yeux du vieillard, qui reprit :

— Le malheureux Lapret avait une femme, une femme charmante; mais vous l'avez connue, monsieur le marquis.

— Oui, j'ai connu madame Lapret.

— Vous devez savoir qu'elle avait un enfant?

— Un fils.

— Il avait près de huit ans quand le malheur est arrivé; mais il n'était pas là, le petit; depuis deux ans il était retourné dans les Vosges, chez des parents de son père qui l'aimaient beaucoup, et près desquels il avait déjà passé plusieurs années.

Après le crime, la pauvre madame Lapret a disparu et plus jamais l'on n'a entendu parler d'elle. Ah! le malheur, le malheur!... Tenez, monsieur le marquis, je donnerais volontiers les dernières années qui me restent à vivre pour savoir ce que son devenus madame Lapret et son fils.

— Sans que cela vous coûte aussi cher, Bourlot, vous allez avoir cette satisfaction. Madame Lapret et son fils habitent à Paris où ils ont une existence tranquille, sinon heureuse; la mère a pu élever son fils aussi bien que cela lui était possible et il est devenu un grand et beau garçon, et j'ajoute un excellent sujet.

— Ainsi, eux aussi ne sont pas morts de douleur et de misère! s'écria le paysan, le regard rayonnant; ah! monsieur le marquis, Dieu soit loué!

— Dieu est juste, monsieur Bourlot, il n'a pas voulu que le châtiment qui a frappé le coupable retombât trop cruellement sur deux innocents.

Le bonhomme joignit les mains; il était sous le coup d'une violente émotion et, un instant, M. de Prémorin crut qu'il allait sangloter.

— Monsieur Bourlot, reprit le marquis, vous vous intéressez donc beaucoup au condamné, à sa femme et à son fils ?

— Oh oui ! oh oui !

— Vous avez connu madame Lapret; que vous ayez pitié de cette malheureuse femme et de son fils, cela se comprend; mais l'ancien garde Lapret, un criminel, ne saurait avoir droit à votre compassion.

— Oh! un criminel ! fit le vieux paysan, en hochant la tête.

Il avait prononcé ces trois mots avec un accent qui fit de nouveau tressaillir M. de Prémorin.

— Monsieur le marquis, reprit Bourlot, vous croyez que c'est Lapret qui a assassiné M. Sosthène de Prémorin, votre fils?

— Je dois le croire, puisque Lapret a été jugé et condamné.

— Monsieur le marquis, les hommes de la justice ont jugé et condamné un innocent ! Et c'est moi, Mathurin Bourlot, qui vient vous dire aujourd'hui : — « Monsieur le marquis, détrompez-vous, ce n'est pas le garde-chasse Lapret qui a assassiné M. le comte Sosthène ».

M. de Prémorin se dressa comme par un ressort, le regard chargé d'éclairs.

— Monsieur Bourlot ! exclama-t-il, la preuve de ce

que vous venez d'avancer ! Voyons, l'avez-vous cette preuve ?

— Je l'ai, monsieur le marquis.

— Fournissez-la moi ! Parlez, parlez !

II

LE VIEUX BRACONNIER

Il y eut un assez long silence que Bourlot employa à réfléchir à ce qu'il allait dire.

M. de Prémorin s'était réinstallé dans son fauteuil et avait repris subitement son impassibilité habituelle.

Enfin le vieux paysan reprit la parole.

— Monsieur le marquis, dit-il, savez-vous ce qui s'est passé à la Pomelière le 4 octobre de l'année 1867?

— J'ai eu connaissance des faits par les journaux.

— Les journaux ont dit ce qu'ils savaient, mais pas ce que je sais, moi; ce que je sais, monsieur le marquis, je vais vous le raconter.

Toutefois, veuillez me permettre de vous parler d'abord de madame la comtesse, de cette femme qu'on appelait aussi la belle madame Charlotte.

Elle n'aimait pas M. le comte Sosthène, qui se ruinait pour elle, et même je ne crains pas d'affirmer qu'elle le détestait. Et dire que M. le comte se croyait adoré! Peut-être l'aimait-elle quand il était riche; mais, voilà, l'argent commençait à manquer.

La façon dont madame la comtesse traitait M. le

comte faisait peine à voir ; c'était continuellement des humiliations, des duretés, des violences. Malgré cela, il lui était soumis comme un esclave.

Ce n'était pas M. le comte qui invitait ses amis à chasser dans ses bois, mais madame la comtesse qui faisait venir les siens à la Pomelière.

L'année avant la mort de M. le comte, on avait beaucoup remarqué, parmi les invités de la belle madame Charlotte, un jeune homme qui pouvait avoir vingt-cinq ans; il avait une tournure distinguée et était ce qu'on appelle un beau garçon ; mais ses traits fatigués indiquaient qu'il avait déjà passablement abusé des jouissances de la vie. Ses yeux gris, froids comme l'acier, et l'expression dure et insolente de sa physionomie inspiraient une sorte de crainte.

Ce jeune homme se nommait le baron de Septème et on le disait riche à millions.

— J'ai entendu parler de M. de Septème, dit le marquis; à l'époque dont vous parlez, il était, en effet, fort riche.

— Il était très empressé auprès de madame la comtesse, qui avait pour lui de telles attentions, de si doux sourires, qu'on se permettait de dire tout bas que la belle madame Charlotte avait le baron de Septème pour amant.

M. de Prémorin eut un haut-le-corps.

— La misérable! murmura-t-il.

— M. le comte Sosthène ne s'apercevait de rien, lui, continua le paysan; vraiment, on aurait dit qu'il était aveugle. Mais peut-être feignait-il de ne rien voir.

L'année suivante, l'année du malheur, le baron de Septème n'était pas du nombre des invités.

M. le comte Sosthène était revenu à la Pomelière bien changé; on le voyait souvent soucieux et sombre, comme s'il eût eu le pressentiment de sa fin prochaine.

Un jour que le jardinier avait invité son garçon et ses deux hommes de journée, moi et un autre, à prendre le café chez lui, M. le comte, comme cela lui arrivait quelquefois, entra dans le pavillon.

— Mes amis, nous dit-il, ne vous dérangez pas; prenez tranquillement votre café.

Il était plus triste encore que les jours précédents et semblait faire des efforts pour chasser des pensées importunes. Il promena ses regards autour de lui, ayant l'air d'examiner le mobilier, puis brusquement, s'adressant à la femme du jardinier:

« — Êtes-vous heureuse? lui demanda-t-il.

Elle répondit:

« — J'aime mon mari et mon mari m'aime; avec cela nous sommes au service de monsieur le comte; comment ne serais-je pas heureuse?

« — Bien, dit-il, bien.

Il se regarda dans une petite glace qui était devant lui, eut un sourire amer et reprit:

« — Vous me trouvez bien changé, n'est-ce pas?

Il soupira et continua:

« — Il arrive parfois dans la vie que les années comptent double, comme des campagnes en pays ennemi.

Il s'assit et se mit à regarder silencieusement les feuilles qui tombaient des branches, secouées par le vent d'automne.

Au bout d'un instant, s'adressant de nouveau à la femme du jardinier, il lui dit:

« — Vous n'avez rien à envier, vous avez de la vie la meilleure part : un foyer paisible, une affection qui répond à la vôtre, voilà le vrai bonheur !

Il se leva, nous fit à tous un signe d'adieu et sortit du pavillon.

Monsieur le marquis, poursuivit Bourlot, ce fut quelques jours plus tard, vers quatre heures du soir, comme il attendait le passage d'un chevreuil, annoncé par les aboiements des chiens, que M. le comte Sosthène tomba frappé d'une balle en pleine poitrine.

— Je sais cela, dit M. de Prémorin. Un quart d'heure après, on trouva mon malheureux fils étendu au milieu d'une mare de sang et ne donnant plus signe de vie. On s'empressa de le relever et de le transporter au château, dans cette chambre, et il fut couché sur ce lit.

On lui donna des soins, il reprit connaissance et put, avant d'expirer, dénoncer son assassin; il avait vu, déclara-t-il, le garde-chasse Lapret le mettre en joue et faire feu.

— Oui, monsieur le marquis, M. le comte Sosthène a dit cela avant de mourir.

— Prétendez-vous qu'il s'est trompé, qu'il n'a pas vu le garde le mettre en joue?

— Tout à l'heure, quand monsieur le marquis aura bien établi la culpabilité de Lapret, comme l'a fait le juge d'instruction, j'aurai l'honneur de lui répondre.

— Voyons, le fusil du garde n'a-t-il pas été trouvé à peu de distance du lieu du crime, dans une cabane où il lui arrivait parfois de le déposer?

— C'est exact, monsieur le marquis.

— Lapret a prétendu que, ce jour-là, il était sorti armé de son revolver et de son couteau de chasse, et qu'il avait laissé son fusil chez lui, accroché à sa place habituelle; mais il a bien été forcé de reconnaître que c'était lui qui avait chargé son fusil à balles. D'ailleurs, il lui était impossible de nier; la bourre ramassée sur le sol à demi brûlée et la bourre du coup gauche, non déchargé, faisaient partie d'un morceau de journal retrouvé dans une de ses poches.

Quand on lui demanda pourquoi il avait chargé son fusil à balles, il répondit qu'il l'avait chargé ainsi deux jours auparavant pour faire la chasse à une louve.

Assurément, cette réponse aurait pu être admise comme vraie; mais il y avait la déclaration de la victime qui le confondait.

Il eut beau s'écrier:

— « Non, non ! M. le comte de Prémorin n'a pas pu me voir le mettre en joue, puisque, à l'heure où il a été frappé, j'étais à l'autre extrémité de la forêt, à plus d'une lieue de l'endroit du crime.

» Oui, Lapret a prétendu qu'au moment du crime il se trouvait dans une autre partie de la forêt, à plus d'une lieue de distance; il cherchait à établir un alibi, espérant ainsi se sauver; mais cela lui était impossible : ni au moment du meurtre, ni avant, ni après, personne ne l'avait vu aux endroits qu'il désignait. Aussi ne put-il faire admettre que la victime avait eu un instant d'hallucination.

« Ensuite, Lapret, qui aimait beaucoup sa femme, était très jaloux; un jour, devant plusieurs personnes, il avait prononcé ces mots avec colère :

» — Si un homme se permettait de faire la cour à ma femme, je le tuerais ! »

Or, il a été dit par plusieurs témoins, que mon malheureux fils faisait de fréquentes visites à Marthe Lapret en l'absence de son mari.

Bref, le garde-chasse a été jugé et condamné ! Maintenant, monsieur Bourlot, qu'avez-vous à répondre?

— Je répondrai d'abord à monsieur le marquis, que si M. le comte Sosthène entrait souvent dans la maison du garde, comme il entrait dans le pavillon du jardinier, ce n'était pas avec les vilaines intentions qu'on lui a prêtées. J'ajoute que M. le comte n'a jamais porté ombrage au garde-chasse.

Les paroles menaçantes prononcées par Lapret ne s'adressaient pas à monsieur le comte, mais au baron de Septême qui, un jour, s'était permis de lutiner sa femme et de lui tenir des propos inconvenants.

— Ah ! bien, murmura M. de Prémorin.

Le bonhomme, qui s'était arrêté un instant, poursuivit :

— Monsieur le marquis, le jour du crime je ne travaillais pas dans les jardins du château, et, à l'heure même où M. le comte tombait mortellement frappé, j'étais en forêt, dans les parages de la grotte aux Loups, occupé à tendre mes collets.

J'avais promis de livrer, trois jours après, un chevreuil et plusieurs lièvres pour une noce qui allait se faire à Mortagne.

Donc, monsieur le marquis, j'étais bien en train de placer mes engins lorsque, tout à coup, le bruit d'un pas rapide attira mon attention. A peine avais-je eu le temps de me blottir derrière un buisson de clématites, qu'un homme passa à vingt pas de moi. J'eus un frisson en reconnaissant le garde-chasse à sa casquette en forme de melon ornée d'une cocarde, à ses moustaches et à sa barbe noire, qu'il portait entière, taillée en pointe.

Il suivait une petite sente, qui conduit à la grotte aux Loups, et tout en marchant très vite, il jetait à droite et à gauche comme des regards inquiets.

— Tiens, c'est drôle, me dis-je ; qu'a-t-il donc? Et où donc va-t-il comme ça?

Ses allures n'étaient pas du tout naturelles ; ça m'intriguait et je voulus savoir où il courait et ce qu'il allait faire. Je le suivis en me glissant avec précaution à travers le jeune taillis.

Arrivé à quelques pas de la grotte aux Loups, il s'arrêta, plongea son regard dans toutes les directions, tendit l'oreille, puis, ayant l'air rassuré, pénétra dans la grotte.

J'étais de plus en plus intrigué.

Comme vous le savez, monsieur le marquis, la grotte aux Loups est suivie d'une seconde grotte, plus petite; cette seconde grotte a une porte, laquelle, en ce temps-là, était toujours fermée à clef.

Je crus avoir deviné le motif de la visite du garde à la grotte.

— Bon, me dis-je, je comprends; il a braconné aussi, lui, et il vient prendre le gibier qu'il a probablement caché dans la petite grotte.

Quel était ce gibier?

Voulant le savoir, je m'approchai de la grotte aussi près que possible et, ayant choisi mon poste d'observation, j'attendis.

Au bout d'un quart d'heure, mon homme sortit de la grotte.

Ah! monsieur le marquis, je restai pétrifié de surprise! Ce n'était plus le garde-chasse!

— Oh ! oh ! oh ! fit M. de Prémorin avec des intonations différentes.

Il était affreusement pâle, et de ses yeux grands ouverts jaillissaient des flammes.

— Continuez, Bourlot, continuez, dit-il d'une voix haletante.

— Le personnage qui sortait de la grotte, poursuivit le paysan, venait de changer de vêtements ; il portait maintenant le costume d'un gars normand, un jour de foire, depuis les gros brodequins jusqu'au chapeau de feutre ; il avait sur son bras le pantalon et la tunique du garde, et sa main tenait la casquette ronde à cocarde.

— Ah ! je comprends tout ! exclama le marquis. Ah ! la misérable, l'infâme !

— Pardon, monsieur le marquis, je crois, sauf votre respect, que vous commencez seulement à comprendre.

— Soit ! Bourlot, continuez !

— L'homme s'était aussi dépouillé de sa barbe noire, taillée en pointe, et ses fines petites moustaches ne ressemblaient plus du tout aux épaisses et longues moustaches de Lapret.

A ce moment, la nuit tombait, monsieur le marquis ; mais, en ce temps-là, j'avais encore de bons yeux ; aussi, malgré son déguisement, je n'eus pas beaucoup de peine à reconnaître le baron de Septême.

M. de Prémorin fit un bond sur son siège.

— Lui, lui, c'était lui ! l'amant de la scélérate ! s'écria-t-il.

— Oui, monsieur le marquis, c'était lui !

— Oh ! les infâmes ! les monstres !

— Attendez, monsieur le marquis, je n'ai pas fini.

Le baron regarda autour de lui, en tendant l'oreille, comme il avait fait avant d'entrer dans la grotte; ne voyant rien, n'entendant aucun bruit suspect, se croyant bien seul dans cet endroit de la forêt, il grimpa sur les rochers et jeta tout ce qu'il portait dans une fente, la plus profonde, qu'il avait évidemment choisie avant de commettre le crime.

Poussé par la curiosité, je m'étais dressé debout et, inconsciemment, sans m'en apercevoir, je m'étais découvert.

En descendant des roches, le baron m'aperçut et me reconnut; mais il dut supposer que je ne l'avais pas reconnu, moi.

D'un mouvement brusque, il enfonça son chapeau sur ses yeux, prit sa course et disparut dans le bois, derrière les roches.

Si j'avais été intrigué avant, monsieur le marquis, je l'étais bien autrement après avoir vu M. de Septème remplacer son déguisement de garde-chasse par celui d'un paysan.

Qu'est-ce que cela voulait dire ? Je n'y comprenais absolument rien.

Je ne vous dirai pas toutes les réflexions que je fis à ce sujet; c'est inutile. Mais quand je rentrai au village, deux heures plus tard, et qu'on m'apprit que M. le comte était mort et que c'était Lapret qui avait tiré sur lui, tout me fut expliqué.

En l'absence de madame Lapret, on s'était introduit chez elle et l'on s'était emparé du fusil du garde. Le baron de Septème s'était fait confectionner un uniforme de garde-chasse semblable à celui de Lapret et l'avait endossé pour tuer M. le comte Sosthène.

Et comme le baron s'était si bien donné la figure

de Lapret que moi-même je l'avais pris pour le garde, il n'était pas surprenant que M. le comte, qui avait vu son meurtrier le mettre en joue, eût accusé le pauvre Lapret avant de rendre le dernier soupir.

— Ainsi, dit le marquis, avec un accent de tristesse profonde, vous pouviez sauver le malheureux Lapret et vous ne l'avez pas fait! Je vous ai promis d'être indulgent, mais je suis forcé de vous dire que votre conduite, en cette circonstance, a été odieuse, criminelle. Malgré moi, je suis indigné.

— J'ai dit à monsieur le marquis que j'étais un misérable, un vieux coquin.

— Vous avez le repentir, soit; mais tout le mal que vous avez fait, en gardant le silence, est irréparable.

Le vieux braconnier poussa un soupir et courba la tête.

Au bout d'un instant, il reprit :

— Monsieur le marquis, j'ai eu l'intention de prendre la défense du garde-chasse, je vous le jure ; oui, je voulais tout dire immédiatement. Pourquoi me suis-je arrêté? Pourquoi me suis-je dit : Attendons à demain? Je ne sais pas.

Si j'eusse obéi à mon premier mouvement, le pauvre Lapret, déjà arrêté par la gendarmerie, aurait été mis aussitôt en liberté, et je n'aurais pas eu pendant dix-huit ans, sur la poitrine, cet horrible poids qui m'étouffait.

Ah! monsieur le marquis, je comprends votre indignation, car j'ai été et suis encore indigné contre moi-même.

Hélas! le mal est fait, et je ne peux plus le réparer que dans la mesure de mes moyens.

M. de Prémorin paraissait absorbé dans ses pensées.

— Monsieur le marquis, puis-je continuer? demanda le vieux Bourlot.

— Oui, je vous écoute.

— Donc, je m'étais dit : La nuit porte conseil, attendons à demain.

Le lendemain matin, un domestique du château vint me prendre au saut du lit. Il me dit que madame la comtesse avait à me parler immédiatement, et il m'emmena.

Au château, tout le monde était sens dessus dessous. Madame la comtesse me reçut dans sa chambre. Elle était très pâle et très agitée.

— Bourlot, me dit-elle, M. le comte est mort ; c'est le garde-chasse Lapret qui lui a tiré un coup de fusil. Peut-être savez-vous quelque chose sur ce drame épouvantable; mais vous ne serez pas appelé comme témoin ; vous n'avez donc qu'une chose à faire, garder le silence sur les faits qui pourraient vous être connus.

Ce fut en me parlant ainsi que la belle madame Charlotte me fit comprendre que le baron de Septème m'avait reconnu près de la grotte aux Loups.

— La gueuse vous avait fait venir au château pour acheter votre silence ?

— Oui, monsieur le marquis, répondit le paysan d'une voix mal assurée. En achevant de parler, elle me mit dans la main cinq mille francs en billets de banque.

— Et pour cette misérable somme, dit M. de Prémorin avec des larmes dans la voix, l'impunité a été assurée aux deux criminels, une femme a versé des larmes de sang et un innocent est encore aujourd'hui forçat à Cayenne !... Ah ! Bourlot ! Bourlot ! demandez à Dieu qu'il vous pardonne !

Cette fois, le vieux braconnier ne put plus se contenir ; des sanglots s'échappèrent de sa poitrine.

M. de Prémorin attendit un instant et reprit :

— Qu'avez-vous répondu à la dame Charlotte ?

— J'étais fort troublé, monsieur le marquis, je ne me rappelle plus.

Je mis les billets de banque dans ma poche, je balbutiai : Je ne dirai rien, et je m'en allai.

Je m'en allai mécontent de moi, honteux, courbant la tête, car, allez, monsieur le marquis, je sentais bien que je venais de commettre une action infâme.

Je m'en allai droit devant moi, comme une bête blessée, à travers le bois ; oh ! pas avec la pensée de visiter mes collets, je n'y songeais guère !

Je me dirigeai vers la grotte aux Loups ; pourquoi de ce côté plutôt que d'un autre ? Je ne saurais le dire.

Je grimpai sur les rochers, et de l'œil je sondai les fentes. A de petites pousses brisées et à des mousses fraîchement arrachées de la pierre, je reconnus l'endroit où le baron avait jeté son uniforme de garde-chasse.

La fente a peut-être quinze ou vingt mètres de profondeur, il me fut impossible de rien voir au fond.

— Bourlot, dit vivement le marquis, retrouveriez-vous, aujourd'hui, la fente, et reconnaîtriez-vous l'endroit où les objets ont été jetés ?

— Oui, monsieur le marquis, et avec autant de sûreté que si la chose datait d'hier.

— Depuis dix-huit ans, prononça M. de Prémorin

comme se parlant à lui-même, le pantalon, la tunique et la casquette ont eu le temps de pourrir. N'importe, je retrouverai ce qu'il en reste, quand je devrais faire sauter le rocher tout entier.

S'adressant au paysan, il continua :

— La fente, dites-vous, a quinze ou vingt mètres de profondeur; croyez-vous à la possibilité de retirer les objets qui sont au fond, au moyen d'un grappin?

— Oui, monsieur le marquis.

— C'est bien, nous verrons. Avez-vous encore quelque chose à me dire?

— Oui, monsieur le marquis.

— Alors, continuez!

— Descendu des roches, j'entrai machinalement dans la grotte et je m'aperçus que la porte de la petite grotte était entr'ouverte.

Dans son trouble, pressé de s'éloigner, le baron avait oublié de la fermer, ou plutôt l'avait mal fermée, car il avait retiré la clef de la serrure.

Je pénétrai dans la seconde grotte, et, comme je me trouvais dans une obscurité presque complète, je fis craquer une allumette, allumai un reste de rat-de-cave que j'avais dans ma poche et regardai.

Au bas d'une des pierres en saillie sur lesquelles on peut s'asseoir et poser des objets, je vis un papier. Je le ramassai, C'était une lettre.

— Une lettre! répéta M. de Prémorin.

— Elle était dans une enveloppe; sur cette enveloppe il y avait quelque chose d'écrit, — une adresse probablement, — et sur la première et la deuxième page de la lettre, il y avait aussi de l'écriture.

— Qui avait écrit cette lettre? Que contenait-elle?

— Je l'ignore, monsieur le marquis, je ne sais ni

lire ni écrire. En la ramassant, je pensai tout de suite qu'elle s'était échappée d'une des poches de l'un des déguisements de M. de Septème.

— Bourlot, qu'avez-vous fait de cette lettre ?

— Monsieur le marquis, je l'ai précieusement glissée dans ma poche.

— Mais, depuis, qu'est-elle devenue ?

— Non moins précieusement, monsieur le marquis, je l'ai conservée.

— Vous avez cette lettre ! exclama M. de Prémorin le regard flamboyant.

Le vieux braconnier tira de dessous son gilet un papier jaune et sale, qui était la moitié d'un ancien journal plié en huit. Au milieu des plis se trouvait la lettre ramassée dans la grotte ; le temps avait seulement un peu jauni l'enveloppe.

Le paysan tendit la missive à M. de Prémorin en disant :

— Cette lettre, monsieur le marquis, la voilà !

M. de Prémorin la saisit d'une main fiévreuse. Sur l'enveloppe, il lut :

Monsieur,

LE BARON DE SEPTÈME,

Hôtel du Bon-Normand,

A MORTAGNE.

Le pli avait dû être porté à la ville par un exprès, car l'enveloppe ne portait pas le timbre de la poste.

M. de Prémorin sortit la lettre de l'enveloppe, la déplia et courut à la signature.

— Ah ! Charlotte ! comme je m'y attendais ! murmura-t-il.

Et sa physionomie, habituellement douce et calme, prit une expression farouche, presque féroce.

Voici ce que disait cette lettre :

« Mon cher Alphonse,

» Le moment est venu de me prouver que tu » m'aimes. Il n'y a plus à hésiter, plus à attendre; je » ne peux plus y tenir et il faut en finir.

» Tous les jours, à chaque instant, ce sont de nou- » velles et épouvantables scènes de jalousie. Il me » martyrise, cet homme !

» Il devient de plus en plus sombre; j'ai peur qu'il » ne perde tout à coup ce qui lui reste de raison et » que, dans un accès de folie furieuse, il ne me tue !

» Mais je ne veux pas mourir, moi, je veux vivre » pour toi, mon Alphonse bien-aimé, et pour l'enfant » que je vais bientôt mettre au monde, et qui n'est » pas de lui, tu le sais.

» Je te le dis encore une fois, je n'y tiens plus; dé- » barrasse-moi de mon tyran, comme tu me l'as » promis.

» Je me suis donnée à toi, à toi pour la vie, prends » ton bien ! Il faut que, dans trois jours, le 5 octobre, » je sois délivrée.

» N'oublie aucune des choses qui ont été convenues » entre nous et prends bien tes précautions : moi, de » mon côté, j'aurai tout préparé.

» Libre, plus d'entraves !... Ah ! comme je vais t'ai- » mer, comme nous allons nous aimer !

» Encore trois jours ! Soyons prudents, mon Al- » phonse; détruis cette lettre comme les autres.

» Dans quinze jours, je l'espère, je serai à Cologne, » où tu viendras me retrouver.

» A toi mon amour, mon âme, ma vie!

» CHARLOTTE ».

Pourquoi, malgré la recommandation de sa maîtresse, le baron de Septème n'avait-il pas détruit une lettre aussi gravement compromettante?

Probablement afin de pouvoir prouver que Charlotte Letellier était sa complice, dans le cas où il aurait été poursuivi comme auteur de l'assassinat du malheureux Sosthène de Prémorin.

Après avoir lu, le marquis s'était dressé de toute sa hauteur.

Il avait les traits contractés, les lèvres frémissantes, l'œil en feu; il était très pâle et tout son corps tremblait.

Mais il était beau ainsi, beau et terrible comme l'archange de la vengeance!

— Dieu du ciel! s'écria-t-il; enfin, elle a sonné l'heure de la justice!... Mon fils, mon fils! je vais donc pouvoir te venger!

Il avait la poitrine haletante; il s'arrêta pour respirer, puis continua :

— Je n'ai plus rien à apprendre, le reste m'importe peu; maintenant je peux terminer mon enquête! Cette fois, Charlotte Letellier, tu es dans mes mains, je te tiens; oh! je te tiens bien, tu ne peux plus m'échapper!... Ah! vipère, avec quelle joie je vais t'écraser!

L'ancien braconnier, qui s'était levé aussi, contemplait M. de Prémorin avec une sorte d'admiration mêlée de stupeur.

— Monsieur le marquis, dit-il, je vous ai livré mon terrible secret, ce secret qui m'a causé tant de nuits d'insomnie ; enfin, je me sens plus tranquille, il me semble que je suis réconcilié avec moi-même. Ah ! monsieur le marquis, la mort maintenant ne m'épouvante plus, elle peut me prendre quand elle voudra, je mourrai en paix.

— Que dites-vous ? répliqua M. de Prémorin, pourquoi parlez-vous de mourir ?

— Maintenant je n'ai plus besoin de vivre.

— Mais moi, je veux que vous viviez, Bourlot, car avant peu de temps, j'aurai besoin de vous.

— Le reste de ma vie appartient à monsieur le marquis de Prémorin, dit le bonhomme en s'inclinant.

— Bourlot, reprit le marquis, quels sont vos moyens d'existence ?

— Je vis comme je peux ; les gens du pays sont meilleurs pour moi que je ne l'ai été pour les autres, il me font l'aumône.

— Bourlot, vous n'aurez plus à mendier. M. Blaisois, régisseur de la Pomelière, recevra mes ordres et vous ne manquerez plus de rien.

— Monsieur le marquis, je ne veux pas.

— Ah ! Et pourquoi ?

— Monsieur le marquis, répondit tristement le vieux paysan, je ne suis pas venu vous trouver pour vous vendre mon secret ; on m'a payé pour garder le silence, je ne veux pas être payé pour avoir parlé !

— C'est bien, Bourlot, voilà un sentiment délicat dont je vous tiens compte ; mais vous accepterez ce qu'il me plaît de faire pour vous, je le veux !

— Oh ! monsieur le marquis !

— Ce matin, Bourlot, vous déjeunerez au château, et, dans une heure, nous nous rendrons ensemble sur les rochers de la grotte aux Loups.

— Je suis à la disposition de monsieur le marquis.

— Bourlot, vous me montrerez l'endroit où a été jeté l'uniforme de garde-chasse.

— Oui, monsieur le marquis.

III

LE FRÈRE ET LA SŒUR

Nous laisserons le marquis de Prémorin agir secrètement et préparer sa vengeance pour revenir aux autres personnages de notre drame, aux membres de la famille Lionnet, à Paolo.

Entre Geneviève et sa mère, la situation était toujours la même, et, malgré les bonnes et encourageantes paroles de M. Lionnet, qui lui répétait sans cesse : Prends patience ! la jeune fille sentait le courage l'abandonner.

Elle se demandait, en frémissant, jusqu'où irait l'hostilité de sa mère et comment elle pourrait se dérober à une lutte qui la brisait.

Elle avait eu l'espoir de se soustraire aux mauvais traitements de madame Lionnet par son mariage avec Henri Merson ; mais la mère du jeune architecte, barrière vivante, se dressait entre eux. Pourquoi voulait-elle séparer deux cœurs qui s'aimaient, deux êtres qui semblaient avoir été créés l'un pour l'autre?

Madame Merson n'avait pas fait connaître ses raisons ; mais ce qu'elle avait dit à Geneviève, elle devait l'avoir répété à son fils, car le jeune homme était devenu extrêmement réservé vis-à-vis de Geneviève, et celle-ci s'était aperçue avec douleur que les dispositions d'Henri à son égard avaient subitement changé.

C'était un autre sujet de souffrance, et Geneviève souffrait de cela d'autant plus cruellement qu'elle devinait combien Henri souffrait aussi.

— Il m'aime encore, se disait-elle en soupirant, mais il finira par m'oublier, car sa mère lui a défendu de m'aimer !

Madame Lionnet, malgré tout ce qui était contre elle, n'avait pas renoncé à donner mademoiselle Cécile de Prémorin pour femme à son fils. Elle était de ces femmes obstinées qui ne s'arrêtent devant rien, s'insurgent contre l'autorité de leur mari, ne veulent jamais reconnaître leurs torts et se renferment dans l'absolutisme de leur volonté.

Elle avait revu plusieurs fois les dames de Prémorin, et les relations entre ces trois femmes, si bien faites pour s'entendre, étaient à Paris, comme elles l'avaient été à Nice, tout à fait intimes.

Madame Lionnet avait revu le baron de Verboise chez la comtesse, et avait paru enchantée qu'il fût du nombre des amis de sa meilleure amie.

Gracieusement, elle lui avait dit :

— Monsieur le baron, je suis chez moi tous les samedis ; ce serait pour moi un grand plaisir et un grand honneur de vous recevoir dans mon modeste salon.

Le baron s'était incliné cérémonieusement, avait remercié avec courtoisie et n'avait eu garde de ne pas profiter de l'invitation.

Madame Lionnet aurait bien voulu recevoir aussi

madame la comtesse et sa fille; mais cela ne se pouvait pas, jusqu'à nouvel ordre, du moins; il y avait les convenances. Une mère ne conduit pas ainsi sa fille chez les parents du jeune homme qu'on désire lui faire épouser. D'ailleurs, madame la comtesse n'ignorait pas dans quelles dispositions d'esprit se trouvait M. Lionnet, et elle était tenue à garder une sage et prudente réserve afin de ne rien compromettre.

Un matin, assise devant son piano, Geneviève avait commencé l'exécution d'un motif de la *Reine de Chypre*. Tout à coup, ses doigts restèrent immobiles sur le clavier.

— Je ne peux pas, je ne peux plus! murmura-t-elle, c'est comme si je n'avais plus le sentiment de la musique.

Un long soupir s'échappa de sa poitrine et elle se mit à pleurer.

A ce moment, elle pensait à madame Merson et à Henri.

— Mon Dieu, mon Dieu! gémit-elle, est-ce donc pour souffrir ainsi toute ma vie que j'ai été mise au monde? Ah! si je pouvais mourir!

Au bout d'un instant, elle se calma, essuya ses yeux et se mit à feuilleter, machinalement, quelques morceaux de musique nouvelle que son frère lui avait apportés la veille.

Ses yeux s'arrêtèrent sur une romance dont la lithographie représentait un portrait de jeune fille. Geneviève reconnut Cécile de Prémorin. Du reste, elle ne pouvait pas se tromper, la romance étant dédiée à la fille de la comtesse.

Geneviève eut un frisson et jeta la feuille sur le parquet avec une impression de dégoût.

Au même instant, Albert entra en fredonnant un air en vogue; il ramassa la romance et examina le portrait.

— C'est bien elle, dit-il.

— Oui, fit Geneviève, car je l'ai facilement reconnue; mais comme tu regardes cette image ! Albert, la regretterais-tu ?

— Ma foi non. Vois-tu, Geneviève, mademoiselle Cécile de Prémorin m'est trop supérieure; c'est toujours fâcheux pour un homme de se voir sans cesse éclipsé par sa femme.

— C'est là ta seule raison ?

Le visage du jeune homme s'assombrit.

— Tu sais bien qu'il y en a d'autres, répondit-il en balbutiant.

Geneviève le regarda fixement, les yeux dans les yeux.

— Albert, reprit-elle tristement, tu penses toujours à cette demoiselle.

Il devint très rouge.

— Ainsi, continua Geneviève, tes sentiments honnêtes, révoltés un instant contre l'odieuse dissimulation de mademoiselle de Prémorin, ont déjà capitulé ?

— Voyons, petite sœur, n'exagérons rien; il faut bien accepter le monde tel qu'il est. Mademoiselle de Prémorin n'a peut-être pas des manières irréprochables, cela tient à son caractère indépendant. Assurément, Geneviève, elle n'est pas parfaite comme toi; mais, si elle a des défauts, elle a aussi des qualités, je t'assure; dans le fond, c'est une bonne fille.

Geneviève hocha la tête.

— Albert, est-ce que tu l'as revue ? demanda-t-elle.

— Oui.

— Tu es allé chez elle ?

— Non, je l'ai rencontrée dans le monde. Elle est venue à moi gracieusement, gentiment, et m'a tendu la main en me disant qu'elle ne m'en voulait pas de m'être tenu éloigné d'elle et que, si ma mère et la sienne renonçaient à leurs projets, ce n'était pas un motif pour que nous ne fussions pas bons amis.

— T'a-t-elle engagé à aller chez sa mère ?

— Oui.

— Qu'as-tu répondu ?

— Que j'irais ; mais je n'ai pas encore tenu ma promesse.

— Ah ! Albert, mon pauvre Albert ! tu seras toujours aussi étourdi, aussi irréfléchi. Prends garde, prends garde à ta faiblesse ! On veut t'attirer de nouveau, essayer sur toi d'autres moyens de séduction ; tu t'es échappé, on veut te reprendre ! J'ai peur de ces femmes, mon frère ; en elles tout m'est suspect. Dans ton intérêt, Albert, je t'en supplie, ne va pas chez madame de Prémorin.

— C'est bien, Geneviève, dit-il, je t'écouterai.

— Oui, n'est-ce pas, Albert? Mais, vois-tu, je te connais, et, malgré ta réponse, je tremble pour toi.

— Sois tranquille, répliqua-t-il en essayant de rire, je suis assez grand maintenant pour savoir me défendre. Tiens, parlons d'autre chose : J'ai aussi rencontré dans le monde une personne qui s'intéresse vivement à toi.

— Quelle est cette personne ?

— Devine.

— Tu sais bien que je n'ai jamais rien compris aux énigmes.

— Alors, petite sœur, pour ne pas te faire chercher, je nomme la personne : c'est le baron de Verboise.

— Ah !

— C'est un galant homme, franc et loyal.

— Je le crois, mon frère.

— M. de Verboise m'a longuement parlé de toi ; veux-tu que je te répète tout ce qu'il m'a dit ?

— C'est inutile, répondit Geneviève en rougissant.

— Laisse-moi au moins te dire qu'il m'a fait ton éloge avec une chaleur, un enthousiasme...

— Albert, interrompit la jeune fille, tu sais que je ne suis pas sensible aux choses flatteuses qu'on peut dire de moi.

— Je sais cela, petite sœur, mais tu as tort. Ecoute, si tu le voulais, et pour cela tu n'aurais qu'un mot à dire, tu serais bientôt baronne de Verboise.

La jeune fille avait probablement deviné déjà les intentions du baron, car elle répondit tranquillement :

— Je ne suis pas ambitieuse, mon frère ; fille d'un bourgeois, d'un marchand, je serais désolée et honteuse d'avoir des visées au-dessus de ma condition. M. de Verboise a le bon esprit de ne pas se prévaloir de son titre de noblesse, mais il n'en est pas moins noble ; de plus, il est riche, très recherché dans le monde parisien et aura, quand il le voudra, une très haute situation. Ce n'est pas Geneviève Lionnet qui pourra jamais être sa femme.

— Pourtant, ma sœur, si tu l'aimais ?

— Si je l'aimais, Albert, je ne sais pas si je parlerais autrement que je viens de le faire, mais je ne l'aime pas.

— Geneviève, l'amour vient sans qu'on s'en doute ;

rien ne prouve que tu n'aimeras pas un jour, bientôt, le baron de Verboise.

— Jamais ! répondit la jeune fille d'un ton bref.

— Tant pis, ma sœur.

— Pourquoi ?

— Parce qu'il t'aime, lui !

— La jeune fille parut contrariée et répliqua :

— Je n'en suis nullement convaincue. Dans tous les cas, s'il désire se marier, il trouvera facilement une jeune fille de son monde toute disposée à devenir baronne.

Elle resta un moment silencieuse et reprit :

— Albert, est-ce que M. de Verboise est devenu ton ami ?

— Mon ami intime.

— Comme tu te lies vite, mon cher frère ; je ne te le cache pas, tes nouvelles relations m'effrayent. Je reconnais les belles qualités de M. de Verboise ; toutefois je crains que, dans sa société et celle de ses amis, tu ne contractes des goûts de plaisirs et de dépenses.

— Comme tu juges mal le baron ; mais il est la simplicité même ; il se plaint souvent d'être obligé d'aller dans le monde, de fréquenter de hauts personnages ; il préfère à toutes ses grandes relations, dit-il, l'intimité du salon de ma mère. Enfin, petite sœur, il ne cesse de me donner de bons conseils.

— Et les suis-tu ses conseils?

— Dame, autant que je peux. Que veux-tu? je n'ai pas ta sagesse. Mais, vois-tu, si fou que je sois, je ne le suis pas assez pour ne point me préoccuper de ton avenir, de ton bonheur.

Geneviève, c'est très sérieux ce que je viens de te dire : M. de Verboise t'aime...

— Assez, Albert, assez !

— Petite sœur, avoue-moi que tu penses toujours à Henri Merson.

Une fois encore le rouge monta au front de la jeune fille.

— Albert, dit-elle, je t'ai déjà prié de ne pas revenir sur cette question.

— Il faut bien que j'y revienne, puisque tu t'obstines à aimer un homme qui, par sa conduite présente, prouve qu'il ne t'a jamais aimée.

— Albert, tais-toi !

— Pourquoi me tairais-je? Est-ce que tu crois que je suis content de la façon dont M. Henri Merson agit envers ma sœur? En vérité, on croirait que nous ne le valons pas ! Il a du talent soit; mais à qui le doit-il, son talent? A qui doit-il d'être quelque chose aujourd'hui? A notre père. Ce monsieur est un ingrat, voilà tout, et je ne me gênerai pas pour lui dire tout ce que je pense de lui à la première occasion.

— Albert, je te défends de dire une parole désagréable à M. Merson.

— Mais ce qui m'anime plus fortement encore contre lui, c'est que tu le soutiens ! Je ne comprends pas cela, non je ne le comprends pas ! Ah ! les femmes ont pour certains hommes des indulgences particulières !

Comment, voilà un monsieur qui, après avoir été pour toi feu et flammes, est devenu tout à coup de glace ! On ne le voit presque plus. Tiens, l'autre jour, en ta présence, je l'observais ; eh bien, il avait l'air d'un homme qui songe à son propre enterrement.

Hier, je l'ai rencontré; s'il avait pu m'éviter, il l'aurait fait. Il était embarrassé, ne trouvait rien à me dire. Toutefois, il ne put se dispenser de me demander de tes nouvelles ; mais ton nom paraissait sortir avec effort d'entre ses lèvres.

— Pauvre Henri ! pensa Geneviève.

De douloureuses réflexions envahissaient son cœur.

— Petite sœur, reprit le jeune homme, adoucissant le timbre de sa voix, je te fais de la peine, je le vois bien, pardonne-moi ! Ce n'est pas ma faute si j'ai de ces indignations. Mais ce dont tu peux être sûre, bien sûre, c'est que je t'aime, ma sœur chérie. Tu souffres, je le sais depuis longtemps. Ah ! si je pouvais tout changer !... Sache-le bien, Geneviève, ma bonne sœur, le plus grand désir de ton frère est de te voir heureuse.

— Je le sais, Albert ; va, je connais ton cœur... Cependant, quand tu juges certaines choses, fais bien attention à ne pas te laisser tromper par les apparences. Et puis, je t'en conjure, ne manque jamais de prudence : apprends à garder tes secrets et surtout ceux des autres.

En faisant cette recommandation à son frère, Geneviève pensait à la comtesse et à sa fille dont elle redoutait l'adresse insinuante.

— Albert, reprit-elle, notre mère doit trouver que tu restes bien longtemps avec moi ; ne t'expose pas à être grondé, va la rejoindre.

Le jeune homme mit un baiser sur la joue de sa sœur et la laissa.

Restée seule, Geneviève s'absorba dans une profonde rêverie.

Pourquoi le baron de Verboise songeait-il à l'épouser? Elle trouvait cela singulier, toutefois la chose ne faisait naître en elle aucune émotion. Elle aimait Henri Merson et sentait bien qu'elle n'en aimerait jamais un autre. Et Geneviève, comme beaucoup de jeunes filles, quoi qu'on en dise, ne comprenait pas le mariage sans l'amour.

Sans doute, elle conservait toujours au fond de son cœur le souvenir du service que le baron de Verboise lui avait rendu, croyait-elle, et elle aurait cru manquer aux devoirs de la reconnaissance en se permettant un doute sur la loyauté de ses intentions.

Mais la reconnaissance n'est pas de l'amour, et Geneviève ne pouvait avoir pour le baron que de la reconnaissance.

Elle avait parfaitement compris que son frère s'était fait, auprès d'elle, l'interprète du baron; mais elle ignorait jusqu'à quel point celui-ci s'était déjà rendu maître de l'esprit d'Albert. Heureusement, car elle aurait été assaillie de nouvelles terreurs.

Le baron avait bien vite connu les côtés vulnérables du caractère facile du jeune Lionnet, et il lui avait procuré une variété de distractions et de plaisirs.

Le jeune homme ne mentait pas quand il parlait des excellents conseils que lui donnait le baron; seulement il ne voyait pas que ce guide complaisant le conseillait toujours de manière à être sûr que ses conseils ne seraient pas suivis.

Le baron agissait comme celui qui conduirait un nageur novice au milieu d'un courant dangereux et l'engagerait à être circonspect.

Quand le jeune Lionnet eut goûté à la coupe des jouissances, il sentit en lui le désir de la vider tout entière.

A l'insu de son père, de sa sœur et même de sa mère, le jeune imprudent se lançait au milieu des écueils périlleux, et le baron, tout en s'attribuant le mérite de chercher à l'arrêter, le poussait sur la pente fatale.

Que voulait-il ?

Probablement livrer un jour le jeune homme pieds et poings liés à la comtesse de Prémorin et à sa fille.

IV

LA DEMANDE EN MARIAGE

Le soir même, Albert s'était empressé de rapporter à son ami, le baron de Verboise, la conversation qu'il avait eue à son sujet avec Geneviève.

Il ajouta :

— Ma sœur reconnaît hautement votre mérite, elle apprécie vos belles qualités, vous lui êtes, en un mot, très sympathique ; mais, voyez-vous, tant qu'elle pensera à Henri Merson, vous devez renoncer à l'espoir de vous faire aimer.

— Nous verrons, répondit le baron.

Et quand Albert l'eût quitté :

— Oh! cet architecte! murmura-t-il en grinçant des dents.

Son regard eut un éclair sinistre.

— Comprend-on les femmes? reprit-il; comme s'il sentait qu'il me gêne, comme s'il avait le pressentiment de ce qui l'attend, Henri Merson s'éloigne de Geneviève, semble renoncer à ses projets, et malgré son inexplicable conduite, Geneviève ne cesse pas un instant de penser à lui et veut toujours l'aimer!

Mais nous verrons, nous verrons !

Pensif, il continua :

— Je voudrais bien savoir pourquoi l'architecte est devenu si froid avec Geneviève ; un obstacle se serait-il dressé entre elle et lui? Il y a là un mystère qu'il faudra découvrir.

En attendant, je dois, sans tarder, présenter ma demande en mariage; je ne trouverai jamais un moment plus favorable.

Le lendemain matin, à dix heures, le baron de Verboise arrivait pédestrement au faubourg Saint-Antoine.

Le vieux commissionnaire qui, comme nous l'avons dit, avait cru devoir retarder son voyage à Marseille, était, ce jour-là, à sa place habituelle.

Il vit passer le baron et le suivit des yeux jusqu'à la porte de la maison Lionnet.

— Hum, hum, grommela le père Anselme, il vient bien souvent chez M. Lionnet, celui-là. Il faudra que je sache qui vous attire dans cette maison et quel rôle vous y voulez jouer M. Etienne Eris, rue Saint-Denis, M. le baron de Verboise, rue Lavoisier, M. l'assassin, à Nogent-sur-Marne.

Ces paroles du commissionnaire nous disent qu'il avait un jour suivi l'Italien et découvert ainsi qu'il demeurait rue Lavoisier où il se faisait appeler baron de Verboise.

Le père Anselme voulait savoir ce qui attirait le baron chez M. Lionnet; mais il ne manquait pas de perspicacité, il avait du flair et se doutait bien un peu de la vérité.

Un domestique pria M. le baron de vouloir bien attendre un instant, alla prévenir madame Lionnet, qui acheva vite de se pomponner et s'empressa de se rendre dans le petit salon où l'on avait introduit le visiteur.

— Quelle surprise, monsieur le baron, quelle agréable surprise ! s'écria-t-elle toute joyeuse.

— L'accueil que vous me faites, madame, répondit-il, me prouve que je n'arrive pas comme un importun.

— Par exemple ! se récria la dame.

— Toutefois, madame, je vous prie de me pardonner ma hardiesse ; je ne me présente pas, je le sais, à une heure convenable, et ce n'est pas aujourd'hui samedi, votre jour.

— Monsieur le baron, répliqua-t-elle en minaudant, je reçois mes amis tous les jours.

Il sourit, s'inclina et s'assit sur le siège que lui indiquait madame Lionnet.

— Madame, dit-il, vous avez déjà deviné, sans doute, que la visite que j'ai l'honneur de vous faire ce matin a un but ?

— En effet, monsieur le baron, j'ai compris cela quand on est venu m'annoncer votre arrivée.

— Jusqu'à présent, madame, depuis que j'ai eu l'honneur de vous être présenté, vous m'avez toujours traité en ami, et j'ai pensé que c'était à vous, une amie, que je devais d'abord parler de mes espérances.

— Continuez, monsieur le baron, je vous écoute.

— Je suis encouragé par vos bontés pour moi, madame, et je ne vous le cache point, j'ai l'espoir que vous me serez favorable.

Madame Lionnet eut un mouvement brusque et son front s'assombrit.

— Madame, continua le baron, je n'ai pas l'habitude de m'égarer dans de longs préambules ; avec votre permission, j'arrive droit au but ; je n'ai pu rester insensible à la beauté, aux qualités brillantes, incomparables de mademoiselle Geneviève, votre fille ; je l'aime, madame.

— Vous aimez Geneviève !

— Je l'aime ardemment, madame, autant qu'il est possible à un homme d'aimer une jeune fille adorable ; je l'aime de toute la puissance de mon cœur, qui lui appartient tout entier !

Madame Lionnet s'agita sur son siège avec malaise et grimaça un sourire.

— Voilà de l'enthousiasme ou je ne m'y connais pas, dit-elle avec aigreur.

— L'enthousiasme est provoqué par l'admiration, répliqua le baron ; vous ne pouvez pas m'en vouloir des sentiments que mademoiselle votre fille m'a inspirés.

— Non, sans doute, mais je m'étonne que monsieur le baron de Verboise, qui est un personnage considérable, qui est reçu dans tous les salons de la finance et de la haute aristocratie, dont, partout, on recherche l'amitié, qui connaît, dans le grand monde qu'il fréquente, tant de jeunes filles charmantes, ait jeté les yeux sur Geneviève Lionnet, la fille d'un simple bourgeois.

— J'estime, madame, qu'un bourgeois vaut un gentilhomme et que monsieur et madame Lionnet ont leur noblesse et leur grandeur comme un comte et une comtesse, un marquis et une marquise !

— Vous connaissez l'art de la flatterie, monsieur le baron.

— Il n'y a pas de flatterie dans mes paroles, madame ; quand un homme s'élève par le travail, le courage, l'intelligence et arrive à une haute situation, que ce soit dans les lettres, les arts, les sciences, la magistrature, la diplomatie, la finance, l'armée, le commerce ou dans l'industrie, comme M. Lionnet, cet homme, madame, doit être admiré, honoré, il a droit à tous les hommages! Il importe peu qu'il n'ait pas un grand nom, il s'est donné lui-même ses titres de noblesse.

Enfin, madame, quand il s'agit pour un homme, qu'il soit noble ou bourgeois, de choisir la compagne qu'il veut associer à son existence, quand il s'agit de son bonheur, il ne doit consulter que son cœur. Si, parmi tant de jeunes filles charmantes que je connais, j'ai jeté les yeux sur mademoiselle Lionnet, c'est qu'aucune des autres n'a su attirer mes regards.

L'amour ne se commande pas, madame; j'aime mademoiselle Geneviève parce que c'est elle que je devais aimer, et si, aujourd'hui, j'ai l'honneur de demander sa main, c'est que je suis sûr de trouver le bonheur près d'elle, comme j'ai la conviction de la rendre heureuse.

Madame Lionnet grimaça un nouveau sourire.

Prête à suffoquer, elle resta un instant sans répondre.

Elle était très irritée, et sa colère était d'autant plus grande qu'elle était forcée de se contenir.

Quoi, Geneviève, cette fille qu'elle détestait, était aimée, aimée par le baron! Et, devant elle, on faisait son éloge, on parlait de l'admiration qu'elle inspirait, de sa beauté, de ses qualités brillantes, et M. de Verboise disait qu'aucune autre jeune fille ne pouvait être comparée à Geneviève!

Oh! c'en était trop!

Nous pouvons supposer que si madame Lionnet eût su ce qu'était réellement le baron de Verboise, c'eût été une joie haineuse que lui aurait fait éprouver la demande dont Geneviève était l'objet.

— Monsieur le baron, dit-elle enfin, s'efforçant d'être calme, assurément, nous ne pouvons qu'être flattés, Geneviève, mon mari et moi, d'une démarche qui nous honore ; mais, voyons, avez-vous suffisamment réfléchi ?

— Oui, madame, toutes mes réflexions sont faites. D'ailleurs, dès le jour où j'ai reconnu que j'aimais mademoiselle Geneviève Lionnet, j'ai pris la résolution de demander sa main.

— Ainsi, c'est bien sérieux?

— On ne peut plus sérieux, madame.

— Monsieur le baron, vous voulez épouser Geneviève...

— Le jour où je lui donnerai mon nom sera le plus heureux de ma vie, interrompit-il.

— Veuillez m'écouter, monsieur le baron, et laissez-moi vous parler en amie sincère. Vous voulez épouser Geneviève ; eh bien, vous avez tort, et je vous engage à renoncer à votre projet.

— A votre tour, madame, vous m'étonnez.

— Geneviève n'est pas la femme qu'il vous faut, monsieur de Verboise.

— Vous oubliez que je l'aime !

Madame Lionnet eut un mouvement d'humeur qu'elle ne parvint pas à dissimuler.

— Je vous le répète, monsieur le baron, répliqua-t-elle, Geneviève ne vous convient pas.

— Pourquoi, madame ?

— D'abord parce qu'elle est la fille de M. Lionnet, un commerçant, ensuite parce que c'est une personne simple, d'un caractère sombre, taciturne, sauvage, ayant des goûts singuliers, une sorte de misanthrope, qui ne possède aucune de ces qualités essentielles et exceptionnelles qui font la femme du monde.

— Mon Dieu, madame, riposta le baron avec une grande gravité, ce sont ces imperfections, ces défauts, que vous signalez, qui font d'autant plus valoir les admirables qualités que j'ai découvertes en mademoiselle Lionnet ; et, puisqu'il faut vous le dire, ce sont précisément ces imperfections, ces défauts, ce manque des qualités qui font la femme du monde, qui m'ont fait aimer mademoiselle Geneviève et m'ont décidé à faire la demande de sa main.

Madame Lionnet se mordit les lèvres et répondit :

— En ce cas, monsieur le baron, et, sur ce point, je n'ai plus rien à dire. Toutefois, je dois vous prévenir que plusieurs obstacles vont se dresser devant vous.

— Ah !... Et c'est toujours en amie que vous me prévenez ?

— Certainement.

— Alors, je demanderai à madame Lionnet, mon amie, de m'aider à les briser, ces obstacles.

— Cela, monsieur le baron, je ne puis vous le promettre, malgré tout le désir que j'aurais de vous être agréable.

— Est-ce me dire que vous me serez hostile, que mon amie me traitera en ennemi ?

— Non, certes !

— Alors vous vous réservez de garder la neutralité.

— Monsieur le baron, dit-elle, évitant de répondre à la question, vous pensez peut-être que Geneviève aura une grosse dot ?

— Madame, répliqua-t-il d'un ton vif et avec une

certaine hauteur, de tout autre personne, les paroles que vous venez de prononcer seraient injurieuses pour moi ; mais l'amitié — il appuya sur le mot, — a des privilèges que je veux respecter ; je ne me trouve donc pas offensé, et je vous réponds en toute sincérité, que je suis venu vous trouver, plein de confiance, pour vous ouvrir mon cœur et vous parler de mes espérances sans avoir seulement songé à la question d'argent.

Madame Lionnet se mordit encore les lèvres. Elle sentait qu'elle n'était pas de force à lutter avec avantage contre son adversaire.

— Monsieur le baron, dit-elle, je vous ai parlé de cela, pensant qu'il était bon que vous fussiez instruit ; sachez donc, monsieur le baron, que, pour des raisons qu'il ne m'est pas permis de vous faire connaître, Geneviève, en se mariant, n'aura pas un sou de dot.

— Est-ce possible, madame ?

— Je vous dis la vérité.

— Eh bien, vous me voyez enchanté ! Epouser une jeune fille sans dot a toujours été mon rêve ! Mademoiselle Geneviève aura ainsi la preuve que mon affection est absolument désintéressée, que je l'aime pour elle-même, et l'on ne pourra pas dire dans le monde, où tant de choses sont mises en suspicion, que j'ai épousé mademoiselle Lionnet pour sa dot et à cause de la fortune de son père.

Madame Lionnet était complètement ahurie.

Décidément, ce baron de Verboise était invulnérable.

— Eh bien, madame, reprit-il, sont-ce là les fameux obstacles dont vous me parliez tout à l'heure ?

— Je croyais que c'en était un, monsieur le baron.

— Vous voyez que vous vous étiez trompée ; peut-être vous trompez-vous également sur l'importance des autres obstacles qui vont se dresser devant moi. Plaît-il à madame Lionnet de me les faire connaître, ces obstacles ?

— L'un d'eux, monsieur le baron, est que nous ne sommes nullement décidés à marier Geneviève.

— Vous prendrez cette décision, madame, et l'obstacle, si l'on peut appeler cela un obstacle, n'existera plus.

— Monsieur le baron, nous sommes fermement résolus à marier notre fils avant sa sœur.

Le baron eut un sourire qui contenait suffisamment d'ironie pour être irrespectueux.

— Tout à l'heure, madame, répliqua-t-il, quand je vous ai avoué mon amour pour mademoiselle Geneviève et fait connaître mes intentions, vous avez paru douter que je parlasse sérieusement. Permettez-moi de vous demander aussi si ce que vous venez de dire est bien sérieux.

— Mais, monsieur le baron...

— Non, n'est-ce pas ? ce n'est point sérieux, ça ne peut pas l'être ? Votre fils, mon jeune ami Albert, n'a pas encore vingt ans ; voyons, franchement, madame Lionnet, est-ce qu'on marie un jeune homme à cet âge ?

— Pourquoi non, monsieur ?

— Votre fils n'est encore qu'un jeune garçon, et, en général, on ne se marie pas avant d'être un homme fait, c'est-à-dire après être arrivé à l'âge de vingt-quatre ou vingt-cinq ans. Remarquez que je ne cherche pas à contrarier vos idées ; s'il vous plaît de marier immédiatement votre fils, je n'ai rien à y voir; c'est son affaire et la vôtre.

Mais que vous fassiez dépendre le mariage de mademoiselle votre fille de celui de son frère, voilà ce que je ne puis admettre; vous ne pouvez pas avoir une pareille prétention, madame, car la raison et le simple bon sens vous condamneraient.

Mademoiselle votre fille est dans sa vingt-deuxième année, si je ne me trompe, et a déjà passé quelque peu l'âge d'être mariée. Voyez-vous mademoiselle Geneviève devenir vieille fille parce qu'il conviendrait à M. Albert Lionnet de ne se marier qu'à trente ou trente-cinq ans, et que madame Lionnet se serait mis en tête de ne marier sa fille qu'après son fils!

Eh bien, non, madame, non, cela est impossible. Mais autant vaudrait dire tout de suite que vous avez condamné mademoiselle votre fille au célibat!

Madame Lionnet se sentait écrasée par la logique implacable du baron.

Celui-ci ajouta :

— Encore un obstacle facile à renverser, madame; la raison le détruit.

Le terrain manquait sous les pieds de la femme du négociant et elle perdait contenance. Allait-elle se déclarer vaincue? Quoi, elle aurait l'humiliation de voir Geneviève baronne! Oh! non, jamais!

Elle ne se doutait guère, la terrible madame Lionnet, qu'elle défendait la douce créature qu'elle aurait voulu voir au fond d'un abîme.

Soudain, elle se redressa.

— Décidément, monsieur le baron, dit-elle, vous ne voulez pas me comprendre.

— Je vous assure, madame, que je vous comprendrais très bien si vous me compreniez vous-même.

— Je vous ai dit que vous ne deviez pas songer à épouser Geneviève.

— Et j'ai eu l'honneur de vous répondre que j'aimais mademoiselle Lionnet et que le jour où je lui donnerais mon nom serait le plus heureux de ma vie.

— Monsieur le baron, vous me forcez à vous dire, au risque de blesser votre amour-propre, des choses que je voulais taire.

— Dites, madame, dites, je vous en prie.

— Eh bien, monsieur le baron, vous devez renoncer à votre projet d'épouser Geneviève parce qu'elle ne vous aime pas et ne peut pas vous aimer.

— Voulez-vous être assez bonne, madame, pour me dire pourquoi mademoiselle Geneviève ne peut pas m'aimer?

— Elle ne peut pas vous aimer, monsieur le baron, parce que la place que vous voudriez avoir dans son cœur est occupée par un autre.

— Cette fois, madame, répliqua le baron toujours très calme, voilà un argument dont il y a lieu de tenir compte, car il n'est pas sans valeur.

— Enfin, vous comprenez! s'écria madame Lionnet.

— Je comprends, madame, que je dois travailler à prendre dans le cœur de mademoiselle Geneviève la place qui est actuellement occupée par un autre.

— Vous ne réussirez pas !

— Permettez-moi de penser autrement que vous.

— Geneviève n'épousera qu'un homme qu'elle aimera.

— C'est ainsi que je l'entends.

— Elle est absolument libre de sa destinée, monsieur le baron, et, ni mon mari, ni moi n'essayerons de l'influencer en rien.

— J'en suis convaincu, madame, et c'est pour cela que je garde tout entier mon espoir de me faire aimer.

Madame Lionnet secoua la tête.

— Je n'ignore pas, reprit le baron, que mademoiselle Geneviève a aimé et aime encore M. Henri Merson, et que M. Lionnet, — il me l'a dit lui-même, — n'était pas opposé à ce mariage. Si la situation n'avait pas changé, vous n'auriez pas eu ma visite ce matin, madame, et j'aurais gardé le silence; mais M. Henri Merson s'éloigne, se retire pour une cause quelconque, qu'il m'importe peu de connaître; moi, madame, je me présente. Il me suffit, pour le moment, d'avoir demandé la main de mademoiselle Geneviève, le reste me regarde. Toutefois, cela va sans dire, je compte que ni vous ni M. Lionnet ne me serez hostiles et que vous laisserez mademoiselle votre fille entièrement libre.

Madame Lionnet allait répondre quand un bruit de pas se fit entendre.

— C'est mon mari, dit-elle.

Presque aussitôt, en effet, M. Lionnet entra.

— Monsieur de Verboise, dit-il au baron, qui s'était levé pour saluer, je viens d'être instruit de votre visite, et je me suis empressé de venir vous serrer la main.

Après les compliments d'usage, madame Lionnet prit la parole.

— Mon ami, dit-elle, s'adressant à son mari, il faut que je te fasse connaître l'objet de la visite de M. le baron; ah! tu vas être surpris comme je l'ai été moi-même.

M. le baron de Verboise aime Geneviève; il est venu m'entretenir de ses espérances et il demande notre fille en mariage.

Le regard étonné du négociant interrogea le baron.

— Oui, monsieur, répondit celui-ci.

— Amélie, est-ce que tu n'as pas dit à M. de Verboise?...

— J'ai dit tout ce que je pouvais dire; je n'ai pas voulu laisser ignorer à M. le baron que le cœur de Geneviève n'était plus libre.

— Monsieur de Verboise, reprit M. Lionnet, l'honneur que vous nous faites est grand, inappréciable; mais je ne puis encourager votre espoir; je vous le dis avec ma franchise habituelle, connaissant bien ma fille, vous devez renoncer à votre projet. Geneviève aime et l'amour qui est dans son cœur n'en sortira pas. Du reste, je ne vous ai pas caché que j'avais approuvé son choix, et que je la verrais avec joie épouser M. Henri Merson.

— Monsieur, répondit le baron, j'ai eu l'honneur de dire à madame Lionnet que je me bornais, pour le moment, à demander la main de mademoiselle Geneviève et que je travaillerais à me faire aimer. Si je me suis décidé à faire une démarche que les sentiments de mon cœur m'imposaient, c'est que M. Henri Merson semble avoir renoncé à épouser mademoiselle Geneviève Lionnet.

Depuis quelque temps, ce jeune homme s'éloigne de votre maison et agit comme s'il tenait à vous dégager de votre promesse.

M. Lionnet sourit et répondit :

— Seulement, moi, monsieur le baron, je ne m'en dégage point. M. Henri Merson et sa mère obéissent j'en ai la conviction, à certains scrupules. M. Henri Merson aime toujours Geneviève et je ne peux pas lui en vouloir de sa conduite, qui est dictée par un noble sentiment de délicatesse.

Ma fille et M. Henri Merson se rapprocheront, monsieur de Verboise, soyez-en sûr; du reste, je saurai faire taire les scrupules de la mère et du fils.

Le baron était devenu très pâle; un rapide éclair sillonna son regard.

— Assurément, monsieur, répliqua-t-il, je ne peux trouver mauvais, qu'ayant pris un engagement vous vouliez le tenir; je pense, cependant, que si, pour une cause quelconque, le mariage que vous désirez ne pouvait avoir lieu, il ne me serait pas défendu d'espérer.

— Certainement, monsieur le baron, et à cette condition, bien entendu, que vous seriez encouragé par ma fille.

— Je me contente de cette bonne parole, monsieur; je n'ai donc pas à renoncer à tout espoir.

Sur ces mots, qu'il avait prononcés d'une voix très émue, le baron salua respectueusement la femme et le mari, et se retira.

Quand il fut dans la rue, il releva fièrement la tête. Sa physionomie exprimait la froide résolution d'un homme qui veut, coûte que coûte, arriver au but qu'il s'est proposé d'atteindre.

— Ah! ah! M. Henri Merson, se disait-il, avant que vous n'épousiez Geneviève, il passera de l'eau sous les ponts.

Ah! ah! vous vous trouvez en travers de mon chemin... Prenez garde, M. Henri Merson, vous jouez un jeu dangereux!

Quand il passa devant le commissionnaire, son regard farouche avait une expression si terrible que le vieillard ne put s'empêcher de murmurer :

— Ah ! ça, est-ce qu'il aurait un autre Darasse à assassiner ?

V

CÉCILE DE PRÉMORIN

Le lecteur connaît parfaitement, maintenant, la comtesse de Prémorin. Elle était, — et plus odieuse encore, — l'aventurière de la belle comédie d'Emile Augier, et ressemblait, sous bien des rapports, à cet autre type de femme si finement étudié par Alexandre Dumas fils dans le *Demi-Monde.*

Les uns regardent ces sortes de femmes du monde avec un œil d'envie, mais les autres, ceux qui ne se laissent pas éblouir par les apparences, redoutent leur contact.

La comtesse de Prémorin avait un grand train de maison ; elle donnait des dîners, des soirées où la conversation était sans gêne et la gaieté bruyante. On y voyait figurer des fonctionnaires, des hommes de la finance, des écrivains, des artistes ; le nombre de ceux qui se succédaient dans son salon était considérable.

On s'y amusait beaucoup, et les personnes qui aiment le plaisir affranchi de contrainte recherchaient les invitations de la comtesse.

Toutefois, il arrivait que des observateurs clairvoyants, moins aveuglés que madame Lionnet, ne retournaient plus chez la dame, après une première apparition dans ses salons.

Ils n'avaient pas de peine à s'apercevoir que la société y était singulièrement mêlée et sans cesse renouvelée, qu'il y régnait un ton qui n'était pas précisément celui de la bonne compagnie.

La maîtresse de la maison dirigeait la conversation avec une habileté calculée; elle déployait une adresse étonnante quand elle cherchait à capter la confiance des gens par des flatteries hyperboliques ou par les manèges d'une coquetterie savante et expérimentée.

Suivant le caractère de chacun, elle variait avec une souplesse extrême les moyens à l'aide desquels elle obtenait des confidences.

Les visiteurs avisés concluaient de ces remarques et de beaucoup d'autres encore, que cette maison était suspecte et qu'il était prudent d'en éviter les pièges.

Toutefois, ces personnes circonspectes ne formaient que le petit nombre, et la plupart de ceux qui étaient admis chez la comtesse ne tarissaient pas en éloges sur les charmes de son hospitalité.

Comme beaucoup de femmes dont la jeunesse a été remplie de nombreuses aventures, la comtesse aurait été bien aise de voir sa fille éviter ses propres écarts et de lui procurer un établissement honorable qui la détournât définitivement des sentiers bourbeux qu'elle avait suivis.

Mais ce n'était pas impunément que Cécile avait respiré l'atmosphère impure de la maison maternelle.

Dès son plus jeune âge, elle avait été en contact avec le vice, elle avait eu sous les yeux des spectacles démoralisants, elle avait entendu des paroles qui avaient éveillé en elle une curiosité malsaine.

Son intelligence s'était bien vite abandonnée aux suggestions vicieuses, de bonne heure elle s'était habituée à envisager les vilains côtés de la vie, qu'il est toujours dangereux d'entrevoir trop tôt.

Sa jeune imagination, surexcitée par un déplorable entourage, où la vertu était considérée comme un préjugé, avait été déflorée par une expérience prématurée. Les hôtes de la comtesse avaient été souvent étonnés de remarques et de réparties qui prouvaient que la mauvaise éducation de Cécile avait porté ses fruits.

Chose triste à dire, hommes et femmes s'en étaient amusés et avaient applaudi comme s'il se fût agi d'un rôle appris par l'enfant et qu'elle était appelée à jouer plus tard.

A quinze ans, Cécile avait conservé la virginité du corps; mais déjà elle avait l'âme dépravée d'une courtisane, et les instincts pervers qui lui venaient du sang de sa mère s'étaient développés dans des proportions monstrueuses.

Le pli était pris depuis longtemps lorsqu'elle s'était trouvée en relations avec Albert Lionnet à Trouville d'abord, et ensuite à Nice.

Certes, il lui avait fallu de grands efforts pour contraindre sa nature, se conformer aux instructions de sa mère et jouer la comédie, dont le jeune Lionnet aurait certainement été victime, s'il n'avait pas eu pour le retenir, Geneviève, son ange gardien.

Nous avons vu comment, au moment où Cécile et sa mère se croyaient près d'atteindre le but, la sœur avait brusquement déchiré le voile et démontré à son frère que mademoiselle de Prémorin était de celles qu'un homme honnête et qui se respecte n'épouse pas.

Aussi Cécile n'avait-elle pas pardonné à Geneviève de l'avoir démasquée; et sa haine était d'autant plus grande que, pour complaire au baron de Verboise, on voulait lui imposer de ne rien tenter contre son ennemie.

Elle avait promis de faire taire ses rancunes parce qu'elle savait que le baron était, pour sa mère, un allié précieux qu'elle devait ménager sous peine de s'en faire un adversaire redoutable. Mais le sacrifice coûtait terriblement à son orgueil et elle n'avait nullement renoncé à se venger; elle n'attendait que l'occasion.

Sa haine contre Geneviève était encore alimentée par la jalousie.

Il lui était arrivé de se permettre, devant le baron, quelques critiques mordantes à l'adresse de la petite bougeoise du faubourg Saint-Antoine. Aussitôt le baron avait pris la défense de Geneviève avec une ardeur dont elle avait immédiatement tiré ses conclusions.

Elle s'était dit que, si M. de Verboise vantait ainsi la beauté et la vertu de la fille du négociant; que s'il exaltait ses qualités, modestes peut-être, mais solides; que s'il ne prononçait son nom qu'avec l'accent d'un profond respect, c'était évidemment qu'il s'était épris d'une belle passion pour elle.

Ce n'était pas qu'elle prétendît à l'amour du baron; mais elle ne pouvait pas admettre que cet homme si brillant, qui n'avait qu'à faire son choix dans le monde de la finance ou de la noblesse, donnât la préférence à la fille de M. Lionnet, qui n'était à ses yeux, en définitive, qu'un boutiquier.

Albert, à son insu et sans le vouloir, avait encore jeté de l'huile sur ce foyer de haine que Cécile entretenait.

Depuis que le jeune homme avait rompu avec ses habitudes régulières d'autrefois, il rencontrait Cécile de temps en temps dans les maisons où il était reçu, grâce à son nouvel ami, le baron de Verboise.

Avec son étourderie habituelle, il se laissait entraîner à parler de sa sœur, à en faire l'éloge enthousiaste, et, chaque fois, la haineuse Cécile en éprouvait un surcroît de colère contre Geneviève.

Un soir, pendant une absence de M. Lionnet, que ses affaires avaient appelé pour quelques jours en province, une amie de madame Lionnet lui offrit deux places dans une loge dont elle disposait au Théâtre-Français.

Madame Lionnet était souffrante, un violent mal de tête. Albert pressa sa sœur de l'accompagner.

C'était une sortie pour Geneviève, une de ces distractions agréables dont elle était bien souvent privée; et quelle bonne fortune aussi de pouvoir passer toute une soirée avec son frère !

Elle consentit.

Elle ne faisait pas d'ailleurs un grand sacrifice ; on jouait, ce soir-là, une pièce à succès, le *Monde où l'on s'ennuie*, qu'elle ne connaissait pas encore et qu'elle désirait voir.

La comtesse de Prémorin et sa fille étaient aussi à la Comédie-Française et se trouvaient dans une loge presque en face de celle où Albert et sa sœur avaient pris place.

La mère et la fille étaient en compagnie d'un homme déjà mûr dans lequel il était facile de reconnaître un viveur.

Pendant le premier entr'acte, Cécile remarqua que, dans la salle, beaucoup de spectateurs se montraient Geneviève et manifestaient leur admiration pour cette belle jeune fille toute rayonnante de grâce dans sa tenue modeste et pleine de distinction.

Elle s'aperçut aussi que plusieurs hommes, évidemment des amis de M. Lionnet, personnages importants qu'elle connaissait, allèrent saluer Geneviève dans sa loge avec déférence et respect.

Cet hommage rendu publiquement à son ennemie l'exaspéra.

Oh! cette Geneviève!

Comme elle aurait voulu la faire descendre du piédestal où on la plaçait, la réduire à figurer parmi les femmes que l'on salue d'un geste cavalier et auxquelles on parle, comme si on avait le droit de leur tout dire!

A un moment, son regard se croisa avec celui d'Albert. Le jeune homme, obéissant à un sentiment instinctif de respect pour sa sœur, feignit de ne pas la voir et détourna la tête.

Elle se mordit les lèvres de dépit et de colère.

Se comparant à Geneviève, elle fut amenée à faire un retour sur elle-même, et la comparaison provoqua chez elle un nouveau mouvement de colère et de rage.

Au deuxième entr'acte, ayant vu Albert sortir de la loge, elle se fit accompagner jusqu'au foyer par le vieux beau qui servait de cavalier à elle et à sa mère.

Elle espérait y rencontrer le jeune Lionnet.

Albert s'y trouvait en effet; il ne put se dispenser de la saluer. Mais il paraissait contrarié, gêné, et il se hâta de la quitter.

Cela disait clairement qu'il rougissait de la connaître et ne tenait pas à ce qu'on le vît causer avec elle.

Ses yeux, pleins de lueurs sombres, le suivirent jusqu'à ce qu'il fût sorti du foyer.

A ce moment elle éprouvait presque autant de haine contre le frère que contre la sœur.

En la ramenant à sa loge, son compagnon remarqua son agitation, son air sombre.

— Qu'avez-vous donc? lui demanda-t-il.

Au lieu de répondre à cette question, elle en adressa une autre.

— Du Quillo, en quittant M. Albert Lionnet, vous lui avez dit : — « Au revoir! » — Où devez-vous vous rencontrer?

— Est-il bien nécessaire de vous le dire?

Elle haussa les épaules.

— Au fait, reprit-elle, vous avez raison et j'approuve votre discrétion; mais je n'ai pas besoin que vous me le disiez, je suis sûre que vous allez souper chez madame Derbelon, rue Pigalle.

— On ne peut rien vous cacher, ma toute belle.

— Vous connaissez tous les habitués de cette honnête maison?

— Quelque peu.

— Vous êtes trop modeste. Mais passons!... Ne m'avez-vous pas dit que si je vous adressais une prière, elle serait immédiatement exaucée?

— J'ai pris cet engagement, et je le renouvelle.

— Du Quillo, je vous prends au mot.

— Eh bien?

— J'ai une vengeance à exercer.

— Diable!

— Et il faut que vous m'aidiez.

— Oh! oh!

— Un jour, du Quillo, vous vous êtes vengé cruellement d'une femme qui s'était jouée de vous, et votre vengeance, m'avez-vous dit, vous a fait éprouver un immense plaisir?

— Arrivez au fait; de quoi s'agit-il?

— De celui qui vient de nous quitter.

— Albert Lionnet?

— Oui.

— Vous avez à vous venger de cet adolescent?

— Je vous l'ai dit.

— Mais, ma charmante, c'est un étourneau sans conséquence.

— Ceux qui m'ont blessée ne sont jamais sans conséquence.

Le vieux viveur essaya des objections.

Elle l'arrêta en lui disant d'un ton sec :

— J'ai votre promesse, je le veux!

— Eh bien, parlez! que voulez-vous de moi?

Elle allait lui répondre, mais les trois coups frappés sur la scène annoncèrent le lever du rideau.

A l'entr'acte suivant, Cécile causa longuement, à voix basse, avec M. du Quillo. Il l'écouta ayant un sourire stéréotypé sur les lèvres. Mais quel sourire! Celui d'un satire ou celui de Méphistophélès après la chute de Marguerite.

Quand elle eut fini, il répondit :

— Soit, ma charmante, votre programme sera rempli de point en point.

Le spectacle terminé, Albert reconduisit sa sœur au faubourg Saint-Antoine, lui souhaita le bonsoir et une bonne nuit et feignit de rentrer dans sa chambre. Mais, ainsi qu'il lui arrivait souvent, il se glissa à pas de loup dans l'escalier de service, gagna la rue et se jeta dans le premier fiacre qu'il rencontra.

— Rue Pigalle, dit-il au cocher, et double pourboire si vous marchez bien.

Il était près d'une heure quand il arriva chez madame Derbelon, qui tenait officiellement une table d'hôte, mais en réalité, offrait une hospitalité nocturne à des joueurs.

Toutes les nuits, il y avait chez elle nombreuse société, composée d'hommes de différents âges, les uns vétérans de la corruption parisienne, les autres assez novices encore pour qu'on exploitât leur inexpérience, et des femmes du demi et du quart de monde, jeunes et jolies pour la plupart, mais qui, certainement, n'avaient plus aucun titre à la couronne de rosière.

Les hôtes privilégiés de madame Derbelon venaient de se mettre à table pour souper, lorsque le jeune Lionnet arriva. M. du Quillo lui avait réservé sa place, et il se trouva à la droite d'une femme qui, quoique ayant atteint les limites de la jeunesse, était encore fort belle.

Plusieurs fois déjà, Albert lui avait fait sa cour; mais, jusqu'alors, ses avances avaient été froidement accueillies.

Cette nuit-là, au contraire, la belle coquette fut avec Albert d'une amabilité on ne peut plus encourageante; ses regards et ses paroles étaient d'accord pour aiguillonner les espérances du jeune fou et lui faire entrevoir la perspective d'une conquête qu'on n'ambitionnait pas toujours avec succès.

Elle ne manquait pas d'esprit et n'eut pas de peine à tenir Albert sous le charme de ses réparties et de son sourire.

Content de lui-même, plus satisfait encore de sa charmante voisine, Albert ne s'apercevait pas qu'elle remplissait incessamment son verre d'un vin capiteux.

A la fin du repas il était sous l'influence d'une double griserie, c'est-à-dire dans les meilleures conditions pour commettre toutes les folies.

Quand la dame s'enveloppa dans son manteau pour s'en aller, le jeune homme s'enhardit jusqu'à lui proposer de l'accompagner. L'offre était attendue, aussi fut-elle vite acceptée.

Quelques instants après, une voiture emportait le couple loin de la rue Pigalle.

Trois jours s'écoulèrent sans qu'Albert reparût dans la maison de son père, sans qu'il eût fait savoir où il était et ce qui le retenait.

VI

LE PIÈGE

M. Lionnet était encore absent.

Madame Lionnet était dans une anxiété mortelle et faisait retomber sur Geneviève le poids de son humeur massacrante.

Jamais la jeune fille n'avait eu à supporter pareille avalanche de reproches sans fondement et d'aigres récriminations.

Madame Lionnet la traitait de menteuse quand elle lui affirmait que son frère était rentré avec elle du spectacle. Il fallait que la mère d'Albert s'en prît à quelqu'un de sa douleur.

Heureusement que Geneviève avait depuis longtemps fait l'apprentissage de la patience; elle acceptait tout sans se plaindre. D'ailleurs qu'étaient ces blessures en comparaison des craintes dont elle était saisie à la pensée qu'un malheur pouvait être arrivé à son frère?

Son imagination enfantait les plus sombres hypothèses.

On avait instruit le commissaire de police de la

disparition aussi étrange qu'inexplicable d'Albert et des recherches pour savoir ce qu'il était devenu avaient été commencées.

Plusieurs fois madame Lionnet eut la pensée d'écrire au baron de Verboise pour le prier de lui venir en aide; mais pouvait-elle demander un service quelconque à cet homme qui voulait épouser Geneviève, en faire une baronne? Non, car elle ne voulait rien devoir au baron afin de pouvoir, le cas échéant, mettre tout en œuvre pour s'opposer au mariage.

Dès le deuxième jour, les ouvriers de la maison avaient appris la disparition de leur jeune patron, et le père Anselme n'avait pas tardé à être aussi instruit de l'événement.

— Qu'est-ce que cela veut dire? se demanda-t-il.

Et il se mit à réfléchir.

Le baron de Verboise était-il pour quelque chose dans cette affaire? Cela n'avait rien d'impossible. Mais pourquoi le baron aurait-il fait disparaître le jeune Lionnet pour un temps plus ou moins long? Car le commissionnaire ne voulait pas supposer que l'assassin de Darasse eût aussi intérêt à se débarrasser du frère de Geneviève. Il avait beau chercher, il ne trouvait pas le motif qui aurait pu faire agir le baron.

Quand il eut bien réfléchi et parcouru lentement le vaste champ des hypothèses, il finit par se dire qu'il ne comprenait absolument rien à la chose.

Or, le troisième jour, vers deux heures de l'après-midi, une voiture de place s'arrêta dans le faubourg, juste en face du commissionnaire, et une femme d'un certain âge, assez bien mise, d'une apparence respectable, mit pied à terre.

— Vous allez m'attendre ici, dit-elle au cocher.

Puis s'approchant du commissionnaire :

— Monsieur, lui demanda-t-elle, pouvez-vous m'indiquer la maison de M. Lionnet, le fabricant de meubles ?

— Vous n'en êtes pas bien loin, répondit le père Anselme. La maison de M. Lionnet est celle que vous voyez un peu plus haut, en face, avec une porte cochère.

— Je vois, merci, monsieur. Ah! dites-moi, la maison a-t-elle un concierge ?

La question parut singulière au père Anselme, qui, son attention étant éveillée, se mit à considérer attentivement la dame.

— Oui, madame, répondit-il, la maison a un concierge, bien que M. Lionnet, qui en est le propriétaire, l'habite seul avec sa famille. Mais si c'est M. Lionnet que vous désirez voir, je puis vous dire qu'il est en ce moment absent de Paris et qu'il ne reviendra que dans deux ou trois jours.

— Non, ce n'est pas M. Lionnet que je désire voir. Je vous remercie bien de votre obligeance, monsieur.

Et la femme s'éloigna.

Le commissionnaire qui, déjà, suspectait les intentions de la vieille, la suivit des yeux jusque sous le porche de la maison.

Pensif, il grommela entre ses dents :

— Quelque chose me dit que la visite de cette femme n'est pas sans rapport avec la disparition du frère de mademoiselle Geneviève.

Hum, hum, il faut ouvrir l'œil et le bon !

Le cocher était descendu de son siège, soufflait dans ses doigts et battait la semelle sur le trottoir pour se réchauffer.

— Hé, l'ami, lui dit le père Anselme, il ne fait pas chaud tout de même.

— Un froid de loup, c'est cette gueuse de bise qui vous fouette le visage de la belle manière.

— Votre cheval n'a pas froid, lui; on voit que vous venez de loin.

— Du fond de Passy, rue Pargon, et je vais y retourner; en voilà une course! Heureusement que je suis à l'heure.

— Tiens, tiens, fit le commissionnaire, vous venez de la rue Pargon? J'ai justement un vieil ami à moi qui demeure dans cette rue, au numéro 12; c'est peut-être dans la même maison que vous avez pris la bourgeoise qui vient de causer avec moi.

— Non, ma cliente demeure au numéro 3.

— Ah! au numéro 3.

— En allant voir votre ami vous avez dû remarquer la maison, cour devant, jardin derrière, joli aspect, plusieurs pavillons isolés.

— En effet, je me rappelle...

— Nous autres cochers nous la connaissons bien, cette maison, car elle nous fait travailler, surtout la nuit.

— Ah! on y donne des soirées?

— Ce n'est pas tout à fait ça; on y conduit des messieurs et des dames qu'on y laisse.

— Je comprends, c'est une maison meublée.

— Oui, un peu; mais vous n'y êtes pas encore, mon vieux.

— Diable, mais qu'est-ce donc que cette maison?

Le cocher eut un sourire singulier et répondit en clignant de l'œil :

— Cette maison, mon brave, cette maison... Voyons,

comment dirais-je bien ? Cette maison est une maison galante.

Le père Anselme tressaillit.

— Ah ! c'est très bien, fit-il; seulement vous ne m'avez rien appris, car je ne comprends pas.

Le cocher toisa le commissionnaire, lui tourna le dos en haussant dédaigneusement les épaules et se remit à battre la semelle et à souffler dans ses doigts.

Le père Anselme se disait :

— Me voilà un peu rassuré sur le sort du frère de mademoiselle Geneviève; le jeune homme est captif dans les jardins d'Armide et l'on ne veut lui rendre sa liberté que contre rançon.

La cliente du cocher était entrée dans la loge de la concierge de M. Lionnet.

— Madame, lui dit-elle, il faut que je voie immédiatement mademoiselle Geneviève Lionnet ; j'ai une importante communication à lui faire.

— Très bien, madame, répondit la concierge, veuillez monter au premier étage.

— Je monterais volontiers ; mais il est nécessaire que madame Lionnet n'ait point connaissance de ma visite.

La concierge avait l'habitude de la discrétion. Sans adresser aucune question à la visiteuse, elle tira le cordon d'une sonnette placée dans l'antichambre des appartements des maîtres.

Presque aussitôt, un domestique descendit dans la loge.

La concierge lui ayant dit pourquoi elle l'avait appelé, il remonta très vite, et au bout de quelques instants, Geneviève parut.

Toujours discrète, la concierge passa dans une

autre pièce, laissant la jeune fille et la visiteuse seules dans la loge.

— Vous êtes bien mademoiselle Lionnet ? demanda celle-ci.

— Oui, madame.

— Eh bien, mademoiselle, je viens vous trouver de la part de votre frère.

— Vous savez où il est ? Oh ! madame, dites-le moi !

— Mademoiselle, je viens vous chercher ; je suis chargée de vous conduire auprès de votre frère. Il lui est arrivé un accident qui ne lui permet pas d'écrire ; il m'a remis son porte-feuille, que voici, pour vous prouver que je viens bien de sa part.

Geneviève n'eut qu'à jeter les yeux sur le portefeuille pour reconnaître que c'était bien celui de son frère.

— Madame, reprit-elle toute tremblante, est-ce qu'il est en danger?

— Il l'a été; mais je crois que l'on peut être rassuré maintenant. Dès qu'il a pu parler, ses premières paroles ont été pour vous. Venez, mademoiselle, venez vite, votre frère a hâte de vous voir.

— Oui, je vais vous accompagner; mais, auparavant, permettez-moi d'aller mettre mon manteau, mon chapeau et d'avertir ma mère.

— Vous pouvez aller mettre votre manteau et votre chapeau, mademoiselle, mais ne dites rien à votre mère, il faut que vous me suiviez sans qu'elle le sache.

— Mais madame...

— Voilà les instructions que j'ai reçues, mademoiselle; si vous ne croyez pas devoir vous y conformer, il ne me reste plus qu'à m'en retourner seule.

Geneviève, qui avait eu un instant de défiance, n'hésita plus.

— C'est bien, madame, dit-elle, j'obéis à l'ordre de mon frère; accordez-moi deux minutes et je suis à vous.

La messagère n'attendit pas longtemps. Geneviève reparut.

— Partons, madame, dit-elle, partons vite.

Quand le commissionnaire vit la femme sortir de la maison, en compagnie de Geneviève, il éprouva une commotion violente.

— Hein ! fit-il, qu'est-ce que cela signifie ?

La messagère et la jeune fille arrivèrent près de la voiture, dont le cocher s'empressa d'ouvrir la portière.

Comme il en avait l'habitude, chaque fois qu'elle passait devant lui, le père Anselme salua respectueusement Geneviève, qui répondit par un gracieux mouvement de tête,

— Ah çà ! est-ce que mademoiselle Geneviève va accompagner cette femme ? se demanda le vieillard.

A la question qu'il se posait, ces paroles de la messagère répondirent :

— Veuillez monter, mademoiselle.

— Par exemple, murmura le père Anselme, en voilà d'une autre !

Il fut sur le point de s'écrier :

— Mademoiselle, ne montez pas dans cette voiture, n'écoutez pas cette femme !

Mais il se contint en se disant qu'il n'avait pas le

droit d'intervenir et que, d'ailleurs, mademoiselle Lionnet devait bien savoir ce qu'elle faisait.

La jeune fille prit place dans le coupé et la femme s'y installa auprès d'elle pendant que le cocher remontait prestement sur son siège.

Le commissionnaire avait laissé tomber sa tête sur sa poitrine.

Il se redressa brusquement au bruit que fit la voiture en roulant sur le pavé.

Il se frappa la poitrine, puis le front; il devint très pâle, ses traits se contractèrent et son regard eut un jet de flamme.

Une horrible pensée venait de jaillir de son cerveau; il la jeta dans cette exclamation :

— Mon Dieu ! si elle allait tomber dans un piège !

Il put voir encore le fiacre, qui disparut.

Le cheval n'était pas un excellent coureur ; cependant, il ne tarda pas à traverser la place de la Bastille; il suivit ensuite la rue de Rivoli, monta l'avenue des Champs-Elysées, puis, plus rapidement, descendit sur Passy et Auteuil, par l'avenue d'Eylau et le boulevard Suchet.

Geneviève n'avait pas seulement fait attention à l'itinéraire que suivait la voiture. Sa pensée était uniquement occupée de son frère. Elle songeait seulement qu'on était bien longtemps à arriver, et la longueur du chemin irritait son impatience.

Enfin le fiacre s'arrêta dans une rue nouvellement ouverte et où beaucoup d'espaces vagues attendent encore des constructions. Une grille s'ouvrit. Geneviève et sa compagne traversèrent une cour plantée d'arbres verts, puis entrèrent dans une maison n'ayant que deux étages au-dessus du rez-de-chaussée.

La femme conduisit la jeune fille au premier étage, dans une pièce meublée avec un certain luxe.

— Mademoiselle, dit la messagère, veuillez vous asseoir et attendre un instant; je vais prévenir votre frère de votre arrivée, puis je viendrai vous prendre pour vous conduire auprès de lui.

Sur ces mots, la femme ouvrit une porte et disparut.

Geneviève était dans une anxiété terrible; les minutes s'écoulaient pour elle avec une lenteur désespérante. Cependant un quart d'heure, puis une demi-heure s'écoulèrent sans qu'on vînt la chercher, sans qu'elle eût entendu le moindre bruit autour d'elle.

Alors elle éprouva une première impression d'effroi; puis, peu à peu, elle sentit la peur s'emparer d'elle, et elle se demanda, en frissonnant, si on ne l'avait pas attirée dans un guet-apens.

Elle se dressa, effarée, et courut à une porte qu'elle essaya d'ouvrir. Impossible. Elle bondit vers une autre porte, celle par laquelle la femme était sortie; impossible aussi de l'ouvrir.

Il fallait se rendre à l'évidence, on l'avait enfermée, elle était prisonnière.

— Oh! fit-elle d'une voix rauque.

Et elle se mit à trembler.

— Ah! la fenêtre! la fenêtre! s'écria-t-elle.

Mais vainement elle tenta de trouver une issue de ce côté; ses efforts échouèrent sur la fenêtre comme sur les portes.

Elle écarta les rideaux et put voir un assez grand jardin au milieu duquel s'élevaient quatre ou cinq petites habitations construites en forme de chalet.

Mais elle eut beau plonger ses regards dans les allées, partout, le jardin était désert.

— Mais où suis-je donc, mon Dieu? où suis-je donc? se demanda-t-elle éperdue.

La pauvre Geneviève comprenait trop tard qu'on avait abusé de sa crédulité.

On l'avait entraînée dans un piège.

Mais pourquoi? Que lui voulait-on?

Elle voulut crier, appeler à son secours, la voix lui manqua.

Appeler à son secours! A quoi bon? D'où le secours pouvait-il lui venir?

D'une voix presque éteinte elle murmura :

— Mon Dieu, mon Dieu, ayez pitié de moi, protégez-moi!

Ce n'était qu'à Dieu, en effet, qu'elle pouvait s'adresser.

En proie à une mortelle épouvante, sentant ses jambes fléchir sous le poids de son corps, elle se laissa tomber sur un siège.

Soudain une porte s'ouvrit et livra passage à un homme d'une trentaine d'années; il avait les yeux brillants, la bouche souriante et son allure, en harmonie avec l'expression de son visage, était celle d'un fat.

Geneviève n'avait jamais vu cet homme.

Elle poussa un cri, se leva d'un bond et se recula pâle, livide.

Maintenant elle ne tremblait plus : en face d'un danger qu'elle pressentait, elle sentait la force lui revenir.

— Ma belle enfant, lui dit le jeune homme d'un ton dégagé, en s'avançant vers elle et en cherchant à lui prendre la main, ne vous effrayez point et ne soyez pas aussi farouche; vous devez voir en moi un ami, et j'espère bien que nous allons facilement nous entendre.

— Monsieur, est-ce que vous venez me délivrer? lui demanda-t-elle en le regardant avec ses grands yeux effarés et pleins d'anxiété.

— Vous délivrer? fit-il, je ne comprends pas!... Allons, ma mignonne, parlons sérieusement : sachez d'abord que je vous connais.

— Vous me connaissez?

— Je vous ai vue souvent.

— Mais moi, monsieur, je ne vous connais pas; vous dites que vous m'avez vue souvent? Où m'avez vous vue, monsieur?

— Où vous avez l'habitude d'aller, au théâtre, aux courses, dans certaines réunions publiques.

— Monsieur, répliqua-t-elle en secouant la tête, vous vous trompez, vous ne me connaissez pas plus que je ne vous connais.

— Ne vous appelez-vous pas Geneviève, mademoiselle Geneviève?

— Oui, monsieur, je m'appelle Geneviève, Geneviève Lionnet; mais savoir le nom d'une personne ne prouve point qu'on la connaît.

— Soit, mais quand je vous dis que je vous connais, que je vous ai vue souvent, vous pouvez me croire. Mademoiselle Geneviève, écoutez-moi : depuis qu'il m'a été donné de contempler pour la première fois votre charmant visage, votre souvenir ne s'est plus éloigné de ma pensée; vous avez devant vous un homme passionnément épris de votre radieuse beauté, de vos charmes incomparables.

Elle le regardait avec stupeur, ayant la langue comme paralysée.

— C'est cela, continua-t-il, regardez-moi ; vous voyez, charmante Geneviève, que je n'ai pas un air si terrible ; non, il n'y a rien en moi qui soit de nature à vous effrayer. Je vous aime, je vous adore, je suis votre esclave et je mets à vos pieds l'amour le plus ardent qu'une femme ait jamais obtenu d'un homme.

Il parvint à saisir sa main, qu'elle retira aussitôt, brusquement, en s'écriant :

— Laissez-moi, ne m'approchez pas, ne me touchez pas !

Il fronça les sourcils et répliqua avec un mouvement de dépit qu'il ne put réprimer :

— Ce n'est pas avec moi, ma mignonne, qu'on peut jouer la comédie de la candeur, et vous devriez comprendre que vous n'êtes pas ici pour réciter les litanies des saints.

Ces odieuses paroles arrivèrent aux oreilles de la jeune fille comme un affreux bourdonnement ; mais elle sentit cruellement l'outrage.

Le rouge de l'indignation et de la colère monta à son front.

— Monsieur, s'écria-t-elle d'une voix vibrante, un éclair dans le regard, je suis tombée dans un piège qu'on m'a tendu, j'ignore où je me trouve, je suis sans défense et vous en profitez pour m'insulter !

Comment ce que vous faites s'appelle-t-il dans la langue des honnêtes gens ?

— Bravo, fit-il, bravo ! vous êtes très bien ainsi ; un peu de colère anime votre physionomie et vous rend tout à fait adorable.

Elle lui lança un regard de suprême dégoût.

— Monsieur, riposta-t-elle, votre conduite est celle d'un lâche et d'un infâme!

— Oh! fit-il, railleur, comment d'aussi vilains mots peuvent-ils sortir d'une bouche si jolie?

Il s'avança vers elle, et essaya de lui prendre la taille.

Elle poussa un cri, et se rejeta en arrière avec une indicible horreur.

Elle ne pouvait plus se méprendre sur les intentions de cet homme; elle avait affaire à un misérable, et il était d'autant plus redoutable qu'elle s'apercevait qu'il avait bu.

Que faire? Elle était prisonnière; impossible de s'échapper, de fuir! Et elle ne pouvait compter sur aucun secours.

La pauvre enfant se remit à trembler. Sa poitrine se soulevait avec violence et son cœur battait à se briser.

— Oh! perdue, murmura-t-elle d'une voix étranglée, je suis perdue!

Mais ce jeune homme paraissait appartenir au monde honnête, il devait avoir reçu une certaine éducation; peut-être n'était-il pas aussi misérable qu'elle le croyait. Si elle essayait de lui inspirer de la pitié, de le fléchir.

— Monsieur, reprit-elle, adoucissant sa voix, je fais appel à tous les bons sentiments qui sont en vous; oh! je ne puis croire encore que vous ayez de mauvaises intentions. On vous a trompé sur mon compte, j'en suis sûre, on ne vous a pas dit qui je suis; on vous aura fait croire, au contraire, que je suis venue dans cette maison volontairement.

Cela n'est pas, monsieur; je vous le répète, je suis

tombée dans un piège infâme ! Et maintenant que vous savez la vérité, dites-moi, monsieur, oh ! dites-moi vite que vous ne voulez pas être le complice de la misérable femme qui m'a amenée ici !

Et comme il restait muet, la dévorant du regard, elle continua :

— Au nom de votre honneur, monsieur, au nom de votre mère, au nom aussi de votre sœur, si vous en avez une, ayez pitié de moi !... Je vous en conjure, je vous en supplie à mains jointes, aidez-moi à sortir de cette maison.

Nullement ému, il répondit :

— Et pourquoi sortir d'ici, charmante Geneviève, quand j'y suis près de vous et que nous y sommes si bien ? Demain matin, nous causerons de cela.

— Ah ! exclama Geneviève en se tordant les bras de douleur et de désespoir, il n'a rien dans le cœur, rien dans l'âme !

— Erreur, ma belle enfant, grave erreur, j'ai dans le cœur et dans l'âme tous les sentiments que vous m'avez inspirés et l'immense amour dont je brûle pour vous. Si j'ai été trompé sur votre compte, ma belle Geneviève, c'est qu'on m'a laissé ignorer que vous étiez la jeune fille la plus adorable et la plus désirable entre toutes les femmes que j'ai rencontrées jusqu'à ce jour. Je vous ai vue, je vous ai entendue, je suis dans le ravissement et je me donne à vous tout entier. Ne me confondez pas avec ceux dont la bouche et le cœur ne sont jamais d'accord ; croyez à ma sincérité, ma belle Geneviève, et aux protestations d'un homme qui vous aime comme jamais une femme n'a été aimée.

La malheureuse comprit que ses larmes et ses prières ne pourraient rien sur cet homme.

Elle avait affaire, en effet, à un de ces débauchés endurcis sur lesquels les sentiments de pitié n'ont plus aucune prise.

Ainsi, c'était bien fini, elle ne pourrait échapper à ce misérable, elle était perdue !

La nuit arrivait ; déjà l'on n'y voyait presque plus dans la chambre.

Il avançait vers elle pour la saisir ; épouvantée elle se reculait. Ils firent ainsi deux fois le tour de la pièce.

Le débauché trouva que ce jeu durait trop longtemps. La résistance de la jeune fille l'exaspérait. Il fallait en finir. Profitant d'un instant où Geneviève, haletante, s'arrêtait pour respirer, il s'élança sur elle et parvint à l'enlacer.

Elle poussa un cri perçant.

Il l'étreignit avec plus de force.

Elle se débattait avec fureur. Mais elle sentait ses forces l'abandonner, le souffle lui manquait, elle étouffait. Elle ne pouvait plus compter que sur Dieu pour la sauver.

Cependant, rassemblant ce qui lui restait de force, elle cria :

— A moi, au secours, au secours !

— Votre voix est sans écho, ma gentille tourterelle, lui dit le misérable en ricanant ; allons, il faut se rendre, je vous tiens, vous êtes à moi !

VII

LES ÉMOTIONS DU COMMISSIONNAIRE

A ce moment, un grand bruit se fit entendre dans la maison. C'étaient de grosses voix d'hommes, des cris de femmes, le claquement de portes fermées avec violence, des pas lourds résonnant sur le parquet.

Geneviève éperdue, folle, n'entendait rien.

Mais son terrible adversaire, la tenant toujours serrée contre lui, tendait l'oreille, étonné, inquiet.

Geneviève se défendait toujours et une fois encore elle appela :

— Au secours, au secours !

Sa voix fut entendue, car les pas se rapprochèrent et, soudain, les deux portes de la chambre s'ouvrirent.

Deux hommes parurent.

Ils étaient grossièrement vêtus, avaient la tête nue et étaient armés chacun d'un revolver.

A la vue de ces deux hommes, à l'aspect terrible, l'habitué de la maison lâcha enfin la jeune fille et, tremblant à son tour, la terreur peinte sur le visage, se réfugia au fond de la pièce.

— Mademoiselle Geneviève, dit l'un des deux hommes d'une voix frémissante, apprenez-moi quel châtiment a mérité cet homme ; si vous répondez : « La mort », je lui brûle la cervelle !

Dans ce personnage qui venait de lui adresser la parole, Geneviève reconnut le commissionnaire du faubourg Saint-Antoine.

Elle s'élança vers lui et jeta ses bras autour de son cou en s'écriant :

— Ah ! vous m'avez sauvée !

Le père Anselme ne put retenir un cri de joie.

— Ah ! dit-il, Dieu soit loué, nous ne sommes pas arrivés trop tard !

Il sentait contre sa poitrine les battements du cœur de la jeune fille ; mais son cœur à lui battait fort aussi.

— Mademoiselle Geneviève, reprit-il, nous n'avons pas à rester un instant de plus dans cette maison infâme ; mais, avant d'en sortir, dites-moi ce que nous devons faire de ce misérable. Regardez-le, voyez comme il tremble, le lâche !

— Laissez ce malheureux, monsieur Anselme ; il est de ces hommes qu'on méprise et dont on se détourne avec dégoût ! Puisse-t-il avoir le regret de son ignoble conduite et que ce soit sa punition ; je n'en demande pas une autre. Laissez-le, monsieur Anselme. Je lui pardonne !

Le vieux commissionnaire s'approcha du débauché, et, l'écrasant sous son regard terrible et menaçant :

— Misérable, lui dit-il, celle dont tu voulais faire ta victime te pardonne, mais je ne te pardonne pas, moi; aussi je te conseille de ne te retrouver jamais sur mon chemin.

Cela dit, le père Anselme prit le bras de Geneviève et l'entraîna rapidement; le second défenseur de la jeune fille, un autre commissionnaire, les suivit. Au rez-de-chaussée, ils trouvèrent un troisième commissionnaire qui attendait. Des gémissements sourds arrivèrent aux oreilles de Geneviève. Dans un salon, à côté du vestibule, il y avait deux femmes, deux coquines, ayant les membres solidement liés avec des cordes.

Les trois hommes et la jeune fille traversèrent sans encombre la cour dont la porte d'entrée était ouverte.

Dans la rue stationnait une voiture de remise attelée de deux chevaux; le père Anselme y fit monter Geneviève; puis s'adressant à ses camarades :

— Mes amis, dit-il, nous avons bien travaillé ce soir; merci et à bientôt.

Il prit place dans la voiture en face de la jeune fille, cria au cocher : « Vite au faubourg », ferma la portière et les chevaux partirent au grand trot.

Dans cette voiture, qui allait très vite, en compagnie du brave commissionnaire qui venait de la sauver, Geneviève n'avait plus rien à redouter, et elle respirait à pleins poumons; cependant, elle était encore tout étourdie et ne parvenait qu'avec peine à se remettre des terribles émotions qu'elle avait éprouvées.

Le père Anselme la contemplait avec tendresse et, réfléchissant de son côté, respectait le silence qu'elle gardait.

Enfin, Geneviève s'empara d'une des mains du vieillard, la serra dans les siennes et lui dit avec des larmes dans la voix :

— Si vous n'étiez pas venu à mon secours, j'étais perdue; vous m'avez sauvée ! Ah ! je ne sais comment vous remercier, comment vous exprimer tout ce qu'il y a pour vous dans mon cœur de reconnaissance et d'affection.

— De l'affection, dites-vous ? vous vous sentez de l'affection pour le vieux commissionnaire ?

— Oui, monsieur Anselme.

— Ah ! mademoiselle, mademoiselle, s'écria-t-il vivement ému, comme vous êtes bonne et comme vous me rendez heureux ! Mais, tenez, une première preuve d'affection que je vous demande, c'est de ne plus m'appeler monsieur Anselme, mais le père Anselme, comme tout le monde.

— Eh bien ! oui, dorénavant, je vous appellerai père Anselme, et même, si vous le permettez, papa Anselme.

Le commissionnaire sentit comme un sanglot monter à sa gorge.

— Oh oui ! oh oui ! fit-il, papa, papa Anselme.

— Moi, reprit la jeune fille, je ne peux que vous remercier de tout mon cœur, mais je dirai à mon père ce que vous avez fait pour moi et il saura vous remercier et vous témoigner sa reconnaissance et la mienne autrement que par des paroles.

— Mademoiselle, si, en cette circonstance, vous voulez suivre le conseil du père Anselme, vous ne direz rien de ce qui vous est arrivé ni à votre père, ni à madame Lionnet, ni même à votre frère.

— Comment, je ne dois pas...

— Mademoiselle, de quel prétexte s'est-on servi

pour vous entraîner dans la maison d'où nous sortons?

— Une femme, — vous l'avez vue, cette femme, — est venue me trouver mystérieusement, se disant envoyée par mon frère dont elle m'a, en effet, montré le portefeuille, qu'il lui avait remis, me dit-elle, afin de me convaincre qu'elle venait de sa part.

Un accident était soi-disant arrivé à mon frère, il ne pouvait pas écrire et il m'appelait près de lui. Je crus aux paroles menteuses de cette femme et je la suivis sans avoir prévenu ma mère, comme cela m'était recommandé.

— Oui, voilà à peu près ce que j'avais deviné. Mademoiselle Geneviève, vous qui n'avez jamais fait de mal à personne, j'en ai la conviction, vous avez un terrible et implacable ennemi; le connaissez-vous?

— Je ne connais qu'une personne, une jeune fille, mademoiselle Cécile de Prémorin, capable de m'avoir fait tomber dans l'horrible piège d'où vous m'avez tirée.

— Ah! mademoiselle de Prémorin! Mademoiselle Geneviève, voilà l'ennemie!

— Est-ce que vous la connaissez?

— Non, mais je sais ce que vaut sa mère; elles doivent être dignes l'une de l'autre.

— Ah! père Anselme, je tremble pour mon frère!

— Vous pouvez, au contraire, vous rassurer; votre frère ne court aucun danger; ce n'est pas à lui, mais à vous qu'on en voulait. Ah! je vois clair dans le vilain jeu de votre ennemie. Si M. Albert Lionnet n'a pas été emmené à une certaine distance de Paris, on le tient séquestré quelque part dans la ville. Il fallait le faire disparaître momentanément, vous rendre très inquiète afin de vous attirer dans le guet-apens infâme. Je ne me trompe pas, mademoiselle, et le portefeuille de votre frère, qu'on vous a montré, en est la preuve.

Maintenant, le drame est joué, et le dénouement n'a pas été, heureusement, celui qu'on attendait. Votre ennemie n'a pas réussi, on n'a plus besoin de tenir votre frère loin de vous, et, demain matin, si ce n'est dès ce soir, vous le verrez revenir.

— Ah! puissiez-vous dire vrai!

— Vous verrez, mademoiselle Geneviève.

— Maintenant, papa Anselme, je voudrais vous demander...

— Quoi, mademoiselle?

— Comment, quand je me croyais perdue, victime d'un monstrueux attentat, vous et vos braves compagnons êtes arrivés providentiellement à mon secours?

— Oh! c'est bien simple, mademoiselle; voici la chose:

Après être descendue de sa voiture dans le faubourg, la misérable femme qui venait vous chercher m'a parlé. Elle m'a d'abord demandé de lui indiquer la maison de M. Lionnet et ensuite si la maison avait un concierge. Je trouvai la question assez drôle. Devenu soupçonneux et défiant, je me mis à examiner la femme et n'eus pas de peine à deviner son hypocrisie et sa duplicité sous son masque de femme honnête. J'avais déjà le pressentiment de quelque machination odieuse.

En l'absence de la femme, je fis causer le cocher de la voiture; il m'apprit qu'il venait de la rue Pargon, à Passy, qu'il allait y retourner, et comme il était assez bavard, il ne me cacha point à quelle espèce de maison appartenait sa cliente.

Jugez de ma surprise, mademoiselle, quand je vous

vis venir avec la femme, et aussi de mon inquiétude, de mon effroi, lorsque vous montâtes dans la voiture. Je fus sur le point de vous crier : « Mademoiselle, n'allez pas avec cette femme ! » Je ne saurais dire au juste ce qui m'arrêta. Je ne comprenais pas encore. Mais la voiture n'avait pas disparu à mes yeux que quelque chose en moi me dit que vous alliez tomber dans un piège.

Ma première pensée fut de courir chez le commissaire de police; mais ces messieurs de la police et leurs agents ne sont pas toujours pressés, et je sentais qu'il n'y avait pas une minute à perdre. Je renonçai à mon idée.

A ce moment, une voiture de remise, celle dans laquelle nous sommes, vint à passer; je m'y jetai en criant au cocher :

— « Boulevard Sébastopol, à l'église Saint-Leu ! » Là, je fus assez heureux pour trouver un commissionnaire que je connais depuis longtemps et sur lequel je savais que je pouvais compter. Sans me demander aucune explication, il monta dans ma voiture.

Rue de Rivoli, j'eus également la chance de trouver un autre camarade, brave, résolu et dévoué comme le premier.

— « Nous sommes trois, c'est assez, me dis-je.

Mais nous n'avions que nos bras solides; il nous fallait mieux, des armes.

J'ai l'habitude d'avoir toujours sur moi une partie de mes économies.

Au coin de la rue de Richelieu, chez un armurier, j'achetai trois revolvers et des cartouches. Une bonne occasion pour faire un cadeau à des camarades.

Enfin nous arrivâmes rue Pargon et nous mîmes

pied à terre à quelques pas de la maison. En chemin, j'avais instruit mes compagnons de ce que nous allions avoir à faire.

Nous ne nous attardons pas à sonner à la grille, le mur n'est pas très élevé, nous l'escaladons, sautons dans la cour et pénétrons de vive force dans la maison. Deux femmes affolées fuient devant nous en criant. Nous les empoignons, en un clin d'œil elles sont ligottées.

Les commissionnaires ont toujours des cordes dans leurs poches.

Pendant que nous explorons le rez-de-chaussée, nous entendons le bruit d'une lutte, vos cris, mademoiselle; je reconnais votre voix et... le reste, mademoiselle Geneviève, vous le connaissez.

— Quand vous êtes apparu, mon bon et brave père Anselme, j'étais à bout de forces, prête à perdre connaissance.

— Ne parlons plus de tout cela, mademoiselle, et vous, n'en ouvrez jamais la bouche ; il ne faut pas que les honnêtes gens sachent que, pendant quelques instants, vous avez subi un contact infâme. Oubliez, mademoiselle, oubliez comme on oublie au réveil un épouvantable cauchemar. Si, cependant, le souvenir vous reste, qu'il serve à vous mettre en garde contre de nouveaux pièges qu'on pourrait vous tendre.

— Vous avez raison, père Anselme, je garderai le silence sur cette horrible chose.

— Si je n'écoutais que mon indignation et mon ressentiment, ce soir même je dénoncerais le crime et les coupables, tous les coupables seraient punis ; mais je me tairai, parce que je ne veux pas que votre nom respecté soit mêlé à un scandale où il n'y a que de la honte, de la boue et du dégoût! Mademoiselle Geneviève Lionnet ne doit pas remuer des ordures!

— Vous êtes sauvée, c'est tout! Mais les infâmes ne perdront rien pour attendre. Le préfet de police sera averti, la maison, ce repaire de la débauche honteuse et lâche, sera surveillée de près, et, avant qu'il soit longtemps, ces écuries d'Augias seront nettoyées.

Après un court silence :

— Père Anselme, où sommes-nous, maintenant? demanda la jeune fille.

— Nous descendons l'avenue de Champs-Elysées, mademoiselle.

— Et quelle heure peut-il être ?

— Six heures où six heures un quart, je pense.

— Je peux être rentrée avant l'heure du dîner ; mais si ma mère a été instruite de mon absence, elle m'interrogera.

— C'est vrai; je n'avais pas songé à cela.

— Mon Dieu, que lui répondrai-je?

— Il n'est pas permis de mentir ; cependant, quand la circonstance l'exige... Voyons, cherchons un petit mensonge. Hier, inquiète sur le sort de son fils, madame Lionnet est allée trouver le commissaire de police.

— Oui.

— Il lui a promis qu'on allait faire des recherches, et, ce matin, vers dix heures, vous vous êtes rendue au commissariat ?

— Où l'on m'a répondu qu'on ne savait rien encore.

— Et vous avez transmis cette réponse à votre mère ?

— Oui.

— Alors, voici notre petit mensonge : Si madame Lionnet s'est aperçue de votre absence et vous interroge, vous lui direz que vous êtes retournée au commissariat de police et que, comme on devait recevoir d'un moment à l'autre des nouvelles du bureau de la sûreté, vous avez cru devoir les attendre. Vous ajouterez que l'envoyé du commissaire de police est revenu très tard pour annoncer qu'on n'avait rien appris au sujet de M. Albert Lionnet.

— Ma mère me croira-t-elle ?

— Pourquoi ne vous croirait-elle pas ?

— C'est juste. Merci, père Anselme, je lui répondrai cela.

— Oui, mademoiselle Geneviève ; et, de cette façon, vous vous épargnerez de gros ennuis.

— Père Anselme ?

— Mademoiselle ?

— Vous avez fait aujourd'hui pour moi une forte dépense ; dites-moi la somme que je devrai vous rendre demain.

— De grâce, mademoiselle, ne parlons pas de ça.

— Comment, ne parlons pas de cela ! Mais si, au contraire, papa Anselme. Vous n'êtes pas riche, loin de là, et moi, la fille de M. Lionnet, j'ai ma petite bourse ; voyons, n'est-il pas juste que je vous rende l'argent que vous avez dépensé pour moi ? Mais c'est mon devoir, papa Anselme, et bien le moins que je puisse faire. Tenez, je veux aussi faire un cadeau aux deux braves commissionnaires qui étaient avec vous. Est-ce que je ne leur dois pas beaucoup aussi, à eux ? Père Anselme, vous avez bien dépensé cent francs.

— Oh ! pas tant, mademoiselle.

— C'est bien ; demain je vous remettrai deux cents

francs et vous voudrez bien être l'interprète de mes sentiments de reconnaissance auprès de vos camarades.

— Enfin, mademoiselle, puisque vous le voulez absolument, j'accepte. Je ne suis pas riche, en effet; je suis même pauvre, car, voyez-vous, un commissionnaire ne gagne pas beaucoup. Donc, c'est dit, j'accepte que vous me remboursiez; d'ailleurs, en ce moment, j'ai plus que jamais besoin de tout mon argent: je vais entreprendre un long voyage.

— Vous allez partir bientôt?

— Probablement dans quelques jours.

— Et je ne vous verrai plus, papa Anselme, dit la jeune fille subitement attristée.

— Mais je reviendrai, mademoiselle.

— Soit, vous reviendrez. Mais, si, en votre absence, quelque chose de grave m'arrivait encore, je n'aurais plus pour me secourir, mon vieil ami, mon brave défenseur.

Les yeux de Geneviève s'étaient remplis de larmes.

Elle avait repris la main du vieillard et la serrait fiévreusement.

— Ah! s'écria-t-il, ému lui aussi jusqu'aux larmes, vous m'appelez votre ami, votre défenseur! Mademoiselle Geneviève, vous croyez bien, n'est-ce pas, que je suis votre ami, votre défenseur, et que sans cesse je veille sur vous?

— Ne venez-vous pas de m'en donner la preuve?

— Ah! mademoiselle Geneviève, ce que j'ai eu le bonheur de faire aujourd'hui pour vous n'est rien, entendez-vous? rien à côté de tout ce que je voudrais pouvoir faire!... Ah! il faut que vous le sachiez, c'est une grande affection que vous m'avez inspirée, je vous suis dévoué comme le chien l'est à son maître, je donnerais avec bonheur ma vie pour vous, je souffrirais tout au monde pour vous éviter une douleur, pour que vous ne versiez jamais une larme! Enfin, que vous dirais-je, mademoiselle Geneviève, je vous aime comme si vous étiez mon enfant!

— Mais qu'ai-je donc fait pour mériter une pareille amitié?

— C'est plus que de l'amitié qu'il y a pour vous dans mon cœur, c'est de la tendresse, une tendresse ineffable, comme jamais père, peut-être, ne l'a eue pour sa fille! Vous me demandez ce que vous avez fait pour mériter mon affection, ma tendresse; je ne saurais pas vous répondre; je vous ai vue et cela a suffi, tout de suite je vous ai aimée. Oui, ça m'est venu comme cela, tout d'un coup, sans que je sache trop pourquoi.

— Oh! bon papa Anselme! prononça la jeune fille avec un accent qui alla au cœur du vieillard.

Après un court silence il reprit :

— Mademoiselle Geneviève, depuis que je suis au faubourg Saint-Antoine, vous avez passé souvent devant moi et plus d'une fois vos yeux se sont arrêtés sur le pauvre commissionnaire; cependant vous ne m'avez pas reconnu; vous ne m'avez pas reconnu parce que j'avais coupé la longue barbe que je portais le jour où je vous ai vue pour la première fois au bord de la Marne, à la fin du mois de septembre dernier.

La jeune fille sursauta.

— Vous, père Anselme, vous, c'est vous! exclama-t-elle d'une voix étranglée.

Elle se mit à trembler au seul souvenir de la nuit sinistre.

— Ne vous effrayez pas, mon enfant, dit vivement le commissionnaire ; soyez sans crainte et écoutez-moi. Oui, c'est moi qui ai vu celui qu'on appelle le baron de Verboise jeter dans l'eau le cadavre d'un homme.

Comment et pourquoi me trouvais-je là ? Je n'ai pas à vous le dire. Mais un moment viendra, peut-être, où vous devrez l'apprendre.

Je ne sais pas si vous vous souvenez de ce que je vous ai dit.

— Vos paroles sont restées gravées dans ma mémoire.

— Mon apparition, cependant, vous avait fort effrayée et ma voix augmenta encore votre trouble. Enfin, vous vous souvenez, et vous savez que j'ai, comme vous, gardé le secret.

— Père Anselme, j'ai appris à mon père ce qui s'était passé.

— A lui seul ?

— A lui seul.

— Donc, votre père aussi a gardé le secret de cette nuit.

Epouvantée, vous vous êtes enfuie sans avoir prononcé un mot, mademoiselle Geneviève. Mais je vous avais vue, vos yeux hagards s'étaient fixés sur moi et cela avait suffi pour que je m'intéressasse à vous. C'était le commencement de l'affection dont je vous parlais tout à l'heure.

Une vieille femme de Nogent, que vous connaissez bien, mademoiselle Geneviève, vint faire manger au bord de la rivière une jolie chèvre blanche.

— C'était la mère Urbain.

— J'ignorais son nom, que, du reste, je ne lui ai

pas demandé. J'interrogeai cette femme au sujet des maîtres de la villa des Fraîches, et elle me parla de M. Lionnet, de vous surtout, mademoiselle Geneviève, avec admiration, avec enthousiasme. Ah! quel magnifique éloge elle me fit de vous dans son langage simple et naïf! Elle était très émue, et je ne l'étais pas moins qu'elle. C'est qu'elle mettait à célébrer vos louanges un accent, une chaleur que rien ne saurait rendre.

Elle m'apprit une chose qui me surprit étrangement; que non seulement madame Lionnet n'avait pas pour vous l'affection qu'une mère doit avoir pour sa fille, mais encore qu'elle vous détestait et ne pouvait pas vous souffrir.

— Hélas! soupira la jeune fille, tout le monde sait que ma mère ne m'aime pas!

— La bonne femme à la chèvre m'apprit aussi que, dans les beaux jours, vous restiez presque constamment seule à la villa, pendant que madame Lionnet et son fils allaient au bord de la mer et dans quelque ville d'eaux, M. Lionnet étant, d'un autre côté, retenu à Paris par ses affaires.

Cela m'expliquait aussi bien que possible comment le drame de la nuit avait pu avoir lieu, sachant d'autre part que le jardinier des Fraîches et sa femme avaient été éloignés de la villa.

A cette époque, mademoiselle Geneviève, j'étais commissionnaire dans un autre quartier de Paris, et, si je suis venu prendre une place dans le faubourg Saint-Antoine, non loin de la maison Lionnet, c'était uniquement pour être près de vous, pour vous voir souvent, veiller sur vous et, s'il le fallait, vous protéger et vous défendre.

Ne vous étonnez point de mes paroles, mademoiselle Geneviève ; oui, il faut qu'on veille sur vous ; oui, vous avez besoin d'être protégée et défendue, et, mieux et plus efficacement que M. Lionnet, le vieux commissionnaire peut vous protéger et vous défendre, car votre père, mademoiselle, ignore ce que je sais, moi.

— Mon Dieu ! dit la jeune fille d'une voix vibrante, tout ce que vous me dites met en moi je ne sais quelle perplexité ; votre voix pénètre jusqu'au fond de mon âme et je me sens remuée dans tout mon être ! Ah ! quelque chose me dit que vous n'êtes point ce que vous voulez paraître ! Mon Dieu, mais qui donc êtes-vous ?

D'une voix lente et grave, le vieillard répondit :

— Je suis le père Anselme, le vieux commissionnaire du faubourg Saint-Antoine. Et aujourd'hui, mademoiselle, vous avez rendu le pauvre commissionnaire bien heureux en l'appelant papa Anselme

La jeune fille s'aperçut qu'il pleurait.

— Mon Dieu, mais vous pleurez ! s'écria-t-elle.

— C'est ma foi vrai, fit-il, je pleure ! Je vous demande un peu pourquoi ? Est-ce assez ridicule !

— Oh ! ne dites pas cela !

— Que voulez-vous, mademoiselle, quoique vieux, on est encore sensible, on se laisse attendrir. Et puis, voyez-vous, il y a des instants où toutes sortes d'idées drôles me passent par la tête. Allons, c'est passé.

Il essuya ses yeux.

— Maintenant, mademoiselle, reprit-il, pour des raisons que je vous demande la permission de ne pas vous faire connaître, mais qui sont d'une très grande importance, il est nécessaire que je sache exactement ce qui s'est passé à la villa des Fraiches, dans cette nuit terrible où un homme a été tué presque sous vos yeux.

— Quoi, vous voulez que je vous raconte?...

— Tout, mademoiselle Geneviève, je vous en prie.

VIII

RETOUR DE L'ENFANT PRODIGUE

Aussi rapidement que possible, mais sans omettre aucun détail essentiel, car les faits étaient présents à sa mémoire comme s'ils eussent daté de la veille, Geneviève raconta les émouvantes péripéties du drame qui s'était passé à la villa des Fraîches, dans la nuit du 24 au 25 septembre.

La pauvre enfant frissonnait en évoquant ces terribles souvenirs.

Le père Anselme l'écoutait silencieusement, avec attention, mais non sans une grande agitation intérieure.

S'ils n'eussent pas été dans une demi-obscurité, la jeune fille aurait pu remarquer la pâleur du vieillard, les plis creusés sur son front, les sombres éclairs qui sillonnaient son regard, le frémissement de ses lèvres et, par instants, la contraction des muscles du visage.

Geneviève termina son récit.

— Ah ! ma pauvre enfant, ma pauvre enfant ! dit le père Anselme d'une voix troublée, quelle épouvantable nuit vous avez passée et comme vous avez dû souffrir !

— Oh ! oui, j'ai horriblement souffert !

— Que de dures et cruelles épreuves vous avez déjà subies, chère et douce enfant ! En y songeant, je me demande si tout le bonheur que Dieu pourra vous donner dans l'avenir sera une récompense suffisante !

La jeune fille laissa échapper un long soupir.

— Hélas ! dit-elle, je ne serai jamais heureuse.

— Oh ! ne croyez pas cela, mademoiselle Geneviève ; espérez, espérez ! Les jours deviendront plus calmes et meilleurs pour vous.

— Je n'y compte pas ; voyez-vous, père Anselme, j'ai eu tort de venir au monde.

— Mademoiselle, ne parlez pas ainsi ! Bien d'autres que vous ont souffert sans perdre l'espoir d'une récompense ! Vous croyez être née sous une mauvaise étoile ; mais cela n'est pas. Vous êtes jeune, mademoiselle Geneviève, vous n'avez pas le droit de fermer votre cœur à l'espérance ; vous n'avez rien fait, vous, pour être maudite, et vous ne pouvez pas savoir ce qui vous est réservé. Dieu n'a pas de regards de colère pour ceux qui sont bons.

Mais nous allons arriver bientôt et j'ai encore quelques questions à vous adresser. Maintenant je comprends parfaitement ce qui s'est passé à la villa de Nogent et je tirerai du récit que vous venez de me faire plus d'une chose heureuse pour vous.

Vous avez instruit M. Lionnet des faits, m'avez-vous dit ; mais ne lui avez-vous pas caché quelque chose ?

— Je ne lui ai pas tout dit comme à vous, père

Anselme, il ignore que mon sauveur, en se défendant, a tué l'un des deux malfaiteurs.

— Je m'en doutais ; car si M. Lionnet eût su qu'il y avait eu mort d'homme, il n'aurait pas gardé le silence, et, dès le jour même ou le lendemain, le mort aurait été retiré de la rivière. Je n'ai pas à vous demander pourquoi vous n'avez pas tout dit à votre père ; vous avez suivi de point en point les recommandations du baron de Verboise.

Mademoiselle Geneviève, il vous est venu un doute affreux ! Vous ne m'avez pas dit ce que vous avez pensé ; mais, en vous écoutant, j'ai deviné des paroles que vos lèvres n'osaient pas prononcer ; vous avez soupçonné madame Lionnet d'avoir envoyé des malfaiteurs aux Fraîches pour vous assassiner !

— Oh ! père Anselme, de grâce !

— Vous avez pensé cela, n'est-ce pas ?

— Oui, répondit Geneviève d'une voix brisée.

— Et c'est parce que vous pensiez cela que vous avez si docilement obéi au baron de Verboise et que vous n'avez pas tout dit à votre père. Eh bien, mademoiselle Geneviève, je ne veux pas que vous gardiez cette idée que madame Lionnet vous en veuille à ce point d'être capable de vous faire assassiner. Détrompez-vous, si déjà vous n'avez pas reconnu que vous aviez faussement soupçonné votre mère ; elle n'est pour rien, absolument pour rien dans le drame de la villa des Fraîches. C'est le père Anselme qui vous le dit.

Toutefois, continuez à garder le secret de cette grave affaire, comme je le garderai moi-même. Laissons le cadavre reposer en paix.

Mademoiselle Geneviève, depuis quelque temps

M. le baron de Verboise vient souvent chez M. Lionnet; ne serait-il pas beaucoup attiré dans la maison de votre père par vos jolis yeux ?

— Mais, père Anselme... balbutia la jeune fille.

— Mon enfant, dites-moi tout, j'ai besoin, dans votre intérêt, de tout savoir.

— M. le baron de Verboise vient, en effet, chez mon père avec le désir de m'épouser ; il m'a dit qu'il m'aimait et qu'il serait fier et heureux de m'avoir pour compagne. Je reconnais le mérite et les qualités de M. le baron de Verboise, et je lui ai voué une reconnaissance éternelle ; mais...

— Je sais, interrompit le commissionnaire, vous ne pouvez pas l'aimer comme il le voudrait parce que depuis longtemps déjà vous avez donné votre cœur à un autre, parce que vous aimez M. Henri Merson. M. le baron de Verboise sait très bien que vous avez pour lui une très vive reconnaissance et il espère qu'elle se changera en un autre sentiment. Mais cela n'arrivera pas, il ne faut pas que cela soit.

Mademoiselle Geneviève, quand une jeune fille comme vous a donné son cœur, elle ne le reprend pas ; aimez toujours M. Henri Merson.

Ah ! M. le baron base ses projets sur votre reconnaissance ! Geneviève, mon enfant, cet homme n'a pas, autant que vous le croyez, des droits à votre reconnaissance ! Je ne peux pas et ne veux pas vous en dire davantage. Mais souvenez-vous de mes paroles. Aimez toujours M. Henri Merson !

M. le baron de Verboise fera certainement la demande de votre main à M. Lionnet.

— Il s'est déclaré, père Anselme, il m'a demandée en mariage.

— Ah ! déjà ! Et que lui a-t-on répondu ?

— Que M. Henri Merson et moi nous nous aimions, que je lui étais promise et que, quant à présent, du moins, sa demande ne pouvait être accueillie.

— Très bien, mais c'était lui laisser un espoir.

— C'est vrai, fit tristement la jeune fille.

En ce moment la voiture s'arrêta.

Le commissionnaire ouvrit la portière.

— Cocher, où sommes-nous ? demanda-t-il.

— Au coin de la rue de Charonne, où vous m'avez pris.

— Merci, mon brave, nous sommes arrivés.

S'adressant à la jeune fille, le père Anselme reprit :

— Mademoiselle Geneviève, je n'ai plus qu'un mot à vous dire avant de vous quitter ; ah ! tenez-en bien compte : quoi qu'il puisse arriver, quoi qu'on vous dise et quoi qu'on fasse, gardez-vous d'épouser le baron de Verboise !

Maintenant, rentrez vite ; j'espère que madame Lionnet ne s'est pas aperçue de votre absence ; dans tous les cas, préparez votre petit mensonge.

A revoir, mademoiselle Geneviève.

— A demain, papa Anselme ; je descendrai demain à dix heures, exprès pour vous voir.

La jeune fille mit à pied à terre et s'éloigna rapidement pendant que le commissionnaire, après avoir payé le cocher, s'acheminait, songeur, vers l'hôtel meublé où il demeurait.

Il se disait :

— Enfin je sais ce qui s'est passé à la villa des Fraîches et je commence à comprendre un peu pourquoi le baron de Verboise a assassiné Darasse ; oh ! je comprendrais mieux encore si... Allons, pas de fausse espérance, les déceptions coûtent trop cher !... Il est évident que M. le baron, jouant le rôle d'un sauveur, a voulu agir sur l'esprit de mademoiselle Geneviève et l'attacher à lui par la reconnaissance.

Le lien existe, mais je le briserai !

Pourvu qu'il n'arrive pas malheur à Henri Merson !

Comme je m'intéresse à ce jeune homme que je n'ai pourtant vu qu'une seule fois ! Ah ! voilà : il aime mademoiselle Geneviève, et mademoiselle Geneviève l'aime.

*
* *

Sept heures venaient de sonner lorsque Geneviève rentra.

Ce fut la femme de chambre de madame Lionnet qui lui ouvrit.

— Rose, dit la jeune fille, je rentre un peu tard, mais j'ai été retenue plus longtemps que je ne pensais ; pendant mon absence, m'a mère m'a-t-elle demandée?

— Non, mademoiselle.

— Sait-elle que je suis sortie ?

— Elle l'ignore, mademoiselle.

La jeune fille poussa un soupir de soulagement.

Rose continua :

— Madame est toujours bien désolée ; elle ne fait que gémir et pleurer, et elle se plaint d'une grande lassitude dans tous les membres.

— Rose, on m'a fait espérer que rien de grave n'était arrivé à mon frère et qu'il reviendrait ce soir même ou demain matin. Seulement, dans le cas où l'on se serait trompé, ne dites rien à ma mère, et, si vous voulez m'être agréable, ne lui apprenez pas que je suis sortie cette après-midi.

— Mademoiselle peut être tranquille, elle sait d'ailleurs que je suis discrète.

La jeune fille se hâta de monter dans sa chambre pour se débarrasser de son chapeau, de son manteau et donner un coup de peigne à ses cheveux.

Quand, un instant après, elle parut dans la salle à manger, son beau visage, quoique fatigué et très pâle, avait repris son expression de douceur habituelle.

La mère et la fille se mirent à table sans s'être adressé une parole. Elles n'avaient pas grand appétit, car elles touchèrent à peine aux mets qu'on leur servit. Elles continuèrent à rester silencieuses; seulement, de temps à autre, à la dérobée, madame Lionnet jetait un regard de colère sur Geneviève.

La terrible femme voulait absolument rendre la jeune fille responsable de la disparition de son cher Albert. Sa haine pour Geneviève d'un côté, de l'autre sa tendresse exagérée pour son fils, faussaient le jugement de madame Lionnet, l'empêchaient de distinguer le juste de l'injuste. Elle était évidemment mal équilibrée; le germe de l'aliénation mentale devait être dans son cerveau.

Tout de suite après le repas elle se leva de table et se retira dans sa chambre. Elle n'avait pas daigné répondre à Geneviève qui lui avait dit :

— Bonsoir, ma mère !

La jeune fille ne tarda pas, elle aussi, à rentrer chez elle; non moins que madame Lionnet, elle éprouvait le besoin d'être seule. Certes, ses réflexions avaient un vaste champ à parcourir.

Elle se disait, avec raison, que pas une jeune fille, peut-être, n'avait une existence semblable à la sienne.

Malgré ce que lui avait dit le bon commissionnaire, elle voyait bien qu'elle était née sous une mauvaise étoile, qu'elle ne pouvait envisager l'avenir qu'avec effroi.

L'avenir, que lui réservait-il? Elle n'osait pas trop songer à ce terrible inconnu qui se dressait menaçant devant elle.

Assurément, elle n'était pas abandonnée de Dieu, puisque, deux fois déjà, providentiellement, elle avait été sauvée du danger.

Le père Anselme lui avait dit :

« Espérez, espérez! vous n'avez pas le droit de fermer votre cœur à l'espérance! »

Oh! elle ne demandait pas mieux que de la garder, la douce espérance! Mais quand elle voyait la nuit se faire autour d'elle, quand, à un moment, tout pouvait lui manquer, qu'avait-elle à espérer?

Elle avait entrevu une oasis fraîche et ensoleillée où elle aurait trouvé le calme, la tranquillité, le bonheur. C'était le mariage. Mais celui qu'elle aimait s'éloignait d'elle et semblait vouloir la laisser dans cet enfer où elle souffrait le martyre.

Le père Anselme lui avait dit encore :

« Aimez, aimez toujours M. Henri Merson! »

Et il ne raillait pas en disant cela, le commissionnaire, il parlait sérieusement.

Oui, certes, elle l'aimerait toujours.

Mais à quoi bon? Elle lui avait donné son cœur et son âme, il avait toutes ses pensées, et lui, lui ne voulait plus d'elle!

Heureusement, elle avait son père pour elle; oh! elle était sûre de l'affection de celui-là; sans crainte, elle pouvait s'appuyer sur lui. Mon Dieu, mais si elle ne l'avait pas eu, est-ce qu'il lui eût été possible de vivre? Mais si, tout à coup, lui aussi venait à lui manquer!

Il y avait, dans cette pensée, des frissons, toutes sortes de terreurs.

D'ailleurs, la pauvre enfant sentait que l'existence n'était plus possible avec madame Lionnet, que le moment ne tarderait pas à arriver où elle serait forcée de quitter la maison paternelle.

Alors où irait-elle? Que deviendrait-elle?

Si elle était condamnée à être repoussée de tout le monde comme une lépreuse, à n'inspirer que des sentiments hostiles, ne vaudrait-il pas mieux qu'elle fût morte?

Et la pauvre Geneviève en venait à désirer la mort; oui, elle souhaitait mourir!

*
* *

Il pouvait être onze heures. Madame Lionnet était couchée depuis une heure, mais elle ne dormait pas; l'inquiétude mortelle qui la dévorait la tenait éveillée.

Geneviève ne s'était pas encore mise au lit; assise dans un fauteuil, la tête inclinée sur sa poitrine, les mains pendantes, elle restait absorbée dans ses douloureuses pensées.

Soudain le timbre de la porte d'entrée des appartements la fit sursauter. Elle tendit l'oreille. Elle entendit les pas du domestique qui allait ouvrir, puis, peu après, une voix qu'elle reconnut.

— Ah! fit-elle en se dressant debout, c'est lui! Le père Anselme ne se trompait pas en me disant:

— Ce soir ou demain, votre frère reviendra.

Elle fut sur le point de s'élancer hors de sa chambre pour courir à la rencontre d'Albert ; mais réfléchissant qu'elle pourrait se rencontrer avec sa mère et qu'une scène pénible s'ensuivrait, elle soupira et se laissa retomber dans son fauteuil.

— Mon père est-il de retour? demanda le jeune Lionnet au domestique.

— Non, monsieur, pas encore.

— C'est bien. Ma mère et ma sœur sont couchées sans doute, il ne faut pas qu'on les dérange, demain matin je les verrai, laissons-les dormir.

Le jeune homme prit le bougeoir que le domestique lui présentait et se dirigea aussitôt vers son appartement.

Mais la femme de chambre, qui n'était pas encore montée chez elle, ne crut pas devoir tenir compte de la recommandation du fils de sa maîtresse.

Elle courut trouver madame Lionnet, toute joyeuse d'être la première à lui annoncer le retour de l'enfant prodigue.

Madame Lionnet commença par pousser des cris de joie, puis sauta à bas de son lit, passa un jupon, mit ses pieds dans des pantoufles et se précipita comme une folle dans la chambre de son fils, qui était déjà en train de se déshabiller pour se mettre au lit.

Madame Lionnet l'entoura de ses bras et le serra à l'étouffer.

— Méchant, méchant, lui disait-elle, si tu savais ce que j'ai souffert, toutes les larmes que j'ai versées ! Mais tu voulais donc me faire mourir de douleur et de désespoir ! Trois jours, trois grands jours absent sans que je sache pourquoi?

— Vraiment, ma mère, répondit le jeune homme,

je ne pouvais pas supposer que ma courte absence vous causerait un si grand chagrin.

— Ah! tu ne comprends pas... Mais je pouvais tout supposer, croire qu'un accident était arrivé, que tu étais en danger, croire même que tu étais mort!

— C'est toujours chez vous la même exagération en tout, ma mère.

— Vas-tu me reprocher maintenant de trop t'aimer?

— Non, chère mère, mais...

— Albert, je t'en prie, je t'en supplie, ne recommence plus jamais!

— Quant à ça, ma mère, je vous le promets.

— A la bonne heure! Mais voyons, que t'est-il arrivé? Qu'as-tu-fait? Où es-tu allé?

— Des amis m'ont emmené à vingt-cinq lieues d'ici pour prendre part à une chasse au sanglier: c'est très amusant la chasse au sanglier... Comme vous voyez, ma mère, je n'ai pas fait de mal.

— Non, mais il fallait me prévenir, n'importe comment, par une lettre, une dépêche, un exprès.

— Vous avez raison, ma mère, je devais faire cela; c'est un oubli, j'ai eu tort.

— Enfin, tu es revenu, te voilà, je te revois, c'est bien. Et maintenant que je sais où tu es allé et ce que tu as fait, je suis contente.

A l'égard de son fils, madame Lionnet était on ne peut plus crédule. Le jeune homme lui aurait dit qu'il avait occupé les jours de son absence à faire un pieux pèlerinage qu'elle l'aurait cru. Aussi, était-elle convaincue qu'il avait dit la vérité.

Délivrée de ses inquiétudes, elle s'endormit dès

qu'elle se fut remise dans son lit et ne fit qu'un somme.

Le lendemain matin, quand Albert se trouva en présence de Geneviève et qu'elle l'interrogea affectueusement, il essaya de lui répondre par le mensonge que sa mère avait si facilement accepté la veille.

Mais comme la jeune fille le regardait fixement, il se troubla, rougit et s'arrêta.

— Oh! Albert, Albert! fit-elle.

— Ainsi, Geneviève, tu ne me crois pas?

— Non, je ne te crois pas, parce que je sais que tu mens.

Son trouble augmenta encore.

— Pourtant, Geneviève, balbutia-t-il.

— Mon pauvre Albert, à quoi te sert de mentir?

— C'est vrai, tu as raison, ma sœur.

Il aurait pu lui avouer qu'il s'était jeté dans un piège comme un étourneau, qu'une femme l'avait retenu prisonnier pendant ces trois jours et que, nouvelle Omphale, elle lui avait fait jouer le rôle humiliant d'Hercule. Mais il n'osa pas.

Geneviève, de son côté, aurait pu lui apprendre quelles avaient été les conséquences de sa coupable faiblesse. Mais elle devait garder le silence sur ce qui lui était arrivé; et puis Albert avait l'air si désolé, si honteux de son aventure!

Comme si elle eût deviné l'embarras de son frère, Geneviève, reprenant la parole, lui dit :

— Je vois que tu regrettes de nous avoir causé une très grande inquiétude, à notre mère et à moi; je ne veux te faire aucun reproche, ni même te demander ce qui t'a retenu loin de nous; je tiens à l'ignorer. Mais, mon cher Albert, faut-il donc te répéter sans cesse de veiller sur toi, d'être sérieux, de prendre garde, de te défier et de résister à certains entraînements ?

— Ma bonne sœur, tu as mille fois raison; mais, hélas ! tu n'es pas toujours près de moi !

— Mauvaise excuse, Albert; si tu pensais à ta sœur quand tu es au milieu de tes amis et si tu te souvenais de mes conseils, tu ne manquerais pas de prudence et tu serais moins accessible aux séductions du plaisir.

— Je te promets d'être plus sage à l'avenir.

— Que de fois déjà tu m'as fait cette promesse !

— Oui, mais pour n'avoir pas suivi tes conseils, pour avoir manqué de réflexion et de prudence, je viens de recevoir une leçon qui me profitera.

— Je le souhaite.

— Geneviève, je suis convaincu maintenant qu'on ne peut acquérir de l'expérience qu'à ses dépens.

— A moins, cependant, mon frère, qu'on sache faire son profit de l'expérience acquise par les autres.

Le lendemain, M. Lionnet revint de son voyage.

Sa femme et sa fille se gardèrent bien de l'instruire de l'escapade d'Albert.

Il est plus que probable que s'il eût su le quart seulement de ce qui s'était passé en son absence, il se serait montré moins indulgent que madame Lionnet et Geneviève.

IX

LE CABINET MYSTÉRIEUX

Le baron de Verboise ne restait pas inactif.

Un obstacle se dressait devant lui, il fallait le briser. Il n'y avait plus à attendre.

Un crime de plus ou de moins n'était rien pour l'Italien Paolo ; l'important était d'agir dans l'ombre et d'ourdir si habilement sa trame, qu'après s'être débarrassé de son rival, il fût impossible de le soupçonner seulement.

Henri Merson était condamné ; il avait assez vécu, trop vécu même.

Le jeune architecte mort, le baron était certain d'atteindre son but. M. Lionnet ne lui avait pas défendu d'espérer, et il savait quels moyens il aurait à employer pour avoir facilement raison de la résistance de madame Lionnet.

Geneviève ne l'aimait pas d'amour; mais qu'importe. Pénétrée de reconnaissance, elle était suffisamment bien disposée en sa faveur; il lui était sympathique et, croyant à des qualités qu'il n'avait point, elle l'estimait. C'était assez. Sans aucun doute, elle accepterait sans répugnance un mariage de raison. Après, on verrait. L'essentiel, pour le baron, était de conduire Geneviève devant M. le maire.

Voilà ce que se disait le misérable, un matin qu'il fumait un excellent cigare de la Havane, étendu sur un canapé, dans une des pièces de son appartement où jamais ses amis ne pénétraient, pas plus que les autres personnes qui lui rendaient visite.

L'appartement du baron se composait de cinq pièces, un salon, deux chambres à coucher, une salle à manger et la chambre dont l'entrée était interdite. La porte de cette chambre, de même que la porte sur le palier, était munie d'une sonnerie électrique qui annonçait les visiteurs.

Le mobilier de cette pièce était très simple ; il se composait du canapé sur lequel était couché le baron, de quatre fauteuils, de deux chaises et d'un bureau placé dans un angle, près d'une porte secrète, ouvrant sur un couloir très étroit, qui aboutissait à un escalier de service.

Une particularité de cette pièce, c'était la cheminée, dont la grille était remplie de matières facilement inflammables. Un tuyau à gaz descendait dans le foyer, et il avait un diamètre tel qu'on ne pouvait admettre qu'il fût destiné au chauffage.

Un observateur qui aurait examiné très attentivement la muraille, au-dessus du marbre de la cheminée, aurait peut-être remarqué la porte d'une petite armoire qui y était creusée, et, en poussant plus loin son investigation, il aurait pu constater que ce placard était disposé de telle sorte qu'il suffisait de toucher un bouton faisant mouvoir un ressort invisible pour que les objets qui y étaient déposés tombassent dans la grille du foyer.

Le baron, dans son mystérieux cabinet, n'était plus le même personnage qu'on rencontrait dans les salons ou à qui ses amis donnaient une poignée de main sur les boulevards. Ceux-ci auraient eu peine à le reconnaître, tant l'expression de sa physionomie était changée.

Sa bouche n'avait plus ce sourire aimable qui était dans le monde un de ses moyens de séduction ; ses yeux n'avaient plus ce regard doux et caressant dont il enveloppait ceux qu'il voulait captiver.

Son front était contracté et, de ses prunelles sombres, jaillissait une lumière dure et froide comme l'acier.

Enfin, l'ensemble de ses traits révélait la volonté farouche de l'homme qui veut arriver à ses fins, coûte que coûte, la férocité de l'oiseau de proie.

Allongeant le bras, il ouvrit un des tiroirs du bureau, dans lequel il prit une feuille de papier qu'il parcourut attentivement. C'était un inventaire, aussi exact que possible, qu'on avait pu lui fournir des immeubles et des valeurs mobilières qui composaient la fortune de la marquise de Saulieu. Toutefois, les chiffres n'indiquaient que la valeur approximative des propriétés.

La longue colonne des chiffres additionnés donnait le total de dix-huit millions.

Mais il était dit dans une note que les renseignements au sujet des valeurs mobilières, rentes sur l'État, actions et obligations, étaient loin d'être complets et que l'on pouvait, sans exagération, évaluer la partie jusqu'alors inconnue de la fortune de madame la marquise de Saulieu à six millions.

A la lecture de ce merveilleux bilan d'une fortune princière, un sourire passa sur les lèvres du baron.

— Vingt-quatre millions ! murmura-t-il ; vingt-quatre millions, peut-être davantage, car rien ne dit que la vieille grand'mère, qui jette l'or à pleines mains, à tort et à travers, n'a pas chez elle, enfermés dans des coffres, deux ou trois millions en espèces sonnantes !

Et tous ces millions seraient à lui, il se l'était juré !

Mais, pour mettre la main sur cette immense fortune qui lui causait des éblouissements, lui donnait le vertige, il fallait qu'il épousât Geneviève.

Il savait que la vieille marquise avait déployé une infatigable activité pour retrouver sa petite-fille et que le marquis de Prémorin l'avait secondée de tous ses efforts ; sans doute, l'insuccès ne les avait pas découragés et ils continuaient leurs recherches.

Parfois, il lui arrivait de penser qu'ils pouvaient réussir ; alors il éprouvait une commotion violente, son sang s'arrêtait dans ses veines, et, en un instant, tout son corps était inondé d'une sueur froide.

Mais il se remettait bientôt en se disant que lui seul au monde savait où était la fille de Gabrielle de Saulieu, et qu'il était impossible qu'on parvînt à découvrir qu'elle avait été recueillie et adoptée par les époux Lionnet.

Cependant, si peu fondées qu'il trouvât ses craintes, il sentait la nécessité de marcher en avant et d'arriver vite au but. Il ne serait tranquille que lorsque la cérémonie nuptiale aurait enchaîné la jeune fille à lui.

Il avait demandé Geneviève en mariage et la chose aurait été immédiatement conclue avec M. Lionnet, s'il n'y avait pas eu ce maudit architecte.

Il ne pouvait plus penser à Henri Merson sans qu'un flot de sentiments haineux lui montât au cerveau.

— C'est bon, c'est bon, grommela-t-il entre ses dents serrées, je n'aurai plus bientôt à redouter cet obstacle !

Et ses yeux prirent une expression d'infernale méchanceté.

Il remit l'inventaire de la fortune de la marquise dans le tiroir du bureau, qu'il ferma, s'étendit tout de son long sur le canapé, et s'absorba de nouveau dans une méditation profonde.

Ses souvenirs le ramenèrent au temps où le petit Italien Paolo promenait sa vie vagabonde au milieu des invectives et des brutalités de la population des quais de Marseille.

Depuis, d'étape en étape, quel chemin il avait parcouru !

Au début de la terrible guerre de 1870, dont nous garderons éternellement le douloureux souvenir, Paolo, tout jeune encore, trouva le moyen de se faire enrôler dans la bande des espions prussiens et, en trahissant nos malheureux soldats, en trahissant la France qui l'avait adopté, qui l'avait nourri, il rendit de tels services à ses nouveaux maîtres qu'ils crurent devoir, après la guerre, à titre de récompense, le conserver comme un de leurs espions.

Sans scrupule, sans conscience, intelligent, adroit, souple, insinuant, de bonne tournure, audacieux et capable de tout, nul plus que lui, d'ailleurs, n'avait les qualités nécessaires à l'ignoble métier.

On l'avait aidé à se substituer au jeune baron de Verboise, décédé en Allemagne, comme nous l'avons dit, et il était d'autant plus sûr de lui, terrible et redoutable, qu'il pouvait s'appuyer sur de hautes personnalités étrangères.

Maintenant, le petit lazzarone d'autrefois se vengeait du mépris qu'on ne lui avait pas épargné dans sa jeunesse, par la considération et le crédit dont il jouissait, par ses belles relations, son élégance et la vie agréable qu'il menait.

L'argent ne lui manquait pas et il le prodiguait. Nul ne songeait à lui contester son nom de Verboise et son titre de baron.

Certes, il avait le droit de se dire que, quelque partie qu'il voulût jouer, il avait tous les atouts dans son jeu.

Malgré cela, il ne s'illusionnait pas au point de manquer de prudence; il se tenait, au contraire, constamment sur ses gardes.

Il sentait bien que sa prospérité reposait sur le sable.

Il lui fallait des prodiges d'adresse pour passer à travers le monde sans éveiller des soupçons ! Pouvait-il être certain que l'habileté dont il avait donné tant de preuves suffirait toujours pour tromper les regards investigateurs de gens intéressés à le démasquer ?

Une circonstance imprévue, un rien, pouvait d'un moment à l'autre le trahir, le faire tomber de son piédestal comme un colosse de terre frappé par la foudre.

Il se souvenait qu'un jour, s'étant trouvé en présence du marquis de Prémorin, celui-ci lui avait adressé d'une voix brève et hautaine des questions qui l'avaient fait trembler et auxquelles il n'avait pu répondre sans embarras.

C'était pour cela aussi qu'il avait hâte de conquérir une situation dont la stabilité fût garantie contre la malveillance et la haine.

Il se souleva et regarda la pendule.

— Déjà si tard ! murmura-t-il, et Grüder que j'attends n'arrive pas ; pourquoi donc ?

Il reprit son attitude paresseuse sur le canapé et se replongea dans ses réflexions.

La rapidité avec laquelle il envoyait au plafond les spirales blanches et bleues de la fumée de son cigare révélait son impatience.

Dix minutes s'écoulèrent encore. Soudain, le timbre de la porte d'entrée sonna.

— C'est lui, dit le baron en se dressant debout.

Et comme il était seul, Georges, son secrétaire étant absent, il alla ouvrir lui-même au visiteur.

Sans adresser une parole à l'individu qu'il appelait Grüder, il lui fit traverser les pièces de l'appartement et l'introduisit dans le cabinet mystérieux.

Grüder était un homme à peu près du même âge que le baron, vêtu avec soin mais non avec la distinction et l'élégance de l'Italien.

Celui-ci avait la structure fine, les traits aux lignes pures que la race grecque a transmis à une partie de la population de l'Italie méridionale ; l'autre avait la solide charpente des hommes du Nord, les joues étaient pleines, le teint rosé ; la figure empreinte de bonhomie provoquait à première vue cette réflexion :

— Voilà un brave garçon qui a le cœur sur la main.

Mais si l'on se livrait à un examen plus minutieux,

on remarquait sous les paupières presque constamment abaissées, un regard plein d'astuce, et, à travers les moustaches, les plis d'une bouche qui dénonçait des instincts tout autres que ceux de la candeur et du désintéressement.

Il avait vis-à-vis du baron une attitude mi-partie respectueuse, mi-partie familière.

— Grüder, lui dit l'Italien, quelles nouvelles m'apportez-vous ?

Pour toute réponse, Grüder présenta quelques lettres, dont le baron examina soigneusement les cachets avant de les ouvrir.

Toutes étaient écrites de façon à n'être lues que par des initiés ; les unes étaient composées de chiffres, d'autres de points et de barres assez semblables aux signes de la langue sténographique. D'autres encore étaient écrites en caractères ordinaires, mais n'avaient aucun sens pour les profanes. Seulement, si l'on appliquait la feuille sur une autre traversée de barres fantaisistes, les lettres qui s'adaptaient aux points d'intersection formaient une correspondance très intelligible.

Le baron recevait ainsi des lettres de toutes les capitales de l'ancien et du nouveau continent. C'était la correspondance de l'espion.

Quand il eût déchiffré ces lettres les unes après les autres, un sourire de satisfaction glissa sur les lèvres de l'Italien.

— Grüder, dit-il, on est content de nous partout ; les renseignements que vous avez obtenus sont précieux ; il vous sera tenu compte de vos services.

— Je fais de mon mieux, baron, répondit modestement l'espion subalterne.

— Oui, mais j'attends de vous encore davantage.

— Je tâcherai de vous satisfaire.

— Vous vous êtes mis en relations avec M. Delcambre, fournisseur de la marine ?

— Oui.

— Eh bien ?

— Je l'ai sondé, il n'y a rien à obtenir de lui.

— Diable !

— Seulement, je suis parvenu à placer dans ses magasins un commis qui est à nous.

— Parfait.

— Ce garçon est ambitieux !

— Ah !

— Il demande, en dehors de la somme promise, une décoration étrangère dont le ruban se rapproche de celui de la Légion d'honneur.

— C'est bien, on la lui fera avoir. Etes-vous enfin parvenu à vous créer des intelligences dans le bureau du minstère de la guerre où l'on s'occupe du matériel de campagne ?

Il y a en France, baron, beaucoup plus de patriotisme qu'on ne le croit à Berlin, à Rome et à Vienne ; on ne trouverait plus dans l'armée un traître comme Bazaine, et, dans les directions du ministère, fonctionnaires, chefs de bureau, sous-chefs et commis, tous sont honnêtes. La fidélité de ces agents-là est incorruptible. Il est vrai que le ministère, comme tous les grandes administrations de l'Etat, ne recrute son personnel que parmi les Français.

De là les nombreuses difficultés que j'ai rencontrées ; cependant j'ai gagné la confiance de la femme d'un garçon de bureau ; par la femme, nous aurons le mari.

— Enfin, c'est toujours cela, en attendant mieux. Ne perdez pas de vue M. Rattier ; c'est un homme important ; il a des passions et des dettes ; avec de l'adresse, on peut arriver à le faire parler.

— Je fais le siège de la conscience de cet homme ; mais pour pénétrer au cœur de la place, il faut s'avancer par des chemins couverts. A votre école, baron, j'ai appris qu'il faut procéder avec prudence. Je n'ai pas besoin de vous rappeler le proverbe italien :

« Chi va piano va sano ! »

C'était le système de Talleyrand, un homme de génie : il lui a réussi, servons-nous en.

On voit que les deux honnêtes industriels pratiquaient l'espionnage avec la quiétude d'une conscience pure. Ils traitaient en diplomates consommés plusieurs points qui se rapportaient au même ordre d'idées. Mais leur activité ne se renfermait pas dans la sphère des intérêts publics.

— Maintenant, reprit le baron, parlons de choses qui nous touchent plus directement. Où en sont les négociations avec ce riche commerçant bien noté sur la place de Paris, que nous pouvons perdre de réputation, dont nous pouvons détruire le crédit en révélant qu'il a fait autrefois deux ans de prison. Est-il enfin disposé à payer cher notre silence ?

— Il a été impossible de lui faire entendre raison.

— Mais il ne comprend donc pas ?

— Il comprend parfaitement ; mais il a déclaré qu'il aimerait mieux abandonner les affaires, s'il le fallait, que de traiter avec des inconnus qui veulent le faire *chanter*.

— L'imbécile ! il le payera.

— J'ai été plus heureux avec le banquier Van Ruysdel; nous toucherons là une forte rançon.

— A la bonne heure, voilà un homme raisonnable. Et ce mari, si désireux d'avoir les preuves de l'adultère de sa femme afin d'obtenir le divorce, est-il prêt à les payer leur prix ?

— L'affaire est à peu près conclue, et j'espère même en greffer une autre sur celle-là, en amenant la femme à s'entendre avec moi pour être exactement renseignée sur les fredaines de son mari.

— Ingénieuse combinaison, dit en riant le baron; vous êtes un homme de ressources, Grüder.

— Vous m'avez si souvent répété qu'il ne fallait rien négliger, profiter de tout.

— Aussi ai-je le droit d'être fier de mon élève.

Avec une expression de mélancolie comique, le baron ajouta :

— Et dire que nous aurions pu ne jamais nous rencontrer! Cette puissance d'investigation, ces merveilleuses aptitudes diplomatiques que vous possédez et dont nous avons le droit, l'un et l'autre, de nous glorifier, seraient peut-être restées sans emploi si le hasard ou notre bonne étoile ne nous avait mis un jour en présence, à Munich, dans ce bon pays de Bavière.

Vous vous en souvenez, Grüder? Il y a de cela huit ans, nous étions encore jeunes tous les deux; vous étiez pauvre et moi pas bien riche. Nous avions beaucoup de désirs et peu d'espérances. Alors, en vous associant à ma destinée, je n'avais pas la moindre idée de tout ce que nous pourrions faire ensemble; cependant, j'avais deviné vos éminentes qualités.

De votre côté, vous comprîtes ce que vous aviez à

gagner avec moi. Et nous allâmes l'un vers l'autre. Ce fut un trait de génie, une de ces inspirations dont dépendent les destinées des hommes supérieurs.

Aussi, voyez ce que nous avons fait et où nous en sommes. Nous sommes une force, une puissance!

Nos débuts furent difficiles et modestes; mais, bientôt, nos facultés, qui se complétaient par leur diversité, se révélèrent, et nous eûmes la bonne fortune de trouver des gens assez intelligents pour comprendre le parti qu'ils en pouvaient tirer.

Aujourd'hui, Grüder, nous sommes dépositaires de secrets importants, nous avons pénétré les mystères de bien des familles, et nous tenons en réserve la boîte de Pandore prête à répandre la discorde et tous les maux sur le monde.

— Vous dites vrai, baron, nous pouvons beaucoup, nous sommes une puissance. Cependant ma grandeur actuelle ne m'éblouit pas; je fais tous les jours des réflexions philosophiques sur la fragilité des choses du monde. Je sais que la fortune est souvent capricieuse, et cela m'effraye.

Le baron se mit à rire, et appuyant familièrement sa main sur l'épaule de Grüder :

— Mon cher, dit-il, vous êtes dans un de vos jours de douce mélancolie; mais il ne faut pas devenir fataliste; c'est cette disposition de l'esprit qui donne des craintes puériles et affaiblit et détend la volonté.

Allons, allons, ami Grüder, pas de défaillance; chassez loin de vous les idées sombres et poursuivons notre œuvre.

Je suis content de vous; continuez de me tenir au courant de tout ce que vous faites; les détails même les plus insignifiants peuvent avoir leur importance. Avez-vous vu Grillet?

— Oui, le pauvre diable avait grand besoin de la somme que je lui ai portée de votre part. Vous pouvez compter sur lui; il vous rendra tous les services possibles.

— C'est bien.

Le baron congédia Grüder et reprit le cours de ses réflexions.

X

PROVOCATION

Madame Merson avait demeuré assez longtemps à Bercy, où son fils avait été un des meilleurs élèves de l'école libre d'un excellent instituteur dont on n'a certainement pas encore oublié le nom à Bercy, M. Guillot.

Quand le jeune Henri, à l'âge de dix-sept ans, entra comme dessinateur chez M. Lionnet, sa mère loua un petit logement rue Saint-Maur.

Maintenant que le jeune architecte était, non pas riche encore, mais en passe de le devenir, il habitait, boulevard Magenta, un appartement confortablement meublé, composé de six pièces : la chambre à coucher de sa mère et la sienne, le salon, la salle à manger, le cabinet de l'architecte, et enfin une vaste pièce, très bien éclairée où, constamment, quatre dessinateurs travaillaient sous la direction du jeune maître.

La mère et le fils n'avaient qu'une seule domestique; mais madame Merson n'était jamais oisive; elle mettait, comme on dit, la main à la pâte.

Depuis deux ans, le travail ne manquait pas à l'architecte ; il en avait autant et même plus qu'il n'en pouvait faire.

Il n'avait pas eu beaucoup à se déranger pour trouver des clients : sa clientèle s'était faite rapidement, en quelques mois, et comme par enchantement: ce qui, disons-le, avait beaucoup surpris le jeune homme. Mais enfin, puisque la fortune venait ainsi à lui, il ne pouvait pas dédaigner les faveurs qu'elle lui accordait.

Comme on le pense, M. Lionnet n'avait pas manqué de recommander vivement son jeune protégé à ses amis ; des travaux étaient venus de ce côté à Henri ; mais ses principaux et meilleurs clients, il les devait, sans qu'il s'en doutât, car le secret était bien gardé, à M. le marquis de Prémorin.

Parmi ses clients, le jeune architecte comptait la marquise de Saulieu.

Un jour la grand'mère avait fait appeler Henri Merson parce que le marquis de Prémorin lui avait dit :

— « Je m'intéresse très vivement à l'avenir d'un jeune architecte, appelé Henri Merson ; c'est un garçon de beaucoup de mérite et qui ira loin, je l'espère; je vous le recommande, madame la marqusie. Seulement, si vous employez mon protégé, il ne doit point savoir qu'il vous a été recommandé par le marquis de Prémorin. »

La marquise avait pris l'adresse de l'architecte, et, peu de temps après, lui avait confié la construction, rue Saint-Jacques, à côté de son orphelinat, d'un asile de nuit pour les femmes.

L'asile annexé à l'orphelinat, achevé depuis quelques mois, était déjà en plein fonctionnement.

L'asile de nuit, comme l'orphelinat, d'ailleurs, était confié à des sœurs de charité, lesquelles avaient pour directrice la supérieure de l'orphelinat; la marquise avait été enchantée de la construction de son asile, qui révélait l'habileté et les éminentes qualités de l'architecte; aussi, avait-elle chargé Henri Merson de la restauration complète d'une grande et belle maison, sorte de château, qu'elle possédait à Saint-Germain-en-Laye.

Les travaux étaient commencés.

C'était dans cette maison que le marquis de Saulieu, père de Gabrielle, était mort, après y avoir été transporté mortellement frappé d'un coup d'épée dans un duel, comme nous l'avons raconté.

Madame Merson avait supplié son fils de s'éloigner de mademoiselle Lionnet, de ne plus chercher à la voir, de ne plus penser à elle et de faire tout au monde pour se guérir du fatal amour que la jeune fille lui avait inspiré.

— « Vous vous aimez, je le sais, avait-elle ajouté, mais c'est le plus grand malheur qui pouvait vous arriver à tous deux. Tu ne peux pas prétendre à la main de mademoiselle Lionnet; aurais-tu la plus belle position du monde, serais-tu très riche, tu ne pourrais pas l'épouser; entre elle et toi, il y a un obstacle que rien ne peut briser.

Vainement le jeune homme désespéré avait demandé à sa mère de lui faire connaître cet obstacle.

Elle s'était refusée à toute confidence en disant :

— Hélas! tu ne l'apprendras que trop tôt! Mais je ne vis que pour ta tranquillité, ton bonheur, et aussi longtemps qu'il me sera possible de garder le silence j'enfermerai en moi mon terrible secret.

Pour le moment, mon fils bien-aimé, qu'il te suffise de savoir que mademoiselle Geneviève ne peut pas être ta femme. Ah! crois-moi, crois-moi, mon fils, éloigne mademoiselle Geneviève de ta pensée; guéris-toi de ton amour!

Le jeune homme adorait sa mère; il avait en elle une confiance illimitée, et jamais il n'avait fait quelque chose contre sa volonté. Si elle lui parlait d'un obstacle impossible à briser qui se dressait entre Geneviève et lui, c'est que cet obstacle existait réellement.

Ainsi, il devait renoncer à l'espoir d'épouser celle qu'il aimait, ou plutôt qu'il adorait!

Soumis à la volonté de sa mère, il s'éloigna de Geneviève et cessa même ses visites chez M. Lionnet pour ne pas être exposé à se trouver en face de la jeune fille, sentant bien qu'il ne pourrait pas impunément entendre le son de sa voix et braver la douceur de ses regards.

Il pouvait s'éloigner de Geneviève, ne par chercher à la voir, renoncer à ses plus chères espérances, comme le voulait sa mère; mais, quant à chasser de sa pensée et de son cœur la chère adorée, quant à se guérir de son amour, oh! cela était impossible! Un amour comme le sien ne pouvait finir qu'avec sa vie!

Il était prêt à tous les sacrifices et n'avait pas peur de souffrir. Son amour était malheureux? qu'importe! Il y tenait. Il souffrirait beaucoup? qu'importe encore!

Souffrir à cause de Geneviève lui paraîtrait doux!

Cesser d'aimer Geneviève! Est-ce que c'était possible?

Il voulait vivre de son amour et pour son amour!

D'ailleurs, n'était-ce pas son amour qui lui donnait la force, le courage, la volonté, le désir de s'élever, ses inspirations?

Il n'avait réellement eu l'idée de sa valeur, de son talent, de ce qu'il pouvait faire, de la position qu'il parviendrait à acquérir que le jour où il avait senti qu'il aimait Geneviève. Et depuis ce jour, la jeune fille avait été son inspiratrice, le rayon de lumière qui éclairait l'avenir.

Ah! Geneviève ne se trompait pas quand, les yeux pleins de larmes, la poitrine gonflée de sanglots, elle se disait :

« Je souffre, et il souffre aussi, lui! »

Oui, Henri souffrait, il souffrait énormément, et il avait beau prétendre que souffrir à cause de Geneviève lui paraissait doux, il y avait des instants où, comme anéanti, sentant le découragement le saisir, il maudissait l'existence.

Mais quel était donc cet obstacle qui le séparait à jamais de Geneviève? Quel était donc ce secret que lui cachait sa mère? Ah! il fallait qu'il fût bien terrible, en effet, pour qu'elle se refusât à le lui révéler.

Malgré tout, le jeune homme déployait une grande activité. Quand il n'était pas dans les chantiers où il faisait exécuter des travaux de constructions, donnant des ordres et des conseils aux entrepreneurs, on le trouvait dirigeant le travail de ses dessinateurs et travaillant lui-même, dans son cabinet, à ses plans et devis, s'occupant de l'élévation et de la décoration extérieure et intérieure des bâtiments qu'il faisait construire, ou encore à régler pour ses clients les mémoires des entrepreneurs.

Quand son travail n'était pas trop pressé, maintenant qu'il n'allait presque plus chez M. Lionnet, il passait ses soirées près de sa mère. Henri faisait une lecture à haute voix et il lui arrivait assez souvent de se comparer à certains héros des romans qu'il lisait.

Les jours où l'on ne faisait pas de lecture, la mère et le fils causaient de choses et d'autres, mais plus jamais de Geneviève. Sur ce sujet douloureux, chacun gardait pour lui seul ses pensées.

Très respectueux envers sa mère, Henri ne parlait plus du secret qu'elle croyait devoir lui cacher. Une fois il lui avait demandé de le lui faire connaître et elle s'y était refusée ; c'était assez : il ne l'interrogeait plus.

Madame Merson voyait bien que son fils souffrait cruellement, bien qu'il s'efforçât de lui cacher ses douleurs et de paraître presque gai devant elle. Mais, si habile que soit un fils tendrement aimé, il ne parvient pas à tromper l'œil d'une mère.

Elle était souvent inquiète, car Henri avait beau se cacher, se contraindre, elle le surprenait parfois triste et songeur, ayant la tête lourde de sombres pensées.

Alors, faisant des efforts pour retenir ses larmes, elle se disait en soupirant :

— Il faut que cela se passe. Heureusement il travaille beaucoup, le travail apporte un adoucissement à sa douleur.

Mais comme il l'aime, mon Dieu, comme il l'aime !

Deux fois par semaine, le jeudi et le dimanche, un ami d'Henri venait le trouver, vers huit heures du soir. Cet ami, qui s'appelait Louis Sandoz, architecte aussi, avait été le condisciple d'Henri Merson à l'École des Beaux-Arts.

Les deux camarades sortaient ensemble; tout en

causant et fumant leur cigare, ils se promenaient sur les boulevards, puis entraient dans un café, toujours le même, où ils se rencontraient souvent avec des amis communs, architectes, artistes peintres, sculpteurs ou graveurs.

Un jeudi soir, qu'ils faisaient leur promenade habituelle, ils ne s'aperçurent pas que, depuis le boulevard Magenta, un homme de haute taille, enveloppé dans son pardessus dont le collet était relevé, les suivait pas à pas, en fumant comme eux un cigare.

Comme toujours, ils entrèrent dans le café où ils allaient de préférence et se firent servir chacun une consommation. Henri avait demandé un grog au rhum.

Comme le garçon plaçait devant eux le petit plateau de métal blanc sur lequel étaient les deux verres pleins, un nouveau consommateur entra dans le café.

C'était le personnage qui, tout à l'heure, suivait les deux architectes.

Cet homme, qui n'avait guère plus de quarante ans, paraissait en avoir au moins cinquante; il devait évidemment sa vieillesse prématurée à des excès de toutes sortes; cela se devinait à ses joues creusées, à son crâne dénudé, à ses yeux mornes, à sa physionomie, enfin, qui portait le stigmate ineffaçable de l'abus des plaisirs. Tout en lui, d'ailleurs, présentait le cachet du viveur, mais du viveur aristocratique, qui, en descendant les degrés du vice, a conservé l'élégance des formes, la distinction des manières. Du reste, il était vêtu à la dernière mode.

Il avait l'air dédaigneux, hautain, son regard était dur, froid, perçant, et sa figure d'homme blasé avait quelque chose de sombre et de ténébreux.

Il resta un instant debout à quelques pas de la porte, dirigeant ses regards de tous les côtés dans la salle; puis, juste au moment où Henri Merson prenait son verre pour le porter à ses lèvres, il s'avança brusquement pour se placer à la table voisine de celle qu'occupaient les deux amis.

En passant, il heurta le bras d'Henri, et si violemment que tout le liquide contenu dans le verre se répandit sur la table et sur les vêtements du jeune homme.

Celui-ci ne put réprimer un mouvement d'humeur; mais aussitôt il sourit en regardant le maladroit, prêt à recevoir, en quelques paroles polies, les excuses qui lui étaient dues.

Mais l'inconnu se débarrassa de son pardessus, s'assit tranquillement, et, avec non moins de calme, appela le garçon à qui il commanda un bock.

— C'est trop fort, murmura Henri, sortant de sa stupéfaction.

Il se dressa debout, pâle, frémissant, un éclair dans le regard, et, interpellant l'incivil personnage :

— Monsieur, dit-il, nul n'est exempt de maladresse mais encore convient-il, quand on a été maladroit, de s'en excuser.

L'inconnu leva la tête, toisa le jeune homme avec un suprême dédain, et d'un ton sec, glacial, répondit:

— Je vous trouve bien hardi de vous permettre de m'adresser la parole; en vérité, mon jeune monsieur, ce n'est pas vous qui pouvez avoir la prétention de me donner n'importe quelle leçon, leçon de politesse ou autre

Louis Sandoz, voyant son ami prêt à sauter à la gorge du viveur, crut devoir intervenir.

— Monsieur, dit-il à celui-ci, vous avez tort, vous deviez des excuses.

— Monsieur, répliqua l'inconnu, ce n'est pas à vous, mais à monsieur que j'ai affaire.

Henri tremblait de colère.

— Monsieur, reprit-il d'une voix frémissante, je ne vous connais pas et ne désire point savoir qui vous êtes...

— Vous avez raison, interrompit l'inconnu avec insolence, et je vous engage, dans votre intérêt, à vous asseoir et à vous taire.

— Je ne sais pas qui vous êtes, reprit le jeune architecte incapable de se contenir, mais je suis forcé de reconnaître en vous un homme mal élevé, un grossier personnage !

— Hein ! des injures ! Décidément, mon petit monsieur, vous voulez vous faire tirer les oreilles.

Ces paroles furent prononcées au milieu du profond silence qui régnait maintenant dans la salle.

— Monsieur, répondit Henri avec un accent plein de défi, mes oreilles sont placées trop haut pour que vous puissiez les atteindre.

— Ah ! ah ! vraiment? eh bien ! c'est ce que nous allons voir.

Mais avant que l'inconnu eût le temps de se dresser sur ses jambes, Henri saisit le verre de bière que le garçon venait d'apporter et en lança le contenu au visage de son adversaire en disant :

— Tenez, je vous fais boire votre bière de la même façon que j'ai bu mon grog.

L'inconnu poussa une sorte de hurlement.

Les deux hommes allaient se précipiter l'un sur l'autre. Mais plusieurs habitués du café s'interposèrent et empêchèrent la bataille.

Alors, redevenu subitement très calme, pendant que le jeune architecte était toujours en proie à la même colère, l'inconnu essuya son visage et son vêtement.

Cela fait, il tira son portefeuille de sa poche, y prit une carte de visite et la tendit à Henri, en disant avec gravité.

— Tout à l'heure, monsieur, vous ne vouliez pas me connaître ; il faut cependant que vous sachiez qui vous venez d'insulter publiquement ; veuillez donc prendre ma carte en échange de la vôtre.

Henri prit la carte de son adversaire et lui remit la sienne.

Pendant que le jeune homme lisait : « Baron Alphonse de Septème », celui-ci avait à peine jeté les yeux sur la carte de l'architecte :

— Monsieur Henri Merson, reprit-il, demain, à dix heures, vous aurez la visite de deux de mes amis.

— Vos deux amis, monsieur, seront reçus par deux des miens, répondit Henri.

— C'est fort bien, monsieur. Donc, nos témoins régleront les détails de notre prochaine rencontre.

Sur ces mots, M. de Septème jeta une pièce de deux francs sur la table, endossa son pardessus, mit son chapeau sur sa tête et sortit du café aussi tranquillement que s'il venait de serrer la main à un ami avant de le quitter.

Henri, cependant, n'était plus aussi surexcité et il arrivait peu à peu à calmer son irritation.

Il tenait toujours entre ses doigts la carte de son adversaire.

— Un baron, dit-il assez haut pour que ceux qui étaient autour de lui l'entendissent, le baron de Septème ! Ce baron est un singulier représentant de la vieille noblesse française.

Le nom du baron de Septème avait provoqué un mouvement de surprise chez plusieurs auditeurs et des paroles furent prononcées à voix basse.

— Mais, enfin, comment la chose est-elle donc arrivée ? demanda-t-on au jeune homme.

Il raconta exactement ce qui s'était passé.

De son côté, Louis Sandoz affirma que ce que venait de dire son ami était bien la vérité.

Henri Merson avait été un peu vif, sans doute ; mais tout homme a sa dignité, on ne pouvait le blâmer d'avoir voulu se faire respecter.

Quant à l'attitude de M. de Septème, elle paraissait inexplicable, et tout le monde lui donnait tort. Quelques-uns, — Louis Sandoz était de ceux-là, — se demandaient si le grog renversé n'avait pas été une chose voulue pour amener la provocation.

Quoiqu'il en soit, les deux adversaires avaient échangé leurs cartes, un duel était inévitable.

Une des personnes présentes, homme d'une cinquantaine d'années, à l'air grave, à la figure austère, décoré de la Légion d'honneur, et qu'on pouvait prendre pour un magistrat, saisit la main d'Henri Merson, l'entraîna à quelques pas et lui dit :

— Monsieur Merson, je suis de ceux qui vous donnent raison, la plupart des personnes qui sont ici n'auraient pas agi autrement que vous ; mais, demain ou après-demain, une rencontre aura lieu entre vous et M. le baron de Septème, car, en admettant que les témoins que vous choisirez aient le désir d'arranger les choses, de terminer cette déplorable affaire par des regrets et des excuses réciproquement exprimés, ceux du baron de Septème se refuseront à toute conciliation. Vous ne connaissez pas M. de Septème ?

— Je l'ai vu ce soir pour la première fois.

— Mais vous avez pu entendre parler de lui ?

— Jamais, monsieur.

— Êtes-vous d'une certaine force à l'épée et avez-vous un peu l'habitude du pistolet ?

— Il y a quelques années, j'ai fait un peu d'escrime et je sais tenir une épée ; quant au tir du pistolet, il ne m'est nullement familier, ne m'étant jamais servi de cette arme que par hasard et comme amusement.

— C'est fâcheux.

— Pourquoi, monsieur ?

— Parce que la rencontre peut avoir lieu au pistolet.

— Que je me batte au pistolet ou à l'épée, j'aurai bonne contenance sur le terrain...

— J'en suis convaincu, car vous êtes brave, monsieur Merson.

— Je suis flatté de la bonne opinion que vous avez de moi.

— Je ne connais pas particulièrement M. le baron de Septème ; mais, il y a une vingtaine d'années, — il était jeune alors, — j'ai eu souvent l'occasion de le rencontrer dans le monde. Or, il n'est pas inutile, je crois, que vous sachiez un peu à quel homme vous avez affaire.

M. de Septème, à l'époque dont je parle, n'était pas l'homme de glace, usé par les excès, au regard dur, implacable, en présence duquel vous venez de vous trouver ; c'était un joyeux jeune homme, qui ne pensait qu'aux plaisirs. Maître depuis peu d'une immense fortune, il commençait à mener la vie à grandes guides, et pendant des années, il fit beaucoup parler de lui.

De sa belle fortune d'autrefois, il ne lui reste plus que des épaves, et j'ai ouï dire que, souvent, il en est réduit aux expédients. Après avoir vécu, trop bien vécu, il s'est blasé sur tout ; il ne croit plus à rien, pas plus à la vertu qu'à l'honneur ; c'est un sceptique endurci, et son scepticisme fait de lui un homme de bronze, un de ces êtres infatués de leur personne, qui ne peuvent plus avoir pour les autres que du dédain et du mépris.

Il ne s'est jamais marié, il n'en a pas eu le temps et c'est heureux pour la femme qu'il aurait prise. En revanche, il a eu de nombreuses maîtresses et les a toutes trompées ; on ne compte plus ses aventures scandaleuses. Depuis longtemps, il est classé dans la catégorie des hommes tarés, et je ne pense pas qu'il lui soit resté un véritable ami.

— Vous m'effrayez, monsieur, et je me demande si je peux me battre avec un pareil homme.

— Je souhaiterais pour vous que l'affaire pût s'arranger, et, si j'eusse été votre voisin quand vous avez répondu comme vous deviez le faire, d'ailleurs, aux impertinences de M. Septème, j'aurais réussi peut-être à calmer votre emportement et à empêcher les choses d'aller aussi loin. Mais il faut accepter ce qui est, et vous ne pouvez refuser d'aller sur le terrain, si votre adversaire vous y entraîne, car je ne crois pas qu'on puisse reprocher à M. de Septème quelque chose qui touche sérieusement à son honneur.

Je connais assez votre adversaire, monsieur Merson, pour être à peu près sûr que la rencontre aura lieu, et je vous conseille, quand l'arme du combat aura été désignée, de passer quelques heures dans une salle d'escrime, si c'est l'épée, ou dans un salon de tir, si c'est le pistolet.

— Je n'oublierai pas votre bienveillant conseil, monsieur.

— Le baron de Septème a eu je ne saurais vous dire combien de duels; pour un oui, pour un non, il se battait. Ce qui vous est arrivé ce soir est aussi arrivé à d'autres.

Je ne dois pas vous cacher que M. de Septème est de première force à l'épée comme au pistolet; son adresse est merveilleuse et l'on a toujours parlé de la sûreté de ses coups d'épée.

J'ajoute, oh ! ce n'est pas pour vous effrayer, mais afin que vous vous teniez sur vos gardes, qu'il a tué trois de ses adversaires.

— Monsieur, répondit Henri un peu ému, je vous remercie sincèrement de l'intérêt que vous voulez bien me témoigner.

— Vous en êtes digne, monsieur Merson. Allons, tenez-vous bien et bonne chance ; les honnêtes gens seront pour vous.

Les deux hommes se serrèrent la main.

Henri rejoignit son ami, qui l'attendait, et ils sortirent du café.

XI

LE DUEL

Pendant un instant, les deux amis marchèrent silencieusement. Ils étaient également soucieux.

Henri pensait à sa mère et aux précautions qu'il lui faudrait prendre pour qu'elle ne se doutât de rien.

— Mon cher Henri, dit tout à coup Sandoz, je suis désolé.

— Désolé, pourquoi ?

— Parce que je n'ai jamais été aussi mécontent de moi ; je ne me suis pas conduit ce soir comme je le devais.

— Que dis-tu ?

— Eh bien, oui, il me semble que j'ai été lâche ; je suis resté spectateur passif de la querelle comme si je n'eusse pas été ton ami ; je n'ai rien su dire quand il était de mon devoir de prendre énergiquement ta défense.

— Mon bon ami, console-toi, tu n'as rien à te reprocher de ton attitude ; tu n'avais rien à dire et tu ne pouvais rien empêcher.

— Si, je pouvais prendre fait et cause pour toi.

— Non, car moi seul avais le droit de répondre aux insolences de cet homme.

— Mais un duel, Henri, un duel!

— Assurément, mon ami, je n'avais pas besoin de cette aventure. Je ne l'ai pas cherché, ce duel, et maintenant que je l'ai sur les bras, je tâcherai de m'en tirer aussi bien que possible. Que veux-tu, ces choses-là arrivent souvent.

— Ce baron de Septème est, dit-on, un duelliste consommé.

— Oui, mais cela ne veut pas dire que je sois d'avance un homme mort.

— Oh! je sais bien que tu ne manques pas de courage et que tu sauras te défendre; mais, vois-tu, cet homme me fait peur!

— Garde ta peur pour toi, cher ami, et ne cherche pas à me la communiquer.

— Alors, tu ne crains pas...

— Eh! que veux-tu que je craigne, répondit Merson presque gaiement; un coup d'épée? Mais l'on est constamment menacé d'une mauvaise fièvre ou d'un danger quelconque; s'il fallait être tout le temps à redouter ceci ou cela, l'existence ne serait plus possible. D'abord, je ne l'ai pas encore reçu, ce coup d'épée, qui peut n'être qu'une égratignure.

— J'admire ton insouciance et je te trouve superbe.

— Et puis, vois-tu, continua Henri, je suis un peu fataliste; je me dis ce que j'entends souvent répéter : On ne meurt qu'une fois. Si ce duel m'est funeste, si je meurs d'un coup d'épée ou d'une balle dans la poitrine, eh bien, mon ami, c'est qu'il est écrit que je dois mourir ainsi.

Cependant, malgré la douleur profonde qui est en

moi et que tu connais, je tiens encore à la vie et ne désire nullement la mort. Je renonce à mon plus doux espoir; malgré cela, quelque chose me dit que, tant que Geneviève n'appartiendra pas à un autre, je dois me garder pour elle.

Sandoz, mon cher Sandoz, Geneviève me protège, je ne peux pas mourir!

On prétend que le baron de Septème est absolument sûr de son coup d'épée, je le crois; eh bien! s'il est si sûr des coups qu'il porte et s'il ne se contente pas de me faire une piqûre afin d'avoir la satisfaction de voir couler mon sang, c'est qu'il aura voulu m'assassiner!

Louis Sandoz saisit brusquement le bras de son ami.

— Henri, lui dit-il, d'une voix troublée, tu me fais frissonner!

— Pourquoi cela?

— Sais-tu ce que je pense?

— Non, mais dis-le moi.

— D'autres aussi ont la même pensée.

— Eh bien?

— Henri, je crois que c'est par une maladresse voulue et calculée que M. de Septème a renversé ton verre.

— Allons donc!

— Henri, rien ne m'ôtera de l'idée que ce baron de Septème n'a agi comme il l'a fait que pour te forcer à le provoquer; il voulait ce duel.

— Je ne saurais partager ton opinion, car, enfin, ne connaissant pas ce monsieur, n'ayant même jamais entendu parler de lui, je n'ai pu lui causer un dommage qui fût de nature à m'en faire un ennemi.

Pourquoi, alors, verrions-nous dans sa conduite autre chose que ce qu'il y a ?

— Je ne sais pas... Et cependant...

— Laissons cela, mon ami ; va, ne faisons pas les hommes plus méchants et plus faux qu'ils ne le sont. Puis-je compter sur toi pour être mon premier témoin ?

— Assurément.

— Eugène Loudun, notre ami commun, ne refusera probablement pas de m'assister aussi.

— Il n'est pas homme à se dérober ; si tu m'y autorises, demain matin je le verrai en ton nom.

— J'accepte avec grand plaisir, et, si Loudun veut bien me servir de témoin avec toi, je vous attendrai tous deux à neuf heures et demie ; tu sais que c'est à dix heures que deux amis de M. de Septème se présenteront.

Pourtant, si Loudun était empêché pour une cause ou pour une autre, tu me préviendrais immédiatement afin que j'aie le temps de m'adresser à un autre ami.

— C'est entendu.

— Je ne suis plus qu'à quelques pas de chez moi, mon cher Sandoz, si tu le veux bien nous allons nous quitter ici.

Les deux amis se serrèrent la main.

— Ah ! mon cher Henri, dit tristement Louis Sandoz, s'il t'arrivait malheur !...

— Allons, allons ! sois donc tranquille ; faut-il te répéter que je n'ai rien à redouter, puisque ma Geneviève bien-aimée me protège !

Sur ces mots, les deux amis se séparèrent, allant chacun de son côté.

Il était près de minuit.

Henri rentra en faisant le moins de bruit possible. Sa mère étant couchée et devant dormir, il craignait de la réveiller.

Il ne se dirigea point vers sa chambre, qui était contiguë à celle de madame Merson, mais entra dans son cabinet, séparé des deux chambres à coucher par le salon, la salle à manger et une antichambre.

Cette disposition de l'appartement permettait à l'architecte de recevoir ses visiteurs sans que sa mère fût jamais dérangée. Henri avait évidemment pensé à cela comme étant le meilleur moyen qu'il eût de cacher à sa mère la grave entrevue du lendemain ; il espérait même qu'elle n'aurait pas connaissance de l'affaire, tout au moins avant que la rencontre n'ait eu lieu.

Le jeune homme avait allumé un bec de gaz, s'était assis devant son bureau et, la tête dans ses mains, il réfléchissait.

Maintenant qu'il était seul, au milieu du profond silence de la nuit, il se sentait, non pas moins brave, mais plus accessible à la crainte que sur les boulevards, en compagnie de Louis Sandoz.

Il se disait bien encore : Ma bien-aimée Geneviève me protège ! mais la douce jeune fille pouvait-elle empêcher l'épée du duelliste de lui percer la poitrine ?

D'après ce qu'on lui avait dit, il savait parfaitement qu'il n'était pas de taille à lutter avec cet homme de première force et qui avait eu de nombreux duels dans sa vie.

On ne sait jamais ce qui peut arriver. Si ce terrible baron de Septème allait le tuer !

Henri ne l'avait pas caché à son ami, il tenait à la vie ; si brave qu'il fût, en pensant à sa mère, à Geneviève, à ses travaux en cours d'exécution, à l'avenir qui lui promettait la fortune et la gloire, ses yeux se mouillèrent de larmes.

Toutefois, il ne regrettait point de s'être laissé entraîner par la colère ; il ne pouvait agir autrement à l'égard de M. de Septème, et, si c'était à recommencer, il ferait encore ce qu'il avait fait. D'ailleurs cet homme, qui lui était inconnu, lui avait inspiré, à première vue, une invincible répulsion.

Pourtant, sa nature ne le portait pas à avoir des antipathies sans raison. Pourquoi donc cette impression étrange que lui avait fait éprouver M. de Septème ? Car, il le sentait, il haïssait cet homme !

Ses réflexions, qui avaient peu à peu tourné au lugubre, l'amenèrent à écrire trois lettres : la première à sa mère, la deuxième à Geneviève, la troisième à M. Lionnet.

Il les mit dans des enveloppes avec ces indications : A ma mère. A mademoiselle Geneviève Lionnet. A monsieur Lionnet, négociant, faubourg Saint-Antoine. Puis il plaça les trois missives dans son portefeuille, en se disant :

— Si je suis tué ou si l'on me rapporte ici mortellement blessé, on trouvera ces lettres dans mon portefeuille et chacune ira à son destinataire.

Il se sentit plus tranquille ; il lui semblait qu'il venait de remplir un dernier devoir auquel il lui était défendu de se soustraire.

Il avait veillé longtemps, car il était près trois heures du matin.

Il alluma une bougie, éteignit le bec de gaz, sortit

de son cabinet et, à pas de loup, gagna sa chambre.

Bien qu'il eût à peine dormi, à sept heures il était déjà levé et au travail. Il avait les yeux battus, la figure fatiguée, mais très calme.

A huit heures, ses dessinateurs arrivèrent. Il leur indiqua, aussi tranquillement qu'à l'ordinaire, ce qu'ils avaient à faire ce jour-là et le lendemain.

Sa mère vint, comme tous les matins, l'embrasser et causer un instant avec lui. Il était un peu triste, avait l'air soucieux; mais elle le voyait si souvent ainsi depuis qu'elle lui avait dit de ne plus penser à Geneviève ! Elle le quitta sans avoir rien remarqué qui fût de nature à l'inquiéter. Il travaillait, c'était bien.

Quand Louis Sandoz et Eugène Loudun arrivèrent, ils trouvèrent leur ami l'équerre et le compas à la main. Mais Henri laissa aussitôt ses lignes et son échelle de proportion pour s'entretenir avec ses témoins.

A dix heures précises, les deux mandataires du baron de Septème se présentèrent.

On s'expliqua, chacun faisait valoir ses raisons, mais la discussion ne fut pas longue, les témoins de M. Septème se refusant à toute espèce d'arrangement.

La rencontre fut donc décidée et rendez-vous pris pour le lendemain, à neuf heures du matin, au Vésinet.

L'arme choisie était l'épée de combat.

Il n'était point dit si le combat aurait plusieurs reprises et comment il se terminerait.

Il est vrai que cela importait peu à M. de Septème, qui était absolument sûr que son adversaire ne rentrerait pas vivant à Paris.

On dressa le procès-verbal, que les quatre témoins signèrent, après quoi les deux amis de M. de Septème se retirèrent.

— Je suis enchanté que vous en ayez fini avec ces messieurs, dit Henri à ses camarades; donc, demain, à neuf heures, nous nous trouverons tous sur le terrain. Sandoz, crois-tu que notre ami, le docteur Jamain, voudra bien nous accompagner?

— Je me charge de l'amener; du reste je l'aurai prévenu dès ce soir.

— Alors nous nous donnons rendez-vous demain matin, à huit heures, à la gare Saint-Lazare.

— Oui.

Les trois amis causèrent encore un instant, puis Sandoz et Loudun prirent congé d'Henri.

Immédiatement après le déjeuner, l'architecte s'habilla et sortit, disant à sa mère qu'il allait au Bas-Meudon, où il avait une maison en construction. Mais il n'avait pas affaire, ce jour-là, à Meudon.

Il se rendit dans une salle d'arme où il avait pris autrefois quelques leçons et, pendant près de trois heures, il se livra à une série d'exercices d'escrime, avec les deux meilleurs professeurs de l'établissement.

A la fin, fatigué, il jeta son fleuret.

En sortant de la salle, il se disait :

— Je me suis donné, je crois, une peine bien inutile; ce ne sont pas les leçons que j'ai reçues il y a quelques années qui peuvent me permettre de me mesurer avec avantage avec un homme de la force de M. de Septème; si, comme le croit Sandoz, ce terrible baron a résolu de me tuer, ce n'est pas le peu que je sais en escrime, ni ce que j'apprendrais en une année, qui pourrait me garantir de ce fameux coup d'épée dont mon adversaire est, dit-on, si sûr.

Et il ajouta philosophiquement:

— Eh bien! à la garde de Dieu!

La plupart des journaux du soir racontèrent la scène de la veille dans le café du boulevard et annoncèrent le duel qui devait avoir lieu le lendemain matin entre le jeune architecte Henri Merson et le baron Alphonse de Septème, le tireur émérite, le champion de toutes les salles d'escrime.

Et, à cette occasion, on rappelait les principaux duels du baron où il avait eu facilement raison d'adversaires reconnus comme fort redoutables.

— Tout cela est de mauvais augure pour moi, se disait Henri. Ainsi, ce soir, tout Paris va savoir que je me bats demain avec le baron de Septème. Heureusement que ma pauvre mère ne lit jamais un journal du soir. Espérons qu'une trop obligeante voisine ne viendra pas lui révéler ce que je mets tant de soin à lui cacher.

Et Geneviève, ma chère Geneviève? Ah! j'espère aussi qu'elle n'apprendra la chose que lorsque cela sera fini. Des heures de mortelles angoisses lui seront épargnées. Sans doute, à cette heure, M. Lionnet doit être instruit de l'affaire; mais je le connais, il ne dira rien à sa fille.

Comme on le voit, Henri pensait beaucoup plus à sa mère et à Geneviève, qu'il aimait uniquement, qu'à lui-même.

Le reste de la soirée se passa sans incident.

Madame Merson était tranquille, elle ne se doutait de rien.

— Chère mère, lui dit Henri avant qu'elle se retirât

dans sa chambre, demain matin je sortirai de bonne heure ; mais, avant de partir, je viendrai t'embrasser dans ton lit.

— Où donc dois-tu aller demain ?

— A Saint-Germain, voir comment marchent les travaux de restauration de la villa de madame la marquise de Saulieu.

— C'est bien, mon ami ; rentreras-tu pour midi ?

— Je l'espère, chère mère ; cependant, si je n'étais pas de retour, il ne faudrait pas m'attendre pour déjeuner.

Le lendemain, à sept heures, comme M. de Septème achevait de s'habiller pour se rendre à la gare de l'Ouest, où il avait, comme Henri Merson, donné rendez-vous à ses témoins, son domestique lui apporta une lettre qui venait d'être rémise chez le concierge et qui était, avait dit le messager, très pressée.

M. de Septème déchira l'enveloppe et lut le billet suivant qui était daté du matin, 5 heures 1j2, et ne portait aucune signature :

« Monsieur le baron de Septème doit se battre » aujourd'hui, à neuf heures et demie, avec M. Henri » Merson. La personne qui écrit ces lignes sait exac» tement ce qui s'est passé avant-hier soir au café.

« Elle prévient M. le baron de Septème que, s'il » arrive malheur à M. Henri Merson, ce jeune homme » trouvera immédiatement un vengeur !

« A bon entendeur, salut ! »

Le baron fronça d'abord les sourcils, puis il haussa dédaigneusement les épaules, déchira le billet et le jeta au feu.

— C'est M. Henri Merson, sans doute, qui m'a fait écrire cela, murmura-t-il. Pauvre garçon !... Ah ! ah !

il a peur !... Au fait, il a raison d'avoir peur, car à neuf heures un quart, il sera mort !

Un peu avant neuf heures, les deux adversaires, leurs témoins et le docteur Jamain, ami d'Henri Merson, étaient au Vésinet.

M. de Septème n'avait pas cru devoir, comme Henri, se faire assister d'un médecin.

Les témoins eurent bientôt trouvé un endroit propice pour le combat, dans un enclos, derrière une haie haute et épaisse.

Bien qu'on fût au mois de janvier et qu'il y eût un fort brouillard, l'air était doux comme en automne.

Le premier témoin de M. de Septème développa les épées et les mesura pendant que les deux adversaires mettaient habit bas.

Ils furent aussitôt armés et se placèrent en face l'un de l'autre.

Dès les premiers croisements du fer, les témoins comprirent que M. de Septème allait attendre froidement le moment où, d'un coup droit, il enfoncerait sa lame dans la poitrine de son adversaire, à la place du cœur.

— C'est grave, pensèrent les amis du baron, il veut le tuer !

Louis Sandoz et Eugène Loudun étaient haletants, livides.

Henri, lui aussi, devina l'intention de M. de Septème. Le regardant fixement, il sembla lui dire :

— Allez, monsieur, je vois que vous voulez me tuer !

Au moment de porter son coup mortel, le regard du baron rencontra celui d'Henri. Aussitôt il tressaillit et le fer, prêt à percer la poitrine du jeune homme, resta immobile au lieu d'avancer.

Les yeux du baron se couvrirent d'un nuage, et, faiblement, car personne n'entendit, il murmura :

— Ah ! Lapret !

En même temps, son épée lui échappa, celle d'Henri venait de faire une forte entaille à sa main droite.

Et, avant que le jeune homme eût compris qu'il avait mis M. de Septème hors de combat, il était serré dans les bras de Sandoz et de Loudun, qui l'embrassaient en pleurant.

Pendant ce temps, M. Jamain examinait la blessure du baron.

— C'est peu de chose, monsieur, dit M. de Septème, une déchirure qui sera guérie dans quinze jours; mais, puisque vous voulez bien m'offrir vos services, je les accepte.

Le docteur se mit immédiatement en devoir de faire son pansement.

Henri s'approcha du blessé.

— Monsieur le baron, lui dit-il d'une voix émue, il y a trois jours je n'avais pas l'honneur de vous connaître et je ne comprends pas bien encore pourquoi nous sommes devenus ennemis. En ce moment, cependant, laissez-moi vous le dire, monsieur le baron, car je suis sincère, je regrette profondément de ne pas avoir été maître de moi, de ne pas avoir su éviter le malheur de cette rencontre.

— Monsieur, répliqua froidement le baron, je n'ai que ceci à vous répondre : Vous êtes brave ! Oubliez notre querelle, comme je veux l'oublier moi-même.

Il salua le jeune homme et ses amis et se tourna du côté de ses témoins.

— Singulier homme ! murmura Henri.

— Docteur, dit Sandoz, prenant le bras de celui pour la vie duquel il avait si fort tremblé tout à l'heure, nous allons vous attendre au restaurant, près de l'église.

— Oui, répondit M. Jamain, et, dans dix minutes, je serai à vous.

Henri et ses amis s'éloignèrent.

XII

LE SECRET DE MADAME MERSON

Ainsi que l'avait pensé Henri Merson, M. Lionnet avait eu connaissance du duel dès la veille, par les journaux, et il s'était bien gardé d'en parler à sa femme et à son fils, et à Geneviève surtout.

Il pouvait ne rien dire et avec d'autant plus de raison que madame Lionnet, dans un journal, ne lisait jamais que le roman-feuilleton, et qu'Albert ne jetait les yeux sur une feuille quotidienne que lorsqu'il n'avait rien autre chose à faire. Quant à Geneviève, elle s'en tenait, chaque semaine, à la lecture d'une revue musicale et d'un journal de mode.

M. Lionnet était donc à peu près certain qu'aucun des membres de sa famille n'aurait à partager son inquiétude.

Nous savons quelle affection sincère il avait pour Henri Merson ; aussi passa-t-il une très mauvaise nuit. Il se leva de bonne heure, et il était déjà dans les ateliers avant l'arrivée des ouvriers.

Un peu avant huit heures, les machines furent mises en mouvement et M. Lionnet, parcourant les ateliers, assista à la reprise générale du travail. Il s'entretint assez longuement avec les contremaîtres, leur donnant ses instructions, ses ordres.

On l'appela pour prendre sa tasse de café au lait. Après cela, il se vêtit d'un costume de ville, s'assura que chez lui tout le monde était tranquille, et, vers dix heures, il sonnait à la porte de l'appartement de madame Merson.

Celle-ci le reçut dans sa chambre et très affectueusement, comme toujours.

Elle avait le visage calme, ne paraissait nullement préoccupée.

M. Lionnet comprit aussitôt qu'elle ne savait rien encore et que, par conséquent, son fils avait réussi à lui cacher la grave affaire dont, à l'heure présente, tout Paris s'entretenait.

Il aperçut, sur un guéridon, le *Petit Journal* et le *Journal illustré*, ayant encore chacun sa bande d'adresse.

Madame Merson, occupée de sa maison, n'avait pas eu, jusqu'à ce moment, le temps de songer à la lecture. L'arrivée de M. Lionnet l'avait évidemment empêchée d'ouvrir le *Petit Journal*, qu'elle ne manquait pas de lire tous les matins.

— Mon bon monsieur Lionnet, dit-elle, vous veniez sans doute pour voir mon fils; mais il est sorti ce matin de très bonne heure; il est allé à Saint-Germain, et je ne sais pas s'il rentrera avant midi.

— Ah ! fit le négociant, Henri est allé à Saint-Germain; j'aurais été, en effet, heureux de le voir et de lui serrer la main, madame Merson; mais c'est vous, vous seule que je viens voir aujourd'hui.

— En vérité, monsieur Lionnet, fit-elle, regardant le négociant avec inquiétude...

— Madame Merson, croyez-vous que je sois votre ami et celui de votre fils?

— Si je le crois ! Vous ne nous en avez pas donné une preuve, mais mille.

— Eh bien, chère madame, c'est comme ami que je viens vous demander une explication franche et loyale.

Madame Merson comprit de quoi il s'agissait, car elle pâlit affreusement.

— Depuis quelque temps, continua M. Lionnet, Henri semble avoir oublié le chemin qui conduit au faubourg Saint-Antoine; nous ne le voyons plus, et je crois avoir le droit de demander ce que cela signifie. Votre fils, madame Merson, aime Geneviève, je le sais, il me l'a avoué, et Geneviève l'aime. Je n'ai pas laissé ignorer à Henri, que je l'aime comme s'il était mon fils, que je serais heureux de lui confier le bonheur de Geneviève. Malgré cela, il s'éloigne de notre maison et de celle qu'il aime. Si je ne connaissais pas bien votre fils, madame Merson, je pourrais me trouver offensé, et considérer sa conduite comme un outrage fait à ma fille. Je ne pousse pas les choses aussi loin ; mais, enfin, pourquoi votre fils agit-il ainsi envers moi et envers Geneviève?

— Monsieur Lionnet, de grâce... balbutia madame Merson, fort troublée.

— Cela, madame, je veux le savoir, et je viens vous le demander.

— Monsieur Lionnet, la conduite de mon fils peut vous paraître singulière, mais elle n'a rien d'offensant pour vous et mademoiselle Geneviève, au contraire, Henri ne peut pas prétendre à la main de mademoiselle Lionnet et c'est moi qui l'ai prié, supplié, de ne plus penser à mademoiselle Geneviève. Henri est-il donc si coupable, monsieur, d'avoir obéi à sa mère ?

— Il y a quelque temps, madame Merson, vous avez dit à Geneviève qu'elle devait se garder d'aimer votre fils, que, si elle venait à l'aimer, ce serait un grand malheur pour elle et pour lui. Déjà, alors, vous saviez que votre fils aimait Geneviève et vous crûtes devoir conseiller ou demander à ma fille de décourager Henri par sa froideur à son égard.

Geneviève m'a rapporté la conversation qu'elle avait eue avec vous à ce sujet, et, dès cette époque, madame Merson, j'étais résolu à vous demander l'explication de vos paroles. Si j'ai attendu jusqu'à ce jour, c'est que, croyant à un malentendu, à certaines susceptibilités, j'espérais voir la chose s'arranger d'elle-même. Malheureusement, c'est le contraire qui est arrivé, et vous me voyez devant vous uniquement préoccupé du bonheur et de l'avenir de nos deux enfants, qui souffrent certainement beaucoup d'une séparation que votre volonté leur impose.

Eh bien, madame Merson, qu'avez-vous à me répondre ?

— Mon Dieu, mais je vous l'ai dit, monsieur Lionnet, mon fils ne peut pas être l'époux de mademoiselle Geneviève ; ils sont séparés, non par ma volonté, mais hélas ! par un obstacle infranchissable.

— Avez-vous dit à votre fils pourquoi il doit renoncer à Geneviève ?

— Non, monsieur Lionnet, non, il ne sait pas...

— C'est donc bien grave ?

— Oui, bien grave !

— Madame Merson, avez-vous confiance en moi ?

— Oh ! monsieur...

— Alors, vous ne pouvez refuser de me faire connaître cet obstacle qui se place entre nos deux enfants.

— Quoi, fit-elle, toute tremblante, vous voulez que je vous dise...

— Je vous en prie, madame ; car, pour briser un obstacle, il faut d'abord le connaître.

— Hélas ! il n'y a rien à faire, dit-elle, en secouant tristement la tête.

— Peut-être, madame.

Elle laissa échapper une plainte sourde.

— Monsieur Lionnet, reprit-elle avec un accent douloureux, vous êtes trop notre ami, vous avez trop fait pour mon cher Henri pour que je puisse garder le silence avec vous ; il faut que je parle.

Les yeux pleins de larmes et d'une voix entrecoupée elle continua :

— Depuis dix-huit ans je me cache à Paris sous le faux nom de Merson, que mon fils croit être celui de son père. Notre véritable nom est Lapret. Frédéric Lapret, mon mari, le père d'Henri, — j'ignore hélas ! s'il est encore vivant, — mon mari, monsieur Lionnet, accusé du crime d'assassinat, a été condamné... aux travaux forcés à perpétuité !

En achevant ces mots, la pauvre femme éclata en sanglots.

— Ah ! je comprends ! exclama M. Lionnet.

D'un mouvement spontané, il saisit les deux mains de la malheureuse.

— Pauvre femme ! Pauvre mère ! murmura-t-il.

Elle se redressa brusquement, les yeux étincelants, et reprit d'une voix forte :

— Frédéric Lapret, mon mari, le père d'Henri a été jugé et condamné à perpétuité et il était innocent, vous entendez, monsieur Lionnet, il était innocent ! Ah ! je le sais, moi, et Dieu aussi le sait ! Et, du fond de mes entrailles, j'ai protesté contre sa condamnation.

Condamné, condamné ! Oui, ils l'ont condamné, les terribles juges en robe rouge ! Ils n'ont pas senti, ils n'ont pas deviné, ils n'ont pas voulu voir qu'il n'était pas coupable !

Les apparences étaient contre lui, on a trouvé des preuves, qui n'en étaient pas pour lui et pour moi, et, sous ces terribles preuves, il a été écrasé !!...

Il a eu beau crier, avec l'accent de l'honnête homme qui défend son honneur, celui de sa femme et de son enfant : — « Vous allez frapper un innocent, je ne suis pas coupable, devant Dieu et devant les hommes, je le jure ! »

Il a eu beau verser des larmes d'indignation, sangloter en criant, les mains jointes :

— Ma femme, mon enfant ! ma pauvre femme, mon pauvre enfant ! Ils l'ont condamné ! Ils l'ont marqué au front, lui, Frédéric Lapret, l'homme bon et dévoué par excellence, le meilleur des maris, le plus tendre des pères, ils l'ont marqué au front du stigmate des assassins !

Henri, monsieur Lionnet, est tout le portrait de son père ; il a son cœur et son âme, les traits du visage sont les mêmes et le regard... oh ! comme le regard d'Henri est bien celui de son père !

Voyons, monsieur Lionnet, est-ce que mon fils,

qui a tout de son père, pourrait être, un jour, un lâche meurtrier ?

— Jamais, jamais ! exclama le négociant.

— Eh bien, vous aussi, monsieur Lionnet, vous protestez contre la condamnation de mon mari !

Elle resta un moment silencieuse, essuya ses yeux et reprit lentement :

— Depuis qu'il a été condamné, je ne l'ai plus revu, je n'ai même plus entendu parler de lui, et je ne sais pas s'il existe encore.

J'ai là, enfermé dans une cassette, des journaux qui contiennent les débats de la cour d'assises ; tout à l'heure je vous remettrai ces journaux, monsieur Lionnet ; vous lirez ce procès et vous verrez, vous verrez !

Mais il faut que vous preniez connaissance d'une lettre que j'ai reçue il y a quelques jours ; c'est une consolation qui m'est envoyée je ne sais par qui, c'est comme un rayon d'espoir qui est tombé du ciel dans mon âme.

Naturellement, je me suis bien gardée de parler de cela à Henri, qui ne sait rien et ne doit rien savoir encore ; j'attends !...

La lettre est anonyme, monsieur Lionnet, mais celui qui l'a écrite et n'a pas cru devoir la signer, est un ami, un protecteur. Qu'est-il ce protecteur, cet ami ? Ah ! si je pouvais le connaître ! Ce n'est pas d'aujourd'hui, c'est depuis que le malheur s'est abattu sur nous qu'il s'intéresse à mon fils et à moi.

J'ai quitté la Normandie pour venir me cacher à Paris ; mais le regard du protecteur m'a suivie partout et sa main bienfaisante ne s'est jamais éloignée de moi ; pour lui, la malheureuse qui avait pris le faux nom de Merson était toujours Marthe Lapret.

Grâce à lui, monsieur Lionnet, à ses bienfaits que je recevais régulièrement sans pouvoir deviner d'où ils venaient, je n'ai pas connu les noires angoisses de la misère, j'ai pu élever mon fils comme vous le savez et j'ai été toujours dans une aisance relative.

Aujourd'hui, il me dit, — car c'est lui, mon protecteur, je n'en doute pas, — il me dit qu'on a trouvé des preuves, des preuves irréfutables de l'innocence de mon mari, que le jugement qui l'a condamné sera revisé et cassé... Est-ce possible ? Après dix-huit ans, monsieur Lionnet, est-ce possible ? Et pourtant je ne peux pas admettre que le protecteur inconnu ait voulu me donner une fausse joie, une fausse espérance.

Mon Dieu, s'il était reconnu que mon pauvre Frédéric n'était pas coupable, quel bonheur pour mon fils et pour moi ! Et comme ce bonheur serait plus grand encore, si l'époux était rendu à sa femme, le père à son fils !

Mais je ne peux pas trop vouloir ; hélas ! depuis longtemps, sans doute, Frédéric Lapret est mort.

Ah ! tenez, monsieur Lionnet, si l'innocence de mon mari était reconnue, malgré l'énorme distance qu'il y a entre Henri et mademoiselle Geneviève, eh bien... eh bien, oui, je ne lui défendrais plus de l'aimer !

— En attendant, madame Merson, dit gravement M. Lionnet, que votre fils revienne au faubourg, qu'il n'affecte plus de s'interdire la vue de Geneviève ; nous les ferons patienter quelque temps encore, si vous le voulez ; mais je ne renonce pas à mes projets, j'ai l'espoir que la condamnation d'un innocent ne sera pas un obstacle au bonheur de deux enfants rapprochés par une mutuelle affection.

— Quoi ! monsieur Lionnet, malgré la révélation que je viens de vous faire...

— Nous examinerons cette question à loisir, madame; mais je vous déclare, dès à présent, que, pour moi, le fils n'est point flétri par la condamnation de son père.

Maintenant, madame Merson, voulez-vous me faire lire cette lettre non signée !...

— Ah ! j'oubliais... Excusez-moi, monsieur Lionnet, je suis si troublée...

Elle se leva et alla prendre la lettre dans le tiroir d'un petit meuble de Boule.

M. Lionnet lut avec attention, puis rendit le papier à madame Merson en disant :

— Il est certain que c'est un ami, évidemment votre protecteur inconnu, qui a écrit ou fait écrire ces lignes. Il n'y a aucune ambiguïté dans cette communication, qui vous donne plus qu'une espérance. C'est avec assurance, et parce qu'on en a les preuves en main, qu'on vous dit que la fatale sentence a frappé un innocent dans votre mari, et que le jugement sera revisé et cassé.

Conservez précieusement ce document, madame Merson, et, pleine d'espoir, attendez le bonheur qui vous est annoncé. Sans rien dire à personne, pas même à votre fils, laissez agir vos amis inconnus.

— Oui, n'est-ce pas, monsieur Lionnet ?

Elle replaça la lettre dans le tiroir et, revenant près de M. Lionnet :

— Monsieur, dit-elle d'une voix hésitante, si je ne

craignais pas d'abuser de vos instants et si vous vouliez bien m'écouter...

— Eh bien ! madame ?

— Je vous raconterais ce qui s'est passé, il y a dix-huit ans, au château de la Pomelière, et vous sauriez ainsi comment mon mari a été accusé du crime pour lequel il a été condamné.

M. Lionnet jeta les yeux sur la pendule, dont les aiguilles marquaient onze heures moins dix minutes.

— Chère madame Merson, répondit-il, aujourd'hui, par extraordinaire, j'ai tout mon temps à moi, et je ne puis mieux l'employer qu'à écouter un récit qui m'intéressera au plus haut point.

M. Lionnet n'oubliait pas pourquoi il était venu trouver madame Merson, et, s'il lui avait demandé une explication devenue réellement nécessaire, c'est que, ne pouvant lui faire connaître la véritable raison de sa visite, il s'était vu forcé de parler d'autre chose que du duel.

Il avait beaucoup de peine à cacher son inquiétude et ses préoccupations à la mère d'Henri, et malgré cela, il tenait absolument à rester auprès d'elle jusqu'au moment où elle serait instruite de la rencontre et de ce qui en était résulté. Effrayé par ce que les journaux avaient dit de l'adversaire d'Henri, il tremblait qu'on ne ramenât à sa mère le jeune homme blessé, peut-être dangereusement.

Aussi était-il content que madame Merson le retint, et il ajouta :

— Si vous ne me trouvez pas indiscret, chère madame Merson, je m'invite sans cérémonie à déjeuner avec vous et avec Henri, si, comme vous l'espérez, il est de retour à midi.

— Ah ! vous ne savez pas quel plaisir vous me faites ! s'écria madame Merson dont la physionomie exprimait la plus vive satisfaction.

Elle sonna. La domestique, qui était déjà à sa cuisine, accourut à l'appel de sa maîtresse.

— M. Lionnet déjeunera avec nous, lui dit madame Merson, vous mettrez trois couverts, car je pense bien que mon fils ne déjeunera pas à Saint-Germain. Si quelqu'un se présentait et demandait à me voir, vous répondriez qu'on revienne dans l'après-midi ou demain. Je suis occupée avec M. Lionnet et je ne veux pas être dérangée.

— Bien, madame, dit la domestique.

Et elle disparut.

Elle était à peine rentrée dans sa cuisine qu'on sonna à la porte de l'appartement. Elle alla ouvrir et recula stupéfaite devant Geneviève très pâle, tremblante comme la feuille et le visage baigné de larmes.

La jeune fille avait eu connaissance du duel, à dix heures et demie, par un journal que son frère avait malencontreusement laissé dans sa chambre, la veille au soir, et que lui-même n'avait pas lu.

Eperdue, folle d'épouvante, ne se demandant point si elle allait agir bien ou mal, elle s'était habillée très vite, sans même jeter les yeux sur un miroir, était sortie sans prévenir personne et avait pris la première voiture sur son chemin pour se faire amener boulevard Magenta.

— Monsieur Henri, où est-il ? demanda-t-elle d'une voix étranglée.

— Mais mademoiselle... balbutia la servante tout interloquée.

— Mon Dieu ! mais répondez-moi donc ! Où est M. Henri Merson ?

— Il n'est pas ici, mademoiselle; il est allé à Saint-Germain.

— Oh ! à Saint-Germain ! Non, non, cela n'est pas, vous voulez me cacher...

— Je vous assure, mademoiselle, que je vous dis la vérité.

Geneviève regarda fixement la domestique.

— Mais, alors, reprit-elle, vous ne savez donc rien ?

— Mademoiselle, je ne comprends pas...

— Quelle heure est-il ?

— Tout près d'onze heures, mademoiselle.

— Et c'était ce matin, à neuf heures... Mon Dieu, mon Dieu !

La servante examinait la jeune fille avec ahurissement.

Geneviève ne parvenait pas à calmer son agitation, elle était haletante.

— Ainsi, reprit-elle, madame Merson et vous ne savez rien?

— Je ne sais pas de quoi vous voulez parler, mademoiselle.

— Madame Merson est-elle ici?

— Oui, mademoiselle, madame est dans sa chambre ; elle cause avec M. Lionnet.

— Ah ! mon père est avec madame Merson?

— Oui, mademoiselle, et depuis longtemps déjà. J'ai reçu l'ordre de mettre trois couverts. Car M. Lionnet déjeunera avec madame et son fils qui doit revenir de Saint-Germain.

Madame m'a dit que, très occupée avec M. Lionnet,

elle ne voulait pas être dérangée; mais je vais la prévenir que vous êtes-là.

— Non, dit vivement Geneviève, saisissant le bras de la servante, laissez madame Merson causer avec mon père.

Elle continua, se parlant à elle-même.

— Cependant, je ne peux pas m'en retourner sans savoir... Oui, oui, je veux attendre.

— Si mademoiselle désire attendre, elle peut entrer dans le cabinet de M. Merson.

— Oui, c'est cela, je préfère attendre dans le cabinet de M. Henri plutôt que dans le salon.

La jeune fille se dirigea vers le cabinet de l'architecte, et, dès qu'elle s'y fût enfermée, elle s'affaisa dans un fauteuil et, de nouveau, ses larmes coulèrent avec abondance.

XIII

OU SE COMPLÈTE LE RECIT DU VIEUX BRACONNIER

Nous allons rapporter au lecteur, aussi rapidement que possible, les parties saillantes du récit que madame Marthe Lapret fit à M. Lionnet.

Madame Lapret, dont le nom de demoiselle était Duchemin, avait quarante-cinq ans. Elle était née au château de la Pomelière où son père et sa mère étaient domestiques.

Le domaine de la Pomelière appartenait à madame la marquise de Prémorin, mère du comte Sosthène de Prémorin. Cette dame et son mari, le marquis Romain de Prémorin, avaient pris en affection la jeune Marthe Duchemin, et, lorsque celle-ci eut perdu prématurément son père et sa mère, elle fut gardée au château où, quoique n'ayant encore que treize ans, elle trouvait le moyen de se rendre utile.

A dix-huit ans, elle épousa Frédéric Lapret, depuis deux ans garde-chasse à la Pomelière.

Madame la marquise de Prémorin n'existait plus, mais le marquis était toujours très bon pour elle, il lui avait donné, au nom de la marquise défunte, une dot de quatre mille francs.

M. le marquis de Prémorin, d'ailleurs, s'était montré satisfait qu'elle épousât Frédéric Lapret, ancien militaire d'une conduite irréprochable, qui lui avait été recommandé par le colonel du régiment où il avait servi, et dont il avait fait le garde des chasses de la Pomelière.

Henri était né un an après le mariage ; elle l'avait nourri de son lait, puis, quand il eut deux ans, on l'envoya dans les Vosges, chez des parents de son père.

Tout allait bien; les deux époux, qui s'aimaient, n'ayant rien à envier, étaient heureux.

Frédéric accomplissait ses devoirs à la satisfaction de son maître, dont il avait su mériter la confiance et l'estime.

Malheureusement, le comte Sosthène, ayant atteint sa majorité, le marquis le mit en possession de l'héritage de sa mère, et il devint ainsi le maître à la Pomelière.

Lapret et sa femme n'eurent pas trop à regretter leur ancien maître, Sosthène de Prémorin ne se montrant pas moins bienveillant pour eux que ne l'avait été son père.

Mais le comte s'était marié peu de temps après et était devenu l'esclave de sa femme qui, maîtresse absolue à la Pomelière, faisait trembler tout le monde autour d'elle.

Pendant le temps des chasses, on recevait beaucoup de monde au château, mais c'étaient plutôt les amis de la comtesse que ceux du comte qui étaient invités.

L'année avant la mort de Sosthène, un des invités, ami de la comtesse, était arrivé en même temps qu'elle au château et trois jours avant le comte.

Cet invité, un tout jeune homme de vingt-quatre ou vingt-cinq ans, se nommait le baron Alphonse de Septème.

Tous les jours on chassait.

Marthe ne voyait plus son mari que le matin, avant son départ, et le soir lorsqu'il revenait très fatigué, après avoir guidé les chasseurs ou débusqué les animaux de leur gîte.

Un jour, comme la nuit commençait à venir, et que madame Lapret, assise sur le seuil de sa porte, prêtait l'oreille, espérant entendre sur le sentier le pas bien connu du garde, le baron de Septème parut tout à coup devant elle.

Poliment, elle l'invita à entrer et à s'asseoir pour se reposer un instant, car il paraissait très fatigué.

Quand il se fut assis, elle lui demanda s'il ne désirait pas se rafraîchir.

Il répondit qu'il n'avait besoin de rien. Puis, après avoir adressé à la jeune femme quelques paroles banales, il la questionna sur le comte de Prémorin, sur l'état de ses affaires, etc.

Marthe savait beaucoup de choses, mais se garda bien de satisfaire la curiosité du baron.

Alors, celui-ci, regardant cavalièrement la femme du garde, se mit à lui adresser des paroles qui la troublèrent et firent monter le rouge à son front. Elle voulut l'arrêter, il n'en devint que plus entreprenant. Elle se fâcha. L'audacieux de mit à rire. Elle allait crier lorsque le garde entra accompagné du comte, qui avait à lui donner des instructions pour le lendemain.

Le regard de Lapret alla de sa femme au jeune baron. Il comprit ce qui venait de se passer, devint très pâle et fut sur le point de se livrer à quelque violence ; car si le garde-chasse était patient et bon, il n'était pas homme à transiger sur la question de son honneur.

— Monsieur le baron de Septème, dit-il, le regard irrité, veuillez, je vous prie, répéter ce que vous disiez à ma femme lorsque je suis entré.

— Je remerciais madame Lapret d'avoir bien voulu m'accorder l'hospitalité, répondit le baron.

Et il ajouta d'un ton narquois :

— Et comme madame Lapret est tout à fait charmante, je lui adressais des compliments sur sa beauté.

Ces paroles n'étaient pas de nature à calmer la colère du mari.

Se tournant brusquement vers sa femme :

— Marthe, lui demanda-t-il, cet homme t'a-t-il manqué de respect?

— Non, répondit-elle avec embarras.

— C'est heureux, sans quoi...

— Sans quoi, qu'auriez-vous fait? riposta le baron.

— Je vous aurais tué, monsieur! répondit froidement Lapret.

— Ah! fit le baron, il paraît que messieurs les gardes-chasses se donnent le luxe de la jalousie.

Le comte de Prémorin avait froncé les sourcils.

— Septème, dit-il, Lapret est extrêmement chatouilleux sur le point d'honneur et il a raison ; si vous vous permettiez de manquer de respect à sa femme, il vous tuerait comme il vient de le dire. Mais restons-en là, je vous prie.

Le comte donna ses instructions au garde, puis s'éloigna avec M. de Septème.

Sosthène ne passait jamais devant la petite maison de Lapret sans y entrer, que celui-ci fût chez lui ou non. Il aimait à causer avec Marthe, un peu plus âgée que lui, et qu'il avait connue dès son enfance; il n'ignorait pas, d'ailleurs, que la femme du garde avait été la protégée de sa mère et que Lapret était pour lui comme il avait été pour le marquis de Prémorin, un serviteur fidèle et dévoué.

Avec Marthe ou avec Frédéric, il causait longuement du passé et de son père, qu'il n'avait pas cessé d'aimer quoiqu'ils se fussent brouillés.

Avec Marthe seule, il était plus expansif et ne craignait pas de se plaindre de la comtesse et de lui parler avec une certaine amertume de ses chagrins domestiques. Il regrettait de ne pas avoir écouté, quand il en était temps encore, les sages et paternelles remontrances du marquis. Il ne cachait pas à Marthe qu'il marchait à grands pas vers la ruine.

— Oui, disait-il tristement, j'ai rompu avec mon père, j'ai sacrifié ma fortune, mon avenir, et, quand je me reporte à ces jours où je suis devenu l'esclave d'une femme, je trouve que les plaisirs troublés dont il m'a été donné de jouir pèsent bien peu dans la balance en comparaison des tristesses qui me vieillissent avant l'âge.

Je porte une lourde chaîne, je voudrais la briser mais toujours la force me manque. Ah! comme l'homme est faible et lâche! Et puis, il y a tant de choses qui arrêtent : l'amour-propre, le respect humain, la puissance de l'habitude.

Reprendre ma liberté! Qu'en ferais-je?

Je souffre et je ne puis me passer de ma souffrance.

Il ne faut pas chercher la logique de la raison dans

un cœur qu'une folle passion a envahi. Je n'ai plus qu'à me laisser aller, il faut que ma destinée s'accomplisse !

Quand Sosthène parlait ainsi à Marthe, il avait la conviction que la comtesse le trompait et qu'elle avait le baron de Septème pour amant.

C'était peu de temps avant le 4 octobre, jour où le malheureux comte, frappé d'une balle en pleine poitrine, avait déclaré, avant de mourir, que le garde-chasse Lapret était son meurtrier.

Ce n'est que vers huit heures du soir que le garde et sa femme apprirent la mort de leur maître, quand les gendarmes vinrent arrêter l'innocent.

Quel coup de foudre pour les deux malheureux !

D'abord ils restèrent pendant un long instant frappés de stupeur.

Enfin Lapret s'écria :

— M'accuser d'un pareil crime, moi, mais c'est horrible !

— Le comte vous a vu le mettre en joue et tirer sur lui.

— Non, non, protesta le garde, je n'ai pas vu M. le comte dans l'après-midi, et il n'a pu me voir, puisque, par son ordre, j'étais à l'extrémité de la forêt.

Marthe, affolée, ne cessait de crier :

— C'est faux, c'est une infamie, mon mari est innocent ! On nous en veut, il y a un complot contre mon mari, on veut nous perdre !

— Où est votre fusil ? demanda le brigadier au garde.

Lapret jeta les yeux sur la place que son fusil occupait d'habitude.

— Oh ! oh ! fit-il.

Le fusil avait disparu.

— Ce matin, reprit Lapret, je suis sorti à dix heures, laissant mon fusil suspendu à ce clou.

— Oui, dit Marthe, et, à une heure de l'après-midi, il était encore là, j'en suis sûre, je l'ai vu. Je suis allée jusqu'au château où l'on m'avait fait demander; c'est donc en mon absence que quelqu'un est entré chez nous et a pris le fusil.

— Etait-il chargé? demanda le gendarme.

— Oui, répondit Lapret.

— Comment?

— De deux balles.

— Pourquoi l'aviez-vous chargé ainsi?

— Pour tuer une louve que j'ai vue avant-hier, près de l'étang des Iris, et qui se tient dans les épais fourrés du Vert-Bois.

— Vous refusez de nous dire où est votre fusil?

— Mais je n'en sais rien, monsieur le brigadier; vous avez entendu ma femme, quelqu'un est venu le prendre ici.

Bref, malgré les supplications de Marthe, ses cris de douleur, ses larmes, les protestations énergiques du garde, les gendarmes emmenèrent le malheureux.

La jeune femme s'affaissa à demi évanouie; mais, revenant bientôt au sentiment de l'épouvantable réalité, et retrouvant en même temps tout son sang-froid, elle courut au château. On refusa de la recevoir. Elle y revint le lendemain matin. On la chassa honteusement en l'appelant femme d'un lâche assassin.

Dans cette matinée, le lecteur le sait, le fusil du garde fut retrouvé, ayant un coup déchargé, dans une cabane-abri, au milieu du bois.

A l'endroit où le coup avait été tiré, on retrouva aussi la bourre, à demi brûlée par la poudre.

Frédéric Lapret avait été d'abord conduit à Mortagne, puis écroué à la prison de la ville de Caen.

Marthe vint s'installer à Caen, dans une petite chambre d'hôtel et y resta jusqu'après la condamnation de son mari.

Elle avait fait vendre son mobilier; le produit de cette vente vint s'ajouter aux économies qu'elle et son mari avaient faites, et elle se trouva à la tête de deux mille francs.

Elle alla chercher son fils dans les Vosges.

Les parents de Lapret ne savaient rien de ce qui était arrivé.

En ce temps-là, on ne lisait pas les journaux partout comme aujourd'hui.

Marthe se garda bien d'instruire la famille de son mari de leur malheur.

Elle emmena Henri et vint, comme nous l'avons dit, se réfugier à Bercy, sous le nom de Merson ; et sans avoir besoin de dire qu'elle était veuve, ses vêtements de grand deuil le firent comprendre.

Henri était jeune, il s'étonna à peine de son changement de nom, et oublia peu à peu que le nom de son père était Lapret.

*
* *

M. Lionnet avait écouté le récit de la mère d'Henri avec une grande attention, en proie à une émotion croissante et sans l'interrompre ; cependant quand elle avait parlé du baron de Septème, il n'avait pu retenir une exclamation de surprise.

Madame Lapret s'était arrêtée et, regardant le négociant :

— Est-ce que vous connaissez M. de Septème? demanda-t-elle.

— De nom seulement, madame; mais continuez, je vous prie; je vous écoute avec le plus vif intérêt.

Elle acheva de raconter sa douloureuse histoire.

Ses dernières paroles furent suivies d'un assez long silence.

— Chère madame, reprit M. Lionnet, avant d'avoir lu ces journaux que vous devez me remettre, je vois à peu près comment l'instruction de l'affaire a été conduite, ce qui s'est passé à la cour d'assises, et je comprends comment votre mari, non coupable, a pu être condamné. En effet, tout se réunissait pour écraser le malheureux, qui ne pouvait se défendre autrement qu'en protestant de son innocence.

Les magistrats se sont habilement servis de ces paroles prononcées par M. Lapret et qu'il a peut-être répétées :

« Si un homme manquait de respect à ma femme, c'est-à-dire attentait à mon honneur, je le tuerais ! »

Votre mari a été présenté comme un homme ombrageux se laissant facilement égarer, entraîner par la jalousie.

— Oui, monsieur.

— On a dit qu'il avait pris ombrage des visites que vous faisait M. le comte de Prémorin, de l'espèce de familiarité qui existait entre vous et votre maître.

— On a dit cela, monsieur Lionnet.

— Alors on a voulu voir votre mari soupçonnant le jeune comte de mauvaises intentions à votre égard ; enfin on l'a montré préméditant sa vengeance et commettant le crime dans un accès de jalousie sauvage.

— Hélas !

Il y a aussi la déclaration faite par la victime avant de mourir.

« J'ai vu Lapret me mettre en joue et faire feu, » a-t-il dit.

— Mon mari, pas plus que moi, n'a pu comprendre pourquoi M. le comte l'avait accusé.

— M. le comte de Prémorin n'a probablement pas vu le misérable qui l'a tué. L'accusation qu'il a portée contre votre mari ne peut donc être attribuée qu'à un trouble cérébral ou bien encore à une hallucination qu'il a eue à l'instant où la balle l'a frapppé. Quoi qu'il en soit, ses paroles ne pouvaient qu'être terribles pour votre mari.

— L'avocat qui l'a défendu. monsieur Lionnet, a dit comme vous que c'était dans un moment d'hallucination que M. le comte avait cru voir le garde Lapret.

— L'avocat aurait certainement plaidé l'hallucination avec succès, si l'on n'avait pas présenté M. Lapret comme un mari ombrageux, jaloux, capable de tuer celui qui manquerait de respect à sa femme.

— C'est vrai, monsieur Lionnet, c'est vrai, c'est bien vrai !

Mon pauvre mari a eu beau dire que jamais il n'avait conçu de soupçons injurieux contre M. le comte et moi, que jamais une parole aigre n'avait été échangée entre lui et moi au sujet de notre maître, que, bien au contraire, il était fier et honoré des visites que M. le comte voulait bien faire de temps en temps à sa femme et à lui, on n'a pas voulu le croire.

Tout ce qu'il a dit, je l'ai répété, et on n'a pas voulu me croire non plus !

L'avocat a été très chaleureux, très éloquent dans sa défense. Il a longuement parlé des bons antécédents de Frédéric, de ses campagnes en Afrique où il était sous-officier.

— C'était un excellent soldat, a-t-il dit ; il n'a jamais eu une seule punition, et la preuve qu'il était estimé et aimé au régiment, c'est qu'il fut recommandé à M. de Prémorin par son colonel.

Frédéric Lapret, a dit encore l'avocat, adorait ses maîtres ; il était un de ces bons serviteurs sur le dévouement desquels on peut compter. Du reste, monsieur Lionnet, vous lirez la plaidoierie de l'avocat.

Hélas ! il a vainement demandé l'acquittement de mon mari, convaincu qu'il était de son innocence, mon pauvre Frédéric a été condamné.

De nouvelles larmes jaillirent des yeux de madame Lapret.

M. Lionnet jetait de temps à autre les yeux sur la pendule. Il allait être midi, et toujours pas de nouvelle d'Henri. Il fallait prendre patience.

— Chère madame, reprit M. Lionnet, quand vous m'avez parlé des bontés que la marquise et le marquis de Prémorin avaient eues pour vous, il m'est venu aussitôt une idée.

— Quelle idée, monsieur Lionnet ?

— Que votre protecteur inconnu était M. le marquis de Prémorin.

La mère d'Henri resta un instant silencieuse et répondit :

— J'ai eu aussi cette pensée, mais je ne l'ai pas gardée, en me disant que M. le marquis ne se serait pas caché de moi pour me venir en aide. Et puis, M. le marquis de Prémorin croit que c'est Frédéric Lapret qui a tué son fils ; est-ce qu'il aurait pu songer à faire du bien à la femme d'un homme qui n'est pour lui qu'un misérable assassin ?

— Qui sait, madame Merson ?

— Non, non, fit-elle en secouant la tête, ce n'est pas lui. Ah ! si M. le marquis de Prémorin n'avait pas complètement oublié la petite Marthe Duchemin, ce n'est pas de l'argent seulement qu'il aurait fait parvenir à la femme et au fils du condamné, il serait venu lui-même consoler la pauvre Marthe dans son malheur.

XIV

UNE PAGE D'AMOUR

A onze heures et demie, pendant que madame Merson racontait son histoire à M. Lionnet, son fils était rentré sans sonner, ayant toujours dans sa poche une clef de l'appartement.

Il eût été difficile de découvrir sur son visage une trace des émotions qu'il avaient éprouvées, il avait même l'air souriant.

Il marcha droit à la salle à manger, où il entendait du bruit.

La domestique achevait de mettre la table.

Henri remarqua qu'il y avait trois couverts.

— Tiens, fit-il presque gaiement, qui donc ma mère a-t-elle pour convive ce matin ?

— M. Lionnet, répondit la servante.

— Quoi, M. Lionnet est ici ?

— Oui, monsieur, et en grande conférence avec madame, qui l'a retenu à déjeuner.

Le jeune homme passa la main sur son front. Il comprenait pourquoi M. Lionnet était venu trouver sa mère.

— Victorine, reprit-il avec inquiétude, comment va ma mère, ce matin ?

— Madame va très bien, monsieur, comme toujours.

— Ah ! elle ne sait rien, pensa-t-il. M. Lionnet a eu la prudence de garder le silence.

Et il respira avec force comme s'il se fut débarrassé d'un poids énorme qu'il avait sur la poitrine.

— Eh bien, Victorine, dit-il, je ne veux pas interrompre la conversation de M. Lionnet avec ma mère. Quand votre maîtresse vous sonnera, vous la préviendrez que je suis rentré.

— Oui, monsieur.

Le jeune homme allait sortir de la salle à manger

— Monsieur Henri, dit Victorine.

— Eh bien ? fit-il en se retournant.

— Il y a dans votre bureau une personne qui vous attend.

— C'est bien, merci.

— Monsieur Henri, attendez-donc que je vous dise.

— Quoi?

— La personne qui est dans votre bureau... c'est... mademoiselle Geneviève Lionnet.

— Mademoiselle Geneviève ici ! fit le jeune homme d'une voix troublée, et elle m'attend dans mon cabinet ! Est-ce qu'elle est venue avec son père?

— Non, monsieur Henri, elle est arrivée seule et longtemps après M. Lionnet. La chère demoiselle était dans un état à faire pitié : elle pleurait, tremblait, était comme folle. Elle m'a demandé où vous étiez ; je lui ai répondu que vous étiez à Saint-Germain ; elle ne voulait pas me croire. Enfin elle a dit qu'elle ne s'en retournerait pas sans savoir... Sans savoir quoi? Je n'ai rien compris à ce qu'elle me disait.

Victorine parlait encore que le jeune homme était déjà dans son cabinet.

A sa vue, Geneviève poussa un cri de joie, se dressa comme mue par un ressort, et, n'obéissant qu'aux impulsions de son cœur, elle s'élança au cou du jeune homme.

— C'est vous, c'est vous! s'écria-t-elle; je ne tremble plus, je n'ai plus peur... Ah! si vous saviez... Mais maintenant... Mon Dieu, comme je suis heureuse!...

Et elle éclata en sanglots.

Henri la tenait dans ses bras, la pressait contre son cœur, et, deux fois, il l'avait baisée au front.

— Chère Geneviève, ma Geneviève bien-aimée, calmez-vous, ne pleurez pas ainsi, je vous en supplie.

Toute rougissante, elle se dégagea doucement et essuya ses yeux.

— Monsieur Henri, reprit-elle, je ne sais pas si j'ai eu tort de venir ici et de vous attendre, peut-être ai-je été bien hardie; mais vous ne trouverez pas mal...

— Ah! mademoiselle Geneviève, l'interrompit-il vivement, je trouverai toujours bien tout ce que vous pourrez dire et faire.

— Voyez-vous, monsieur Henri, j'étais folle; oui la peur avait troublé ma raison, je ne savais plus ce que je faisais. Ce journal que j'ai lu... Ainsi, vous étiez bien allé à Saint-Germain, comme Victorine me l'a dit? Mais pourquoi cet article du journal? Ce duel, ce n'était pas vrai?

— Mademoiselle Geneviève, répondit gravement le jeune homme, le journal que vous avez lu ne vous a pas trompée : ce matin à neuf heures, au Vésinet, je me suis battu en duel avec un monsieur que j'ai vu avant-hier pour la première fois, et qui se nomme le baron de Septème.

— Mon Dieu ! exclama-t-elle avec effroi.

Elle était redevenue très pale.

Elle lui prit les mains, toucha ses bras, examina sa poitrine.

— Henri, fit-elle encore toute tremblante, vous n'êtes pas blessé ?

— Rassurez-vous, ma chère Geneviève ; vous le voyez, pas une égratignure ; c'est moi, au contraire, qui ai blessé mon adversaire.

Elle le regarda avec une tendresse mêlée d'admiration.

— Ah ! fit-elle les yeux irradiés, vous avez blessé ce monsieur de Septème, vous êtes vainqueur de cet homme qui est, dit le journal, de première force à l'épée et au pistolet, qui a eu quinze ou vingt duels dans sa vie, et a même tué trois de ses adversaires ! Vous comprenez, monsieur Henri, pourquoi j'étais si fort épouvantée.

Le jeune homme saisit la main de Geneviève et la serrant doucement :

— Chère Geneviève, chère adorée ! murmura-t-il.

Il la contemplait avec amour, ravi, comme en extase.

Il continua :

— M. de Septème est, en effet, un homme d'une force très supérieure à l'épée et j'ai vu le moment où il allait me tuer.

— Ah ! vous me faites frémir !

— Que s'est-il passé en lui, de quel malaise subit

a-t-il été saisi? Je ne sais. Quoiqu'il en soit, comme sa lame menaçait ma poitrine, son bras est tout à coup resté immobile et la pointe de mon épée lui a percé la main.

— Dieu veillait sur vous, monsieur Henri.

— Dieu ou vous, mademoiselle Geneviève, qui êtes la douce et bonne fée qui me protège.

Le rouge monta de nouveau au front de la jeune fille et, pendant un instant, ses yeux restèrent baissés.

— Monsieur Henri, reprit-elle, savez-vous que mon père est ici et qu'il cause avec madame Merson ?

— Oui, je le sais.

— Je ne peux pas attendre mon père, que madame Merson a invité à déjeuner; maintenant que je vous ai vu, que je suis rassurée, je vais vous quitter.

— Oh ! non, ne vous en allez pas, répondit-il avec vivacité, permettez-moi de vous retenir.

— Mais, monsieur Henri, balbutia-t-elle.

— Mademoiselle Geneviève, restez et écoutez-moi ; je ne peux pas laisser échapper cette occasion qui s'offre à moi de vous parler à cœur ouvert; il faut que je m'explique devant vous franchement, loyalement, en toute sincérité.

Vous avez eu le droit de trouver ma conduite singulière ; après vous avoir fait l'aveu de l'amour que vous m'avez inspiré, après vous avoir dit que je ne vivais et ne voulais vivre que pour vous, je me suis brusquement éloigné de la maison de votre père et, imposant silence aux révoltes de mon cœur et de mon âme, j'ai mis tous mes soins à éviter de vous rencontrer ou de me trouver seul avec vous.

Vous avez pu croire que mes sentiments à votre

égard n'étaient plus les mêmes ; si vous avez cru cela, mademoiselle Geneviève, vous vous êtes trompée.

— Je ne l'ai pas cru, monsieur Henri.

— Ah ! merci ; au moins, vous ne m'avez pas mal jugé.

Il continua avec une expression de tendresse infinie :

— Geneviève, chère Geneviève, je n'ai pas cessé un seul instant de penser à vous ; je vous aime toujours de toute la force qui est dans mon âme, plus que jamais, vous êtes ma Geneviève adorée, vous êtes ma vie, car la vie ne peut me paraître belle que par vous ; tout mon espoir reste en vous, vous êtes la lumière qui me guide vers l'avenir. Si je cessais de vous aimer, ma Geneviève, je ne serais plus rien, et si je vous perdais, je ne pourrais plus vivre !

Elle l'écoutait, le regardant les yeux dans les yeux, et les soulèvements rapides de sa poitrine trahissaient la violence de son émotion.

— Que de fois, continua-t-il, conduit par mon cœur, j'ai pris le chemin du faubourg Saint-Antoine ; près d'arriver, me rappelant une promesse faite à ma mère, je revenais sur mes pas lentement, tristement, la tête inclinée sur ma poitrine. Ah ! vous ne saurez jamais ce que j'ai souffert de ne plus vous voir, et en pensant surtout que vous aviez le droit de m'accuser, de douter de mon cœur.

J'aime ma mère, je la respecte comme un bon fils doit respecter une mère vénérée, et j'ai en elle une confiance aussi grande que celle que j'ai en vous. Vous savez ce qu'elle a fait pour moi dès mon plus jeune âge, vous connaissez sa tendresse pour son fils, son dévouement, son abnégation; si j'oubliais ce que je lui dois, je serais un monstre d'ingratitude, et ma Geneviève serait la première à ne plus m'estimer.

Eh bien, ma mère m'a supplié de m'éloigner de vous, de ne plus penser à vous, de cesser de vous aimer.

— « C'est un malheur, m'a-t-elle dit, un très grand malheur que tu aimes mademoiselle Lionnet, car tu ne peux pas songer à l'épouser, cet espoir t'est absolument défendu, et c'est autant dans l'intérêt de mademoiselle Geneviève que dans le tien que tu dois t'éloigner d'elle, te guérir de ton amour et ne plus penser à une union impossible.

Entre mademoiselle Lionnet et toi, il y a un obstacle, et cet obstacle est tel que rien au monde ne peut te le faire franchir.

J'aurais voulu savoir quelle était cette chose formidable qui se plaçait entre vous et moi; mais, sur ce point, ma mère s'obstina à garder le silence. J'ai compris qu'elle avait un secret qu'elle voulait cacher. Ah! il faut qu'il soit bien terrible, ce secret, puisque ma mère n'a pas osé me le révéler.

Maintenant, Geneviève, ma conduite vous est expliquée. Il n'y avait pas que moi, il y avait vous aussi, dont la tranquillité, le bonheur, l'avenir étaient menacés; je compris que je devais obéir à ma mère.

— Henri, répondit la jeune fille tristement et d'une voix oppressée, je n'ai jamais douté de votre cœur et n'ai pu vous soupçonner d'indifférence à mon égard; je savais pourquoi vous vous éloigniez de moi, car madame Merson m'avait tenu à peu près le même langage qu'à vous.

— Quoi, vous saviez?...

— Oui, Henri.

Il resta un moment silencieux et reprit :

— Geneviève, je ne vous demande pas si, malgré ce que vous a dit ma mère, vous m'aimez toujours.

— Vous n'avez pas à vous le demander, Henri.

— Oui, car votre présence ici, la cause qui vous y a amenée et l'accueil que vous m'avez fait me le disent éloquemment. Chère Geneviève, c'est parce que vous êtes venue ici, que vous avez tremblé pour ma vie, que je me suis permis de vous ouvrir mon cœur.

— Hélas ! Henri, une affreuse fatalité pèse sur nous : nous nous aimons et nous ne devons pas nous aimer !

— Geneviève, ma bien-aimée, quelque chose me dit que cette chose terrible qui se met entre nous disparaîtra. S'il faut pour cela un miracle, Dieu le fera pour nous !

— Ah ! qu'il le fasse, Henri, qu'il le fasse donc !

— Écoutez, Geneviève, je crois à cette voix mystérieuse qui parle en moi et je dois y croire, car, dès avant-hier soir, hier toute la journée et ce matin encore sur le terrain, l'épée à la main, elle n'a pas cessé de se faire entendre. Constamment, elle me disait :

« Si redoutable que soit ton adversaire, tu n'as rien à craindre ; ta vie est sacrée, car elle appartient à celle que tu aimes ! Sois sans effroi ; Geneviève est là, Geneviève te protège ! Dès le début du combat, je vis que l'intention de M. de Septème était de me tuer ; eh bien, malgré cela, je n'ai pas tremblé... C'est que je pensais à vous, Geneviève. Et la voix me répétait encore : Ne crains rien !... »

*
* *

L'heure du déjeuner était arrivée.

Madame Merson sonna.

Victorine s'empressa de répondre à l'appel de sa maîtresse.

— Mon fils est-il de retour ? demanda madame Merson.

— Oui, madame, depuis environ une demi-heure ; il est dans son bureau.

La figure de M. Lionnet s'épanouit et il laissa échapper un soupir de soulagement.

— Victorine, reprit madame Merson, est-ce que mon fils s'est déjà remis à travailler ?

— Je ne le crois pas, madame. M. Henri cause avec... une personne qui l'attendait.

— Ah !... Et quelle est cette personne ?

La servante parut embarrassée.

— Je ne sais pas, fit-elle, si je dois dire à madame et à monsieur Lionnet...

— Dites, Victorine, dites !

— M. Henri est avec mademoiselle Geneviève.

Madame Merson ne put réprimer un mouvement de surprise, et, se tournant vers M. Lionnet, elle l'interrogea du regard.

— J'ignorais que ma fille fût ici, répondit le négociant, mais je n'en suis pas étonné, car je devine pourquoi elle est venue. Le même motif, chère madame, une anxiété cruelle, a amené chez vous, ce matin, Geneviève et son père. Maintenant que nous n'avons plus rien à redouter, je n'ai plus à vous le cacher, madame, votre fils vient de se battre en duel.

— Ciel ! que me dites-vous ?

— La vérité, madame.

— Un duel! un duel!... Et je l'ignorais! Henri a réussi à me le cacher!

— Vous devez reconnaître, chère madame, que votre fils n'a pas eu tort de vous épargner de douloureuses inquiétudes.

— Oui, vous avez raison... mais vous, monsieur, pourquoi ne m'avez-vous rien dit de cela en arrivant?

— Parce que j'ai vu que vous ne saviez rien; mon amitié pour vous l'a emporté sur mes craintes que je suis parvenu à vous dissimuler, en vous entretenant d'une autre chose qui me tenait également au cœur.

— Je ne puis vous en vouloir d'avoir gardé le silence sur ce duel. Savez-vous avec qui mon fils s'est battu?

— Oui, madame; Henri avait pour adversaire le baron de Septème.

Madame Merson tressaillit dans tout son être, puis resta un instant sans voix, les yeux effarés, immobile comme une statue...

Enfin elle se secoua, passa sa main sur son front et murmura sourdement :

— Oh! cet homme, encore cet homme!

Et elle s'élança hors de sa chambre en criant :

— Venez, monsieur Lionnet, venez!

Elle pénétra comme une bombe dans le cabinet de son fils. Aussitôt, ces deux exclamations se croisèrent :

— Henri!

— Ma mère!

La mère et le fils se précipitèrent dans les bras l'un de l'autre.

Geneviève s'était vivement retirée dans un coin de

la pièce où tremblante, la tête baissée, elle semblait vouloir se dérober aux regards de madame Merson.

M. Lionnet entra à son tour dans le cabinet et alla prendre la main de sa fille.

— Oh ! mon père, dit-elle, pardonnez-moi !

— Rassure-toi, mon enfant, je ne te blâme point.

Attirant Geneviève vers la mère d'Henri, il reprit :

— Madame Merson, ma fille craint que vous vous trouviez offensée de sa présence ici.

— Oh ! chère enfant, chère enfant ! s'écria la mère d'Henri.

Et prenant la jeune fille dans ses bras, elle lui mit un baiser sur le front.

Alors M. Lionnet saisit la main du jeune homme et lui dit :

— Mon cher Henri, nous venons, madame Merson et moi, de causer longuement et très sérieusement; votre mère ne vous défend plus d'aimer Geneviève.

— Ah ! ma mère, ma mère ! exclama le jeune homme, le regard rayonnant.

— Je connais l'obstacle qui vous sépare de ma fille, mon ami, continua M. Lionnet; mais nous avons le ferme espoir, madame Merson et moi, que bientôt il n'existera plus.

Geneviève et Henri se regardèrent. Les yeux de celui-ci semblaient dire :

— Vous voyez que la voix mystérieuse qui parle en moi ne me trompe point.

— En attendant, cependant, et jusqu'à nouvel ordre, poursuivit M. Lionnet, nous pensons, mon cher Henri, votre mère et moi, que vous devez vous abstenir de revenir au faubourg. Mais je tiens à vous renouveler, en ce moment, la promesse que je vous ai faite; Henri, Geneviève sera votre femme!

Les deux amoureux s'étaient tendu la main.

— Mes enfants, dit la femme du condamné d'une voix étranglée par l'émotion, je vous bénis! Que Dieu, qui peut tout, fasse triompher notre cause et vous donne le bonheur!

Avons-nous besoin de dire que, sur l'ordre de sa maîtresse, Victorine eut bientôt mis un quatrième couvert sur la table?

XV

DEUX COMPLICES

Le jour même de son duel avec M. de Septème et le lendemain, le jeune architecte eut la visite d'un grand nombre de ses amis et camarades qui vinrent lui serrer la main et le féliciter de sa victoire.

Henri fut profondément touché de ces témoignages de véritable sympathie, d'amitié sincère.

Mais, en dehors de ses amis, il reçut de nombreuses cartes de visite de personnes qui le connaissaient et de gens qu'il ne connaissait pas du tout et dont les noms lui étaient inconnus. Il comprit que son duel avait fait grand bruit dans la ville et qu'on s'était vivement intéressé à lui.

En effet, le nom du baron de Septème, homme qui avait perdu depuis longtemps l'estime des honnêtes gens, avait attiré l'attention sur Henri Merson et mis subitement en relief sa personnalité. L'antipathie qu'inspirait M. de Septème établissait d'autant plus le courant sympathique qui entraînait vers le jeune architecte.

On le plaignait d'avoir rencontré sur son chemin le

terrible duelliste, et chacun faisait des vœux pour qu'il ne fût pas une nouvelle victime de ce trop fameux baron, généralement méprisé et qu'on considérait un peu comme un spadassin.

Quand on apprit comment s'était terminé le duel, ceux qui s'étaient intéressés à Henri Merson sentirent aussitôt leur poitrine se dilater. On s'enthousiasma pour le jeune architecte, on exalta son courage, sa bravoure; on le portait jusqu'aux nues, on faisait de lui un héros.

Ce que le baron perdait encore de sa dignité et de son honneur aux yeux du monde, Henri le gagnait au centuple en estime et en considération.

Le jeune architecte, presque inconnu la veille, était devenu célèbre en vingt-quatre heures.

Il en est souvent ainsi : une circonstance inattendue, un événement imprévu met un homme en évidence et le tire d'un seul coup de son obscurité.

Ce n'était pas là, certainement, ce qu'avait voulu le baron de Verboise en lançant M. de Septème sur Henri Merson, comme un loup affamé sur un agneau.

Aussi, quand il apprit que le triste personnage sur lequel il avait compté pour déblayer son chemin, non seulement n'avait pas tué son odieux rival, comme il l'espérait, mais s'était laissé blesser par son adversaire, il poussa des hurlements de rage et, les lèvres écumantes, ne trouva pas, dans les différentes langues qu'il connaissait, assez d'imprécations à vomir.

Ce fut bien pis encore quand il sut, par la lecture des journaux, qu'il n'avait réussi qu'à parer le triomphe de son ennemi, comme dans la légende biblique d'Esther, et à faire élever sur le pavois son rival exécré.

Mais qu'eût-ce donc été si on était venu lui dire que ses manœuvres criminelles avaient eu cet autre résultat de rapprocher Henri de Geneviève et de fournir un aliment nouveau à leur amour ?

Malheureusement, le misérable n'était pas homme à renoncer à ses projets. Il avait juré que n'importe par quels moyens, n'importe à quel prix, il aurait les millions de la marquise de Saulieu.

— C'est bon, c'est bon, se dit-il en grinçant des dents, j'aurai ma revanche, et rira bien qui rira le dernier !

Parmi les cartes de visite qu'avait reçues Henri Merson, une, particulièrement, avait à ses yeux un prix inestimable.

C'était celle de la marquise de Saulieu.

La vieille dame y avait écrit de sa main :

« Mon jeune ami,

» Hier, j'ai été dans une grande inquiétude ; aussi ai-je beaucoup prié pour vous.

» Maintenant, mon pauvre vieux cœur meurtri est aussi heureux qu'il peut l'être. »

Le jeune homme lisait à peu près tous les journaux qui parlaient de son duel. Il est probable qu'il ne les aurait pas achetés, mais ses amis s'empressaient de les lui envoyer.

Sa modestie eut à souffrir. Il était tout confus de la sympathie unanime dont il était l'objet dans la presse parisienne, et il rougissait comme un enfant des choses élogieuses qu'on disait de lui.

Il ne comprenait pas qu'on s'intéressât ainsi à son humble personne ; il n'avait point le mérite et les talents qu'on lui donnait, il était loin encore d'être ce qu'on voulait qu'il fût.

Assurément, il était très sensible à tout le bien qu'on pensait de lui et il s'en montrait ému jusqu'aux larmes.

— Mais, disait-il à sa mère et à ses amis, je n'ai rien fait pour mériter une pareille sympathie, pour avoir des droits à tant de compliments flatteurs !

Si, il avait fait quelque chose : il avait blessé, mis hors de combat le terrible bretteur qui avait amassé contre lui d'implacables rancunes, et on l'exaltait pour faire mieux sentir à M. de Septème qu'il était détesté et que, n'ayant plus l'estime de personne, il était mis depuis longtemps au ban de la société.

Un journal mondain, le plus en faveur auprès du grand public, publia les lignes suivantes :

« Hier matin, à neuf heures, au Vésinet, a eu lieu la » rencontre entre le jeune et très sympathique ar- » chitecte Henri Merson et le baron Alphonse de Sep- » tème, rencontre dont nous avons entretenu nos lec- » teurs dans le précédent numéro de notre journal.

» M. de Septème est trop connu et a laissé derrière » lui assez de souvenirs pénibles pour que nous rap- » pelions ici son déplorable passé, les aventures scan- » daleuses et peu honorables dont il a été le triste » héros.

» Depuis quelques années, il n'avait pas trouvé le » moyen de faire parler de lui, on l'avait oublié; » c'était un soulagement pour les honnêtes gens qui » l'ont connu autrefois.

» Il y a des hommes qui devraient s'ensevelir dans une » retraite profonde et ignorée afin de se soustraire à » jamais à l'attention du monde; M. de Septème est

» de ces hommes et il aurait dû comprendre qu'il y a » des cendres qu'il est dangereux de remuer.

» Mais ce baron, si tristement célèbre, ne veut pas » qu'on l'oublie, et il a la rage de vouloir qu'on parle » de lui. Pour cela, il lui fallait un nouveau duel ; il » l'a cherché et trouvé dans cette scène de café que » nous avons racontée et qui n'est pas à son avan- » tage.

» On nous a assuré que M. de Septème avait l'in- » tention bien arrêtée de tuer son adversaire ; il n'en » est que plus odieux.

» M. Henri Merson est un grand et beau jeune » homme de vingt six ans : caractère doux et bien- » veillant ; figure mâle, énergique, très expressive et en » même temps très sympathique ; le regard est pro- « fond, chercheur, et le front, haut et large, est celui » d'un savant, d'un penseur.

» M. Henri Merson a été un des plus brillants » élèves de l'école des Beaux-Arts ; déjà connu par des » travaux remarquables, un magnifique avenir s'ou- » vre devant lui ; en effet, à peine au début de sa car- » rière, il nous promet un architecte d'un rare mé- » rite.

» Ajoutons que M. Henri Merson a une vieille mère » dont il est le soutien et l'orgueil.

» Nos lecteurs comprennent pourquoi, dès avant- » hier, toutes nos sympathies étaient acquises à l'ad- » versaire du baron de Septème.

» Mais revenons à la rencontre.

» Enfin, cette fois, le fameux duelliste, qui se cro- » yait invincible, a trouvé son maître ; celui dont il vou- » lait faire sa quatrième victime l'a blessé sérieuse- » ment à la main droite et mis hors de combat.

» Bravo ! monsieur Henri Merson ! Nous vous » adressons nos félicitations les plus sincères ; avec » nous, tous les cœurs honnêtes vous applaudissent. » Bravo ! bravo !

» Puisse la sévère leçon qui vient de lui être don- » née faire comprendre à M. le baron de Septème » qu'il est fini depuis longtemps, qu'il n'a plus » aucun rôle à jouer, et que ce qu'il a de mieux à » faire maintenant est de s'envelopper pour toujours » dans un suaire. »

Charlotte Letellier, comtesse de Prémorin, lut cet article presque avec épouvante et en tremblant de frayeur.

Ceux qui n'ont pas la conscience tranquille sont toujours assaillis de toutes sortes de craintes.

La comtesse de Prémorin était dans ce cas, car elle redoutait fort qu'on ne fouillât dans son passé, qui était inséparable de celui du baron de Septème

— Mais Septème est donc fou ! s'écria-t-elle en proie à une agitation fiévreuse; qu'avait-il besoin de ce duel? il ne veut donc pas comprendre qu'il a tout intérêt à se faire oublier, que sa sécurité exige que le silence complet se fasse autour de son nom, malheureusement trop connu !

La comtesse était loin de se douter que son ancien amant n'était sorti de la prudente réserve qu'il s'était imposée que pour mettre son habileté de bretteur au service du baron de Verboise. Mais, eût-elle su cela, que sa colère ne se serait pas apaisée.

Elle donna l'ordre d'atteler, procéda rapidement à sa toilette et se trouva prête quand on vint lui annoncer que son coupé l'attendait.

Vingt minutes après elle arrivait rue de Trévise et

mettait pied à terre devant la maison où le baron de Septème avait son appartement de garçon, au deuxième étage.

La comtesse trouva le baron levé. A demi étendu sur une causeuse, il fumait son cigare. Sa main blessée, entourée de bandelettes, était dans une écharpe.

Il salua son ancienne maîtresse par un mouvement de tête, et, sans se déranger autrement, lui indiqua un siège.

— Ma chère comtesse, dit-il, je suis charmé de vous voir ; votre visite me fait grand plaisir ; vous avez pensé que je devais m'ennuyer mortellement d'être forcé de garder la chambre, et vous êtes venue pour me distraire un instant : voilà une charmante intention dont je vous sais un gré infini.

— Et cette blessure ? demanda la comtesse.

— Une écorchure, presque rien, cela ne vaut pas la peine d'en parler ; dans quelques jours il n'y paraîtra plus.

— Ainsi, vous, le fort des forts, vous avez permis à votre adversaire de vous blesser, sans que lui-même ait reçu une égratignure ?

— Eh bien oui, c'est comme cela, j'ai trouvé mon maître ; que voulez-vous, il y a des jours où l'on est mal disposé.

— Qu'est-ce que c'est que cet Henri Merson ?

— Un architecte.

— Je sais qu'il est architecte ; je vous demande ce qu'il est comme homme.

— Mais il est fort bien, et j'ajoute que c'est un charmant garçon, qui a de nombreux amis.

— Il y a longtemps que vous le connaissez ?

— Je ne l'avais jamais vu avant la scène qui a précédé la provocation.

Tous les journaux parlent de ce duel; les lisez-vous ?

Le baron montra sur une table une litière de feuilles quotidiennes.

— Alors, reprit la comtesse, vous savez ce que l'on dit de vous ?

— Parfaitement.

— Et vous n'êtes pas plus ému que cela de la façon dont on vous traite ?

— A quoi me servirait de rugir de fureur ou de me cogner la tête contre les murs ? Il faut laisser faire ce que l'on ne peut pas empêcher.

— Voilà une admirable philosophie.

— C'est elle qui me console.

La comtesse haussa les épaules.

— Ma chère, reprit le baron, les journaux disent ce qu'ils veulent; on en prend et on en laisse; mais l'on n'impose pas silence à ces barbouilleurs de papier.

— Ce devrait être une raison pour vous de ne pas appeler leur attention sur votre personne. Ce dernier duel vous porte à lui seul un préjudice plus considérable que tous les autres, et vous avez eu tort de ne pas l'éviter.

— Vous avez peut-être raison.

— J'ai sûrement et absolument raison, Alphonse. Mais ne vous ai-je pas déjà démontré que vous devez agir de telle sorte qu'il ne se fasse aucun bruit autour de votre nom ?

— Après ? fit flegmatiquement le baron.

— Au lieu de tenir compte de mes recommandations, vous accumulez comme à plaisir imprudences sur imprudences. Vous êtes criblé de dettes; ce qui vous reste de votre patrimoine est grevé d'hypothèques et, s'il vous fallait liquider votre situation, il ne vous resterait pas les habits que vous avez sur le corps.

Voyons, n'était-ce pas assez des poursuites constamment dirigées contre vous et auxquelles vous n'échappez qu'à l'aide d'ingénieuses combinaisons, sans ce duel retentissant qui réveille contre vous de vieilles colères endormies. Vous êtes blessé; ce n'est que demi-mal; mais si vous aviez tué votre adversaire?

— Pour ces sortes de délit, la justice est indulgente.

— Soit; mais une enquête judiciaire est toujours dangereuse quand on a dans son passé certaines choses à cacher.

Le baron fronça les sourcils et répliqua d'une voix sourde :

— Pourquoi venez-vous réveiller des souvenirs que vous avez intérêt autant que moi à laisser dormir?

— Pour vous faire comprendre qu'une de vos imprudences peut nous perdre.

— Depuis cette affaire, dix-huit années se sont écoulées.

— C'est vieux, en effet, mais il n'y a pas encore prescription. Si vous avez étudié un peu l'histoire des procès célèbres, vous n'ignorez pas que, souvent, ceux qui auraient dû s'appliquer à se faire oublier se sont trahis par une imprudence, une légèreté; que, souvent, une circonstance fortuite, insignifiante en apparence, fournit à la justice de précieuses indications.

Il faut redouter le hasard, surtout quand il y a des gens qui ne demandent qu'à lui venir en aide.

Le garde-chasse, reconnu coupable, a été condamné, mais il a une femme et un fils. Que sont-ils devenus? Je n'en sais rien. Mais nous pouvons les voir se dresser devant nous, tout à coup, comme des vengeurs!

Le visage du baron devenait de plus en plus sombre.

— D'un autre côté, continua la comtesse, il y a un homme, un vieillard redoutable, qui n'a jamais été bien convaincu de la culpabilité du garde-chasse; je veux parler du marquis de Prémorin. Eh bien, en ce moment, je le sais, le vieux marquis se remue beaucoup. Sachez-le, ce vieillard est terrible dans ses colères, et il nous menace sans cesse, car il ne vit que pour la vengeance!

M. de Septème ne put s'empêcher de tressaillir.

Il se rappelait ce billet écrit par une main inconnue, qu'il avait reçu au moment où il allait sortir pour se rendre au Vésinet.

Cependant, dissimulant ses impressions, il répondit froidement :

— Ma chère Charlotte, vous cherchez en vain à agiter des fantômes devant mes yeux et à faire pénétrer en moi de sombres terreurs. Je ne veux pas me laisser troubler. Ah! vous le savez mieux que personne, je ne suis plus le baron de Septème d'autrefois.

J'ai demandé à la vie tout ce qu'elle pouvait me donner. J'ai tellement bu à la coupe des plaisirs que, maintenant, elle est vide. Mes forces diminuent, je sens la vieillesse, une vieillesse hâtive arriver. La pauvreté me montre sa face maigre et livide et je suis incapable de l'éloigner de moi en me livrant à un travail quelconque.

J'attends, sans sourciller, le jour où il ne me restera plus qu'à quitter de plein gré une existence désormais sans charme pour moi. Je suis comme le gourmand qui, une fois repu, s'éloigne de la table où il n'est plus retenu par aucun mets savoureux.

Et vous cherchez à m'effrayer! Vous perdez votre peine, Charlotte. Je ne crains rien, moi! Quoi qu'il puisse arriver, j'aurai toujours assez de temps pour me loger une balle dans la tête avant qu'un agent de police me mette la main au collet.

Il parlait avec un sang-froid et une insouciance qui firent frémir la comtesse. Elle comprenait que cette calme résolution du viveur n'était pas simulée; qu'il était arrivé, par l'abus de toutes choses, à la satiété, à l'indifférence, au détachement de tout.

Elle répliqua avec une certaine aigreur :

— Vous vous tueriez, dites-vous, et vous en prenez votre parti! C'est très bien pour vous, qui prétendez n'avoir plus rien à attendre de l'existence; mais, moi, je n'ai pas les mêmes raisons d'envisager avec ce stoïcisme les périls auxquels vous ne pouvez vous exposer sans m'y exposer moi-même.

— Je vous comprends, Charlotte. Du reste, je vous ai toujours considérée comme une personne douée d'une forte raison et d'une haute prévoyance. Vous ne me faites pas sentir aujourd'hui, pour la première fois, que je suis une gêne pour vous. Et tenez, vous ne me pardonnez pas d'avoir refusé d'écouter certaines propositions matrimoniales qui devaient m'éloigner pour toujours de Paris et même de France.

— Ces propositions, Alphonse, je vous les ai faites

par intérêt pour vous. En les écoutant, vous auriez acquis en même temps la fortune et la sécurité. Je vous offrais une issue pour sortir de l'espèce d'impasse dans laquelle vous vous trouvez...

— Enfin, selon vous, c'est assez bon pour moi d'épouser la fille laide, difforme et bête de quelque boutiquier enrichi ou de quelque spéculateur véreux dont la vanité a rêvé de faire oublier sa roture par une alliance aristocratique.

— Hé! cela vaudrait toujours mieux que de prêter le flanc aux rancunes dont vous êtes l'objet.

Le regard du baron eut un éclair de colère.

— Que voulez-vous dire, Charlotte? fit-il.

—Vous le savez aussi bien que moi.

— Oui, en effet, je sais qu'on ne me pardonne pas d'avoir été autrefois l'homme le plus recherché de tout Paris. Je reçois aujourd'hui, comme le lion de la fable, le coup de pied de l'âne. On m'accuse de ceci, de cela et d'autres choses encore. On trouve singulière la chance que j'ai au jeu, on prétend que je fais métier d'exploiter l'inexpérience des jeunes étrangers qui veulent être initiés aux raffinements de la vie parisienne. Vrais ou faux, je connais ces bruits. Eh bien! après?...

Si j'en suis arrivé, comme je le disais tout à l'heure, à recevoir le coup de pied de l'âne, à qui la faute?

— A moi, peut-être?

— Oui, à vous, Charlotte Letellier, comtesse de Prémorin. Quand je vous ai connue, je n'étais certes pas un ange, j'avais sur la conscience pas mal de fredaines, qui avaient entamé ma réputation; mais enfin je n'avais pas perdu l'estime des autres et de moi-même.

En ce temps-là, Charlotte, quoique jeune, vous étiez une femme très forte, absolument dégagée des préjugés qui sont une entrave sur le chemin de la fortune. Alors, déjà, vous considériez la société comme une arène où la palme est aux plus habiles, où les scrupules sont le partage des niais, créés tout exprès pour servir de marchepied aux audacieux.

Vous aviez déjà une science approfondie du monde et vous affectiez de le mépriser pour avoir le droit de l'exploiter.

Je fus subjugué, je l'avoue, au contact d'une femme jeune et belle, qui élevait la perversité à des proportions grandioses; je fus fier d'être votre amant, et, à votre école, ma chère, mes progrès furent rapides.

J'avais cru pouvoir, jusqu'alors, me vanter de l'énergie de ma volonté; je reconnus bientôt que la vôtre était supérieure à la mienne.

Sosthène de Prémorin, ruiné ou à peu près, vous embarrassait; vous m'ordonnâtes de vous débarrasser de lui, je vous obéis, je le tuai!

La comtesse, pâle, frissonnante, promena autour d'elle ses regards épouvantés, comme si elle eût craint qu'une oreille indiscrète eût entendu.

— Je le tuai, reprit froidement M. de Septème, et j'appris qu'avec de l'adresse on peut tromper la justice, qu'avec de l'audace on peut donner libre carrière à son ambition et à ses caprices.

A partir de ce jour, ma chère Charlotte, le peu de scrupules que je conservais encore s'évanouirent. Malgré cela je vous étais trop inférieur pour que notre association pût durer longtemps. Me trouvant insuffisant, vous avez cherché d'autres alliés et jusqu'à présent vous n'en avez pas manqué.

Ah! vous savez captiver la fortune, Charlotte; on vous recherche et l'on vous craint. C'est tout au plus si quelques personnes se demandent à voix basse si le titre de comtesse vous appartient. Votre salon est très fréquenté; toutefois, quelques personnes prudentes s'abstiennent de se rendre à vos invitations, parce qu'elles se sont aperçues que chez vous les murs ont des oreilles.

Dites-moi, Charlotte, vous devez être riche, car on doit gagner beaucoup à se faire l'intermédiaire de certains mariages, à négocier certaines affaires délicates et à spéculer sur les secrets d'autrui?

Il ajouta avec ironie :

— Voyons, n'allez-vous pas bientôt vous retirer des affaires pour devenir dame patronnesse de quelque œuvre de charité?

La comtesse devint livide, mais n'osa pas se fâcher.

— Alphonse, pourquoi me dites-vous tout cela? Avez-vous donc l'intention de prendre avec moi l'attitude d'un ennemi?

— Dieu m'en garde! Ne sais-je pas les égards que je vous dois? Si je vous ai blessée, sans le vouloir, c'est votre faute: pourquoi venez-vous me tenir un langage comminatoire et m'adresser des mercuriales qu'il ne me convient pas d'entendre?

Il y eut un assez long silence.

— A propos, reprit M. de Septème, où en est ce magnifique mariage de notre fille, dont vous êtes venue me parler à Nice un matin?

Je dis notre fille, Charlotte, parce que, dans le temps, vous m'avez affirmé que j'étais le père de Cécile.

La comtesse se pinça les lèvres.

— Je ne me rappelle pas tout ce que j'ai pu vous dire autrefois, répondit-elle d'un ton assez sec, mais, si je vous ai affirmé que vous étiez le père de Cécile, j'ai eu tort. Ma fille est mademoiselle de Prémorin.

— Là, là, ne vous fâchez pas, comtesse ; je ne songe nullement à revendiquer une paternité qui peut être celle d'un autre. J'y renonce volontiers. Permettez-moi, cependant, de m'intéresser à l'avenir de votre charmante Cécile.

— Certaines petites difficultés sont survenues et nous attendons ; mais le mariage en question n'est pas rompu, il est simplement retardé.

— J'ai vu le jeune homme, il m'a paru fort insignifiant, et puis il est bien jeune.

— Le père a cinq millions de fortune.

— Je comprends, alors, que sa jeunesse ne soit plus un défaut.

— Je connais Cécile, et, si j'ai fait choix pour elle de ce jeune homme, c'est qu'il lui convient.

— Vous avez une trop grande expérience, comtesse, pour que je ne m'en rapporte pas, sur ce point, à votre sagacité.

— J'espère bien que, d'ici à trois ou quatre mois, Cécile de Prémorin sera mariée.

— Tant mieux.

— Pourquoi tant mieux ?

— Dame, je ne sais pas ; il y a tant de choses à redouter dans la vie. Il peut se faire que, dans un an, mademoiselle de Prémorin ne trouve plus à se marier.

— Mais...

— Rappelez-vous, Charlotte, les fantômes dont vous me menaciez tout à l'heure.

En prononçant ces paroles, M. de Septème pensait au mystérieux billet qu'il avait reçu et à cette ressemblance d'Henri Merson avec le garde-chasse, qui l'avait troublé et paralysé à ce point que son épée n'avait pu rendre au baron de Verboise le service promis et probablement payé.

Ce que pensait le meurtrier de Sosthène de Prémorin, il aurait pu le dire à sa complice ; mais il préférait garder le silence.

Le coup porté à Charlotte Letellier n'en était pas moins rude.

Elle ne put se défendre d'une violente impression de terreur.

Lui la regardait, ayant sur les lèvres un sourire singulier.

Elle avait voulu l'effrayer et c'était elle qui tremblait

Au bout d'un instant, elle se leva et prit congé de son ancien amant, très peu satisfaite du résultat de sa visite.

TROISIÈME PARTIE

LES VICTIMES

I

LE FORÇAT

On sait qu'une loi du 8 avril 1852 ordonna la transportation à la Guyane des forçats qui, jusqu'alors, avaient subi leur peine aux bagnes de Brest et de Toulon.

Les îles du Salut, voisines de Cayenne, et plus particulièrement l'île Royale, la plus importante du petit archipel, furent affectées à la relégation des forçats.

Mais, depuis cette époque, il y eut encore un changement, et la Nouvelle-Calédonie a hérité du triste privilège dont jouissait la Guyane.

Toutefois, l'abandon de la Guyane, comme établissemeat pénitentiaire, n'a pas été complet, et cette colonie française possède encore aujourd'hui un personnel de condamnés qui, sous le costume réglementaire de grosse toile grise et le chapeau de paille à larges bords y attendent l'expiration de leur peine ou la mort, s'ils ont été frappés d'une condamnation à perpétuité.

Les îles du Salut ont, pour des motifs d'humanité, cessé de recevoir les criminels que la société exclut de son sein. Toutefois, les colonies agricoles, fondées dans l'intérieur des terres pour utiliser le travail des déportés et opérer leur transformation morale, ont continué d'exister.

C'est sur les bords du Maroni que presque tous les essais de culture ont été tentés, non sans succès.

Le plus important de ces pénitenciers des îles du Salut est celui de Saint-Laurent. Les condamnés y travaillent au défrichement des terres et à l'abatage des arbres, soit pour le compte de l'État, soit pour eux-mêmes; car si les forçats sont soumis à une surveillance rigoureuse, ils peuvent devenir concessionnaires de parties de terrain plus ou moins importantes.

En les récompensant ainsi de leur bonne conduite, on leur paye en même temps les services qu'ils ont pu rendre par leur travail en dehors des heures réglementaires.

Les condamnés concessionnaires sont toujours choisis parmi ceux qui ont le mieux mérité d'être signalés à la bienveillance de l'administration.

Outre le lot de terre, on leur donne des instruments de travail et ils ont le droit de se construire une maison. Alors, ils se livrent à la culture de leur terre et à l'exploitation des bois de construction qui leur sont payés d'après un tarif fixé d'avance.

Ils jouissent, dès lors, d'une liberté relative qui pourrait être plus grande encore, car les évasions sont peu à redouter.

Tous ceux qui voudraient s'aventurer dans l'intérieur des terres seraient infailliblement condamnés à mourir de faim ou à être victimes des sauvages et des animaux féroces qui pullulent dans les forêts vierges.

Du côté de la mer, la fuite ne présente pas plus de chances. Les côtes sont basses, marécageuses, inaccessibles aux bateaux ; ceux qui ont tenté de s'aventurer dans ces marécages se sont enlisés dans la vase et ont été dévorés vivants par les crabes.

Il n'est possible de s'embarquer que dans les ports très peu nombreux de cette côte, et, pour prendre la mer, il faut subir le contrôle des agents préposés aux départs.

Aussi, ces condamnés, dont l'énergie farouche s'était manifestée par des crimes, souvent atroces, arrivent presque tous à prendre parti de la destinée qu'ils se sont faite.

D'ailleurs, sous ce climat brûlant et humide, qui appauvrit le sang et détend tous les ressorts de la volonté, les caractères les plus vigoureusement trempés se laissent aller à une sorte d'inertie qui ressemble à de la résignation.

Un jour, à la porte d'une maisonnette dépendante d'un des groupes de la colonie pénitentiaire du Saint-Laurent, un homme était assis sur un banc de bois grossièrement équarri.

Cet homme pouvait avoir quarante-cinq ou quarante-six ans, mais il paraissait au moins dix années de plus. Il n'avait pas supporté impunément les atteintes d'un climat dont les effets se font particulièrement sentir sur ceux qui ne vont pas se retremper au contact de l'air natal.

Il était pâle, très pâle, et ses yeux avaient cet éclat maladif qui est un des symptômes des fièvres paludéennes. L'expression du visage était triste, mais franche et sympathique; tout en lui respirait l'honnêteté.

Et pourtant cet homme était un forçat, un condamné à perpétuité !

Mais nos lecteurs savent s'il avait mérité la peine qu'il subissait, car ils ont déjà reconnu Frédéric Lapret, l'ancien garde-chasse.

A ce moment, son regard, perdu dans l'espace, était tourné vers l'Europe ou plutôt vers la France, et il pensait à ceux qu'il y avait laissés, à sa femme, à son fils, dont il n'avait jamais eu de nouvelles et qui, peut-être, repoussés de tout le monde, étaient depuis longtemps morts de douleur et de misère.

Un long soupir s'échappa de la poitrine du malheureux et des larmes jaillirent de ses yeux.

Ah ! combien il en avait versé de ces larmes depuis dix-huit ans !

Frédéric Lapret, le forçat, était aimé de tous ceux qui le connaissaient; toujours prêt à rendre service, on n'avait jamais eu qu'à se louer de lui. Seulement, il avait l'humeur taciturne, recherchait la solitude et, sans affectation, vivait, autant qu'il le pouvait, à l'écart des autres condamnés.

Il y avait bien des années déjà qu'en raison de sa conduite irréprochable on lui avait accordé une concession.

Lui et ses compagnons de captivité avaient pratiqué une large clairière dans la forêt, et là où naguère une multitude d'arbres mêlaient leurs rameaux dans un fouillis inextricable, des habitations s'étaient élevées.

Autour de la cabane que Lapret occupait, s'étendait un jardin entretenu avec soin ; les légumes d'Europe poussaient côte à côte avec les produits des climats tropicaux ; les fruits du bananier atteignaient leur maturité; des larges feuilles du maïs sortaient des épis d'un jaune d'or; des plantes inconnues chez nous couraient sur le sol ou grimpaient aux treilles; le manioc, les patates douces remplaçaient notre froment et nos pommes de terre.

A peu de distance, le regard embrassait un paysage enchanteur ; c'était le Maroni aux eaux profondes, au cours large et majestueux, coulant entre deux rives couvertes d'une végétation exubérante; des palmistes gigantesques, au tronc poli comme une colonne de marbre ; des cocotiers, des tulipiers, des ébéniers qui se balançaient au souffle de la brise que leur envoyait l'Océan.

Des bandes d'aigrettes blanches et bleues rasaient la surface du fleuve et parfois effleuraient l'eau de leurs ailes. Des aras, des perroquets au plumage multicolore, des colibris aux couleurs pourpres se détachaient sur la verdure du feuillage dans un miroitement merveilleux.

Des caciques au plumage noir frangé de jaune orange s'enfuyaient à tire d'ailes dans l'épaisseur du bois.

Des insectes dont les variétés infinies auraient fait pâmer d'aise un entomologiste, traçaient dans l'air de fantastiques arabesques. Les falgores, les diptères, les papillons, reproduisant toutes les couleurs des pierres précieuses, allaient pomper le suc des fleurs qui rivalisaient d'éclat avec eux.

Frédéric Lapret ne voyait rien de ce spectacle féerique; il restait insensible à ces beautés, à ces merveilles de la nature qui sollicitaient son admiration.

Ses yeux pleins de larmes étaient toujours tournés vers l'Orient et sa pensée le transportait dans ce beau pays de Normandie où, pour la dernière fois, il avait vu et embrassé sa chère Marthe.

Il se revoyait à la Pomelière, dans sa modeste maison de garde-chasse où, satisfait de son sort, n'ayant rien à désirer, à envier, il était si heureux. Oh! oui, c'était là qu'il avait connu le bonheur, le vrai bonheur!

C'était là que Marthe, sa femme adorée, avait donné le jour à un enfant, un fils, qu'ils avaient appelé Henri.

Depuis ce temps, depuis qu'une condamnation non méritée l'avait frappé, que d'années de souffrances incessantes s'étaient écoulées!

Il ne s'étonnait point de n'avoir reçu aucune nouvelle de France; n'avait-il pas voulu, dans son désespoir, être considéré comme mort par ceux qui l'avaient connu?

Oui, le malheureux condamné s'était imaginé qu'en agissant ainsi sa femme et son fils n'auraient pas à rougir de lui. Il n'avait pas écrit là-bas, quand il pouvait le faire, c'est-à-dire dès son arrivée à la Guyane, et il le regrettait amèrement maintenant; il lui aurait été si doux de savoir ce qu'étaient devenus sa femme et son fils, d'apprendre que son souvenir n'était pas éteint dans tous les cœurs.

Et cette question qu'il s'adressait chaque jour, que dis-je ! vingt fois par jour, revenait sur ses lèvres :

— Que sont-ils devenus ? Vivent-ils encore ?

Dans tous les cas, hélas ! condamné à perpétuité, il ne les reverrait jamais ! l'immensité de l'Atlantique le séparait de Marthe et d'Henri et jamais il ne franchirait cette distance !

Il ne comprenait pas qu'il eût pu vivre si longtemps loin de la terre natale avec la plaie qu'il avait au cœur ; car combien en avait-il vu mourir parmi ceux qui étaient venus, jeunes et vigoureux, respirer l'air de ce climat meurtrier !

Pourquoi, mieux que les autres, avait-il supporté les ardeurs d'un soleil impitoyable, les nuits énervantes troublées par les moustiques et les myriades d'insectes qui sont le fléau du pays ? Sa sobriété l'avait constamment préservé des maladies qui décimaient ses compagnons.

Cependant il sentait que ses forces s'en allaient peu à peu ; n'étaient-ce pas les atteintes d'une vieillesse anticipée ? Peut-être n'avait-il plus guère longtemps à souffrir !

Soudain, un bruit de pas sur le sentier le fit tressaillir et l'arracha brusquement à ses réflexions.

Il tourna la tête, regarda et vit un sous-officier d'infanterie de marine qui s'avançait vers lui.

Il se dressa debout pour saluer le militaire.

— Je crois ne pas me tromper, dit le soldat, n'est-ce pas vous qui vous appelez Lapret, Frédéric Lapret ?

— C'est bien moi qui suis Frédéric Lapret, mon sergent, et, puisque c'est moi que vous cherchez, veuillez me dire ce que je dois faire pour votre service.

— Le voici : vous allez vous rendre immédiatement à la maison du directeur.

— Ah ! fit le condamné avec surprise, et qui donc me demande à la maison de M. le directeur?

— M. le directeur lui-même.

— Lui-même ! exclama Lapret.

— Oui.

— Mon Dieu, mais que me veut-il?

— Ça, Lapret, je n'en sais rien ; toutefois, comme M. le directeur était de fort bonne humeur en me donnant l'ordre d'aller vous chercher, j'en conclus qu'il ne s'agit pas d'un blâme à vous adresser, et moins encore d'une punition à vous infliger.

— Si j'avais aujourd'hui un reproche ou une punition, mon sergent, ce serait la première fois.

— Je sais, en effet, que vous êtes bien noté, Lapret. Enfin, je suis chargé de vous conduire devant M. le directeur, et je vous prie de me suivre.

Le déporté n'avait qu'à obéir. Il suivit le sous-officier, et, à travers des sentiers bordés de palmiers et de cocotiers, ils arrivèrent au bout d'une heure à l'habitation du directeur, vaste bâtiment, composé d'un rez-de-chaussée, où se trouvaient les bureaux, et d'un unique étage.

Les factionnaires avaient évidemment reçu des ordres, car, regardant tranquillement le forçat, ils laissèrent pénétrer lui et son guide dans l'intérieur de la maison.

Le sergent fit entrer Lapret dans une grande pièce où l'air circulait en abondance ; puis le quitta aussitôt, en lui disant :

— Attendez.

Resté seul, le déporté devint soucieux ; bien qu'il

eût la conscience parfaitement tranquille, n'ayant rien à se reprocher, il éprouvait une vague inquiétude.

Que lui voulait-on ?

C'était sans exemple qu'un forçat fût introduit dans la demeure du premier fonctionnaire de la colonie pour paraître devant lui.

— Après tout, se disait Lapret, je n'ai rien fait, et je dois me rassurer.

Il attendit environ dix minutes ; alors une porte s'ouvrit et il vit paraître un huissier qui lui dit :

— Venez !

Il suivit ce nouveau guide, qui le fit entrer dans un cabinet dont les deux grandes fenêtres ouvertes avaient vue sur un magnifique jardin.

Un homme grave, jeune encore, était assis devant un bureau chargé de dossiers et de papiers non encore classés. C'était le directeur du pénitencier. Il avait devant lui un dossier, celui de Lapret, qu'il venait de consulter.

Il leva la tête et enveloppa le condamné de son regard scrutateur. Mais sa physionomie n'avait rien de redoutable ; elle exprimait, au contraire, l'intérêt, la compassion, la sympathie.

— Je ne crois pas qu'une erreur soit possible, dit-il, s'adressant au forçat qui, humblement incliné, n'osait avancer, vous êtes bien le nommé Frédéric Lapret, que la cour d'assises du Calvados a condamné, il y a dix-huit ans, aux travaux forcés à perpétuité ?

— Oui, monsieur le directeur.

— Bien.

Le pauvre condamné tenait son chapeau de paille devant lui et avait l'air très embarrassé de sa personne.

— Lapret, continua le directeur, asseyez-vous sur ce siège, car nous allons avoir un assez long entretien.

Après avoir examiné quelques papiers du dossier, il reprit d'une voix qui semblait encourager le forçat à la confiance :

— Lapret, vous avez été militaire ?

— Oui, monsieur.

— Vous avez été sept ans au service, et, à votre libération, vous étiez sergent-fourrier. Excellent soldat, vous étiez bien noté au régiment. Recommandé par votre colonel lui-même, vous devenez garde-chasse, vous vous mariez et votre femme vous donne un fils.

Quelques années plus tard, oubliant votre honorable passé, — je parle d'après les pièces qui sont à votre dossier, — par jalousie, par vengeance, vous assassiniez votre maître, le comte Sosthène de Prémorin.

Lapret se redressa et d'une voix vibrante d'émotion, il répondit :

— J'ai été accusé de ce crime monstrueux, monsieur le directeur, mais je le jure encore aujourd'hui, comme je l'ai juré autrefois, je n'étais pas coupable. Avec toute la force de ma conscience honnête et avec des larmes de désespoir je n'ai pas cessé de protester de mon innocence devant mes juges ; mais une épouvantable fatalité avait accumulé les charges contre moi. Rien à faire, monsieur le directeur, on m'a reconnu coupable et, innocent, j'ai été condamné.

— Oui, vous avez été condamné ; mais, coupable ou non, ce n'est pas à moi qu'il appartient de réclamer contre le jugement qui a été rendu. Tant pis, si vous avez été une victime de la fatalité, et tant pis aussi pour vos juges s'ils se sont trompés.

— Hélas ! monsieur, ils ne savent pas tout le mal qu'ils ont fait sans le vouloir ; mais, depuis longtemps, je leur ai pardonné ! Vous pouvez me croire, monsieur le directeur, je n'en ai jamais voulu à personne et jamais un sentiment de haine n'est entré dans mon cœur.

— Les rapports dont vous avez été l'objet depuis que vous êtes ici constatent que vous êtes bon, serviable, plein de dévouement. Vous avez toujours donné à vos camarades l'exemple de la soumission, de la patience. Toujours, sans murmurer, vous avez accepté les durs travaux qui vous étaient imposés.

Cependant, vous ne vous êtes jamais adressé à la clémence de l'administration pour solliciter un adoucissement à votre situation. Pourquoi n'avez-vous pas reclamé la récompense méritée par votre bonne conduite ?

— Monsieur le directeur, c'eût été avouer que j'étais coupable !

Il y eut un silence pendant lequel le directeur sortit d'une grande enveloppe un papier officiel portant le sceau de l'Etat et revêtu de deux signatures, celle du président de la République, et, par ampliation, celle du ministre de la justice.

II

LA GRACE DU CONDAMNÉ

Le directeur reprit :

— Dites-moi, Lapret, il paraît que depuis que vous êtes ici vous n'avez jamais reçu une seule lettre de France?

— C'est vrai, monsieur le directeur.

— Avez-vous écrit, vous ?

— Jamais, monsieur.

— C'est assez singulier.

— Je vais vous dire, monsieur le directeur : condamné à perpétuité, portant la marque des infâmes, flétri comme les plus vils scélérats, n'ayant plus rien à attendre, à espérer de la vie, j'ai voulu me faire oublier, j'ai voulu qu'on crût que j'étais mort !

— Pourtant, vous aviez en France votre femme et votre fils, qui auraient été heureux d'avoir de vos nouvelles ?

— Qui sait?

— Vous n'avez pas le droit de douter de la tendresse de votre femme qui, d'ailleurs, était convaincue que vous n'étiez pas coupable.

— Vous avez raison, monsieur le directeur. Ah! vous venez de toucher à la plus douloureuse des plaies de mon cœur. Bien des fois, allez, dans les premiers temps, j'ai eu la pensée d'écrire à ma pauvre Marthe ; pourquoi ne l'ai-je pas fait? Je ne saurais trop vous le dire. C'est la honte, ce sont des craintes inexplicables qui m'ont retenu. Et puis, où aurais-je adressé mes lettres, ne sachant pas où ma femme s'était réfugiée?

— Enfin, Lapret, vous avez voulu passer pour mort et vous y avez réussi, car, ne recevant aucune nouvelle de vous, votre femme a fini par croire que vous aviez cessé d'exister.

— Comme je crois, moi, répondit le condamné avec un accent de tristesse indicible, que ma femme et mon fils sont depuis longtemps morts de douleur et de misère.

— Ah! vous croyez cela? Eh bien, Lapret, vous vous trompez.

— Quoi, s'écria le condamné, secoué par un tremblement nerveux, vous savez que ma femme et mon fils sont encore vivants!

— Le courrier de France, arrivé ce matin, m'a apporté de leurs nouvelles.

Lapret se dressa d'un seul mouvement.

— Oh! monsieur, monsieur! prononça-t-il d'une voix frémissante et en joignant les mains.

Le malheureux faisait de vains efforts pour retenir ses larmes.

— Lapret, reprit le directeur, asseyez-vous et écoutez-moi avec calme.

— Oui, monsieur le directeur, je vous promets

d'être calme, répondit le condamné en retombant sur son siège.

— Ainsi, Lapret, vous êtes heureux d'avoir des nouvelles de votre femme et de votre fils ?

— Ah ! monsieur, monsieur ! fit le pauvre homme, dont les yeux rayonnaient de bonheur à travers les larmes.

— Le directeur reprit :

— C'est dans une lettre qui m'est confidentiellement adressée, qu'on me parle longuement de votre femme et de votre fils. Je ne vous dirai pas le nom de la personne qui m'écrit, car elle veut rester inconnue ; mais je puis vous apprendre que cette personne s'intéresse vivement à vous.

— A moi, monsieur, un forçat !

— Oui, Lapret, à vous, et tout à l'heure vous en aurez la preuve. Naturellement, cette personne s'intéresse aussi à madame Lapret et à son fils.

Après votre condamnation, votre femme est allée chercher le jeune Henri, qui était dans le département des Vosges, chez des parents à vous, et s'est réfugiée à Paris où elle habite encore avec son fils, car le jeune homme n'a plus jamais quitté sa mère. Celle-ci s'est entièrement dévouée à son fils et elle en est récompensée aujourd'hui par le dévouement, la tendresse, la vénération que le jeune homme a pour elle.

— Ah ! ma bonne Marthe ! Ah ! mon brave Henri ! s'écria Lapret en sanglotant.

— Votre femme, continua le directeur, a su si bien cacher le malheur qui l'avait frappée que les personnes qui la connaissent et son fils lui-même ignorent qu'elle est la femme d'un condamné. Mais je ne dois pas oublier de vous dire que, dans l'intérêt de son enfant, pour que rien ne puisse entraver son avenir, elle a cru devoir changer de nom. C'est donc sous ce nom d'emprunt, qu'il m'est défendu de vous faire connaître, que votre femme et votre fils vivent à Paris et y sont connus.

Le jeune homme paraît ne plus se souvenir qu'il a porté le nom de Lapret dans son enfance ; il ne sait absolument rien du crime commis à la Pomelière et croit sincèrement que sa mère est veuve.

— Ah ! qu'il le croie, mon Dieu, qu'il le croie toujours !

Quand il était petit, monsieur le directeur, des craintes insensées me tourmentaient ; j'avais peur d'être enlevé par la mort à l'enfant avant d'en avoir fait un homme. Je ne me doutais guère alors qu'il y avait une chose plus redoutable pour lui et pour moi que la mort.

Un forçat n'est plus ni père, ni mari ; c'est un paria qui ne doit plus vivre que comme ces lépreux du moyen âge à qui l'on interdisait tout contact avec le reste de l'humanité. Oui, oui, qu'ils croient tous deux que je ne suis plus ! Qu'ils gardent ce nom qu'ils se sont donné, afin que la flétrissure de mon nom maudit ne puisse jamais rejaillir sur eux !

Ah ! monsieur, je m'étais donné pour compagne une brave femme au cœur vaillant ; elle n'a pas été au-dessous de sa tâche, elle a bien fait ce que j'attendais d'elle ! Moi écrasé, anéanti, elle s'est dressée forte et fière ; le père ne pouvant plus rien, c'est la mère qui a fait de l'enfant un homme !

— Oui, Lapret, un homme !

Votre femme a souffert, beaucoup souffert, mais bien

plus de votre malheur que de sa propre infortune ; toutefois, rassurez-vous, elle n'a point connu les sombres angoisses de la misère ; du reste, la Providence lui est venue en aide ; ayant le sentiment de son devoir, le courage ne lui a jamais manqué. Oui, Lapret, votre femme est une vaillante, et, on me l'a dit, une noble mère.

Elle s'est dévouée pour son fils ; n'ayant plus que son enfant, elle n'a vécu que pour lui ! Constamment inspirée par son cœur, elle a aidé au développement de l'intelligence de l'enfant, a dirigé son esprit vers le bien, vers tout ce qui est juste, beau et grand. Oui, Lapret, votre femme a fait de votre fils un homme.

Il a maintenant vingt-six ans ; il n'est pas seulement un bon, un excellent sujet, il est déjà un homme remarquable !... Il a, ouvert devant lui, un magnifique avenir ; il est sur le chemin de la fortune, et je dis plus, de la gloire !

— Mon Dieu, mais qu'est-il donc ?

— Vous le saurez plus tard.

— Ah ! monsieur, c'est trop beau, c'est trop beau !... Et c'est d'Henri, c'est de mon fils que vous parlez, le fils d'un... Monsieur le directeur, maintenant la mort peut me prendre, je mourrai content !

Le visage pâle du malheureux était inondé de larmes.

— Lapret, dit le directeur d'une voix douce, vous ne devez pas mourir, car d'autres satisfactions vous sont réservées.

— A moi ?

— Oui, vous avez encore quelque chose à attendre et à espérer de la vie.

— Quoi donc, monsieur ?

— Vous reverrez ceux que vous aimez.

— Je les reverrai !

— Oui, Lapret.

— Mais où? comment?

— Vous reverrez votre femme et votre fils à Paris, car bientôt vous serez en France.

— En France !... Ah ! monsieur le directeur, mais vous voulez donc me rendre fou !

— Lapret, gardez votre raison ; rappelez-vous que vous m'avez promis d'être calme et écoutez-moi.

— C'est vrai, monsieur, j'ai promis, il faut que je sois calme.

Il prononça ces paroles difficilement ; l'émotion le serrait à la gorge.

Le directeur reprit :

— Cette nuit, vers onze heures, l'*Oreste*, aviso de l'Etat, reprendra la mer pour retourner directement en France ; eh bien, Lapret, vous serez à son bord, comme passager.

— Mon Dieu, mais je ne comprends pas !

— Vous allez comprendre.

Et montrant au condamné le papier qui portait le sceau de l'Etat, le directeur continua :

— Ce matin, par le courrier de France, j'ai reçu aussi cette pièce officielle ; c'est votre grâce. Laprêt, vous n'êtes plus un forçat !

Le pauvre homme voulut parler, mais il avait la langue comme paralysée ; il ne put que tomber à genoux et lever ses yeux vers le ciel.

Le directeur, qui avait peine aussi à surmonter son émotion, l'aida à se relever, et, quand il le vit en état de l'écouter, il continua :

— Lapret, la personne dont je vous ai parlé tout à

l'heure et qui s'intéresse à vous, est convaincue que vous avez été condamné pour un crime que vous n'avez pas commis : elle trouve que ce n'est pas assez que vous soyez grâcié, elle veut votre réhabilitation.

— Oh ! de grâce, monsieur, dites-moi le nom de mon protecteur ?

— Cela ne m'est pas permis ; votre protecteur se fera lui-même connaître à vous, quand il le jugera à propos.

Lapret, votre conduite à la Guyane me dit aussi, à moi, que vous êtes innocent ; mon ami, je vous tends la main !

Le grâcié saisit la main qui lui était tendue et la baisa en la mouillant de ses larmes.

— Lapret, reprit le directeur, je ne vous ai pas encore tout dit ; j'ai à vous faire part, maintenant, des instructions qui vous sont données, des recommandations expresses qui vous sont faites. Mais, si vous le voulez bien, nous parlerons d'abord de l'état de votre bourse.

— Ma bourse est bien modeste, monsieur le directeur ; je n'ai certainement pas la somme nécessaire pour m'acheter un vêtement convenable et payer les frais de la traversée.

— Vous auriez pu facilement amasser une somme relativement importante : mais, généreux, toujours prêt à rendre service, vous avez constamment donné à vos camarades tout ce que vous gagniez.

— Un condamné à perpétuité, monsieur le directeur, ne songe pas à faire des économies.

— Heureusement, on a prévu le cas, et il y a dans cette bourse mille francs en or que je suis chargé de vous remettre.

— Mais, monsieur le directeur, balbutia le gracié, qui ouvrait de grands yeux.

— Prenez, mon ami, cet argent est à vous, et j'ajoute qu'il vous est indispensable, car vous aurez à payer les frais de la traversée et à faire face à certaines dépenses en arrivant en France. Je ne parle pas du vêtement qu'il va vous falloir, il vous sera donné ici.

Maintenant, mon ami, écoutez-moi avec la plus grande attention et gravez bien mes paroles dans votre mémoire. Ce qu'on exige de vous est dans votre intérêt et, plus encore, dans l'intérêt de votre femme et de votre fils. N'oubliez pas que la plus légère indiscrétion de votre part pourrait entraver l'œuvre que poursuit votre protecteur et, peut-être, en compromettre le succès.

Tout à l'heure, en me quittant, vous retournerez à Saint-Laurent. Vous ne direz à personne que vous avez votre grâce, que vous êtes libre. A la Guyane, comme en France, et pendant le voyage en mer, vous garderez le silence sur ce qui s'est passé entre nous.

Vous prendrez dans votre cabane ce que vous voudrez emporter, et, à la nuit tombante, vous reviendrez ici où l'on vous servira à manger ; ensuite on vous remettra un costume qui ne laissera pas soupçonner que vous avez porté l'uniforme des prisonniers.

A dix heures, un matelot de l'*Oreste* viendra vous chercher et vous conduira à bord du navire où vous serez inscrit comme passager sous le nom de Durocher.

Rappelez-vous bien qu'à partir de ce moment et jusqu'à nouvel ordre, vous ne vous appellerez plus Lapret, mais Durocher.

— Oui, monsieur le directeur.

— Vous comprenez bien, n'est-ce pas, que ce n'est point sans raison qu'on vous fait changer de nom?

— Oui, oui, je comprends.

— Comme je vous l'ai dit, l'*Oreste* retourne directement en France et, à moins de mauvais temps, il ne fera escale nulle part. Vous remettrez donc bientôt les pieds sur le sol de la patrie.

Aussitôt arrivé en France, sans perdre de temps, vous vous rendrez à Versailles et vous vous installerez à l'*hôtel des Chantiers*. Là, toujours sous le nom de Durocher, bien entendu, vous pourrez vous donner comme un ancien militaire retraité ou un petit rentier de province venu à Versailles pour y passer quelque temps.

Vous sortirez le moins possible de votre chambre et vous attendrez patiemment que quelqu'un vienne demander M. Durocher. Du reste, il est probable que vous n'attendrez pas longtemps. On saura que vous avez pris passage à bord de l'*Oreste* et l'arrivée du navire en France annoncera la vôtre.

A Versailles, vous serez bien près de votre femme et de votre fils, mais vous ne devrez faire aucune tentative pour les retrouver.

Voilà, mon ami, les instructions que j'avais à vous donner. Quant à ce que vous aurez à faire en France, on vous le dira.

Lapret se leva.

Le directeur du pénitencier lui tendit de nouveau la main et le regarda avec surprise. Lapret n'était plus le même homme; en un instant il s'était transformé ; il avait la figure illuminée, le regard vif, plein de rayonnements; se tenant droit, la tête haute, il semblait avoir grandi et être rajeuni de vingt années.

C'est qu'un souffle de vie puissant faisait circuler en lui une nouvelle sève, c'est qu'il se sentait redevenu un homme. Il avait sa grâce, il était libre, il n'était plus forçat!

Après avoir remercié le directeur avec effusion, ne trouvant pas assez de chaudes paroles pour exprimer sa reconnaissance, il se retira.

Quand il se trouva seul sur le chemin qui conduisait aux habitations de Saint-Laurent, il se sentit léger comme les oiseaux au brillant plumage qui fuyaient devant lui à tire d'ailes; il lui semblait que lui aussi avait des ailes.

Il respira avec une sorte de volupté. Comme il le sentait vivifiant cet air qui pénétrait dans ses poumons! Pour lui, maintenant, cet air était celui de la liberté.

Libre! libre!

Tout en lui se dilatait, sa poitrine, son cœur, son âme. Il se sentait inondé d'une joie immense.

Libre! libre!

Et il allait partir; bientôt il reverrait la France, sa femme, son fils!

Il ne pensait plus aux souffrances qu'il avait endurées pendant dix-huit années, il voulait oublier le passé. Maintenant qu'il était libre, qu'il reverrait ceux qu'il aimait, qu'est-ce que cela lui faisait d'avoir souffert? Il ne devait plus songer qu'à l'avenir, au bonheur qu'on lui avait promis.

Mais qui donc était-il ce protecteur, qui, après tant d'années écoulées, s'était souvenu de lui? Ah! il fallait qu'il fût bien puissant pour avoir obtenu sa grâce! Et il voulait plus encore. Convaincu qu'il avait été injustement condamné, il songeait à sa réhabilitation. Etait-elle possible ?

Oh ! il ne fallait pas trop demander !

Il pensa au marquis de Prémorin.

Etait-ce lui le protecteur? Peut-être.

Mais, n'importe! Quel qu'il fût, ce protecteur, il le bénissait !

III

LES DEUX BARONS.

Le lecteur voit, par ce qu'il vient de lire, que le vieux marquis de Prémorin ne restait pas inactif; comme un général d'armée, qui, sur son plan de bataille, a étudié et combiné les divers mouvements de ses troupes, le marquis agissait prudemment, secrètement, sans se presser, mais avec la certitude d'atteindre son but.

Les premières et heureuses conséquences des révélations du père Bourlot, le vieux braconnier, étaient la grâce du condamné et son retour en France.

Ah ! Frédéric Lapret et sa femme connaissaient bien le marquis de Prémorin, puisqu'il leur était venu à tous deux la pensée que c'était lui le protecteur mystérieux.

Maintenant, nous revenons à Paris et nous pénétrons de nouveau près de M. de Septème, deux heures environ après la visite que lui avait faite la comtesse de Prémorin.

On lui avait servi son déjeuner, il avait mangé du bout des dents, puis s'était remis sur son canapé dans la position où il avait reçu son ancienne maîtresse.

N'ayant rien de mieux à faire que de fumer, il alluma un cigare, et, tout en lançant au plafond des bouffées de fumée, il réfléchissait.

Il se disait que Charlotte n'avait pas tout à fait tort, qu'il était dangereux d'attirer l'attention sur lui.

Il était forcé de reconnaître qu'il avait beaucoup d'ennemis, que de terribles rancunes, d'implacables haines s'étaient amassées contre lui, qu'on se souvenait de sa morgue, de son insolence, que ceux qu'il avait autrefois humiliés, qu'il avait écrasés de son luxe, de sa supériorité, ne lui pardonneraient jamais. Et il convenait que maintenant qu'il ne pouvait plus rien, il avait le plus grand intérêt à se faire oublier.

Il jeta un regard sombre sur les journaux jetés sur la table et grommela d'une voix sourde, parlant des journalistes :

— Sont-ils assez heureux de pouvoir me décocher toutes leurs flèches !

Pas un ne me soutient, c'est comme s'ils répondaient tous à un mot d'ordre donné. Pas un ! Pas un de ceux qui, autrefois mes amis, s'asseyaient à ma table, m'empruntaient mon argent, mes chevaux, et jusqu'à mes maîtresses ! Au contraire, c'est chez ceux-là que je trouve plus de violence, que la haine est plus forte.

Voilà les hommes, voilà le monde, voilà la vie ! murmura-t-il d'un ton amer.

Oui, continua-t-il, j'ai eu tort de déchaîner contre moi cette meute hurlante ; mais pouvais-je faire autrement ? Pouvais-je répondre au baron de Verboise : chargez un autre de votre besogne ou chargez-vous-en vous-même ? Non, je ne pouvais pas refuser; j'ai dû obéir... Mais qu'il ne me demande plus rien maintenant, j'ai été assez son esclave !

Il avait les yeux pleins de lueurs farouches et sa bouche était devenue grimaçante.

Il resta un moment silencieux et reprit :

Je suis étonné qu'il ne soit pas déjà venu me reprocher d'avoir si mal répondu à ce qu'il attendait de moi.

A peine avait-il prononcé ces paroles qu'une main hardie sonna à la porte de l'appartement.

— C'est lui, pensa le blessé en tressaillant.

En effet, son domestique vint lui annoncer M. le baron de Verboise, qui entra presque aussitôt.

Celui-ci était de fort mauvaise humeur; cela se voyait à l'expression de sa physionomie, à l'éclat de son regard, au sourire singulier qu'il avait sur les lèvres.

M. de Septème s'assit sur la causeuse et tendit sa main gauche en disant :

— Bonjour de Verboise.

— Bonjour Septème, bonjour, répondit l'espion, en s'installant dans un fauteuil.

Devant le baron de Verboise le baron de Septème n'était plus l'homme fier, arrogant, froid, hautain, dédaigneux que nous connaissons; son attitude était humble, presque craintive; évidemment certaines de ses infamies, commises secrètement, étaient connues du baron de Verboise, qui le tenait ainsi sous sa dépendance. Il fallait, en effet, que le baron de Septème redoutât beaucoup l'autre baron, puisqu'il n'avait pu lui refuser de le débarrasser d'Henri Merson et qu'il se considérait comme son esclave.

— Mon cher de Septème, dit de Verboise, mettant dans son accent une pointe d'ironie, je viens voir comment vous allez, vous demander des nouvelles de votre blessure qui, heureusement, n'est pas bien dangereuse.

— Je vous remercie de votre visite, de Verboise, et de l'intérêt que vous voulez bien me témoigner.

— J'ai été très occupé ces deux derniers jours et vous me pardonnerez de n'être pas venu plus tôt.

— Je vous pardonne d'autant plus facilement que je suis convaincu que vos grandes occupations ne vous ont pas empêché de penser beaucoup à moi.

— C'est vrai. Du reste, j'ai eu de vos nouvelles par de Laubrac, votre second témoin, et je me suis réjoui en apprenant que votre vie n'était pas en danger.

— Vous êtes bien bon, merci.

— Mais de Septème, pourriez-vous me dire comment vous avez pu, vous, être blessé?

— Je n'en sais rien.

— Il est reconnu que votre adversaire, qui sait à peine tenir une épée, n'était nullement de force à lutter avec vous.

— C'est parfaitement exact.

— Il y aurait donc lieu de supposer que vous avez obligeamment présenté votre main à la pointe de l'épée de votre adversaire.

— On peut croire plutôt que je ne suis plus ce que j'ai été. Je n'ai plus votre âge, monsieur de Verboise; en vieillissant, on perd sa souplesse, son agilité, sa vigueur, et le coup d'œil n'a plus la même sûreté.

— Si vous en êtes là, mon cher, vous n'avez plus qu'à vous faire ermite.

— J'y pense sérieusement, monsieur de Verboise.

— Soit. Mais, en attendant, vous ne m'avez point rendu le service que j'attendais de vous.

— Vous voudrez bien reconnaître que j'y ai mis de la bonne volonté.

— Une bonne volonté apparente.

— Oh! permettez!...

— Oui ou non, m'aviez-vous promis de tuer votre adversaire?

— Je vous avais fait cette promesse.

— Eh bien! il fallait la tenir.

— Mais...

— Ne me dites pas encore que vous avez manqué d'adresse, de coup d'œil; sur ce point, je ne vous crois pas. Vous n'avez pas tué l'architecte et vous avez été blessé parce que vous l'avez voulu!

— Baron, je vous jure...

— C'est inutile, je sais à quoi m'en tenir et je vous dis nettement qu'en ménageant votre adversaire comme vous l'avez fait, et pour cela vous aviez évidemment vos raisons, vous avez manqué à votre parole et m'avez trahi.

De Septème essaya une nouvelle protestation.

— Assez, l'interrompit de Verboise d'un ton impérieux, ne cherchez pas à me tromper, je sais ce qui s'est passé sur le terrain. Tout d'abord, à la façon dont vous meniez le combat, Henri Merson était déjà considéré comme un homme mort par les quatre témoins et le médecin qui était présent; mais ce n'était qu'un jeu de votre part. En effet, au moment où vous alliez porter à votre adversaire le coup mortel, votre épée est restée immobile comme si votre bras se fut subitement engourdi.

— On vous a exactement renseigné; mais ce qu'on n'a pu vous dire, c'est qu'à ce moment dont vous parlez, j'ai été pris d'un étourdissement.

— Le vicomte de Laubrac, qui était le plus rapproché de vous et qui vous observait, vous a vu, en effet, tressaillir et faire un mouvement comme pour vous rejeter en arrière; vous étiez très pâle et fort troublé, prétend le vicomte; selon lui, vous n'avez pas été pris d'un étourdissement, mais saisi d'une sorte d'épouvante, et, au moment ou l'épée de l'architecte vous a touché, un mot que le vicomte n'a pu saisir s'est échappé de vos lèvres.

Voyons, de Septème, est-ce une comédie que vous avez jouée?

— Non, de Verboise, non.

— Alors, dites-moi ce qui vous a empêché de tuer Henri Merson.

— Je vous l'ai dit.

— Ah! l'étourdissement! Je n'y crois pas. Il y a une autre cause et vous ne pouvez refuser de me la faire connaître afin de me prouver que votre trahison n'a pas été volontaire.

— Je veux bien ne pas vous cacher la vérité, de Verboise; mais laissez-moi d'abord vous adresser une question.

— J'écoute.

— Pourquoi Henri Merson est-il devenu à ce point votre ennemi que vous vouliez sa mort?

— Je pourrais vous répondre que mes affaires ne sont pas les vôtres et que, par conséquent, je n'ai aucun compte à vous rendre; mais si vous n'avez pas oublié pourquoi, il y a treize ans, vous vous êtes battu en duel avec le comte de Risaille et l'avez tué, vous saurez pourquoi Henri Merson est mon ennemi et pourquoi je veux me débarrasser de cet homme.

— Ah! il y a une femme entre vous et lui?

— Oui.

— Une femme que vous aimez?

— Oui, que j'aime et que je veux épouser.

— Malheureusement c'est votre rival qui est aimé.

— Il y a autre chose; une promesse antérieure que la jeune fille se croit obligée de tenir.

— Je comprends. Il va sans dire que la famille de cette jeune fille est honorable.

— En douter serait me faire injure, de Septème.

— Naturellement, la famille est riche?

— Le père, un négociant, a plusieurs millions de fortune.

— Eh bien! de Verboise, je suis surpris que M. Henri Merson ait la prétention de vouloir épouser cette demoiselle que vous aimez, qui est d'une famille honorable et riche, et plus surpris encore que cette famille ne vous débarrasse pas elle-même de ce prétendant qui vous gêne.

— Hein, que voulez-vous dire?

— Attendez! il peut se faire cependant que la famille de la jeune fille ne sache point ce qu'est réellement M. Henri Merson, et que celui-ci, de son côté, ignore bien des choses que sa mère a pu lui cacher.

— Hé, hé, de Septème, vos paroles commencent à m'expliquer un peu ce qui se passe : loin de se prévaloir des promesses qui lui ont été faites, Henri Merson, depuis quelque temps, a cessé complètement, au contraire, de faire sa cour et semble avoir renoncé à ses espérances; enfin, si je suis bien renseigné, il s'éloignerait de la jeune fille par soumission à la volonté de sa mère.

— Mais, alors, de Verboise, votre rival cesse d'être redoutable.

— Vous ne savez pas, mon cher, jusqu'où peuvent aller, par excès de délicatesse, l'obstination et l'entêtement des gens; en dépit de tout, le père et sa fille ne veulent pas se considérer comme déliés de leur engagement; de sorte que la mort de mon rival peut seule trancher les difficultés de la situation...

— Sa mort n'est peut-être pas si nécessaire que vous le croyez. Ce que vous venez de m'apprendre, de Verboise, me donne la preuve de plusieurs choses : d'abord que le père et la jeune fille ne savent pas ce qu'est Henri Merson, et que si le jeune homme, soumis à la volonté de sa mère, s'éloigne de la jeune fille, renonce à ses espérances, c'est que sa mère lui a fait comprendre, sans lui en dire la raison, probablement, qu'il ne devait pas songer à épouser la jeune fille en question.

— Mais qu'est-il donc, cet Henri Merson?

— Un peu de patience, baron, je vous le dirai.

— Malgré vos réticences, je devine qu'il y a un secret.

— Oui, un secret, un secret terrible, que la mère cache avec soin à tout le monde, et, j'en suis convaincu, à son fils lui-même. Tout à l'heure, j'avais encore un doute, mais, maintenant, je suis sûr de ne pas me tromper. Votre rival, baron, est le fils d'une femme que j'ai connue autrefois et qui était alors une charmante, une ravissante créature.

— Ah! ah! une ancienne maîtresse?

— Non, baron, non. J'ai pu la désirer, car elle n'était pas de celles qu'on dédaigne, mais elle n'a pas été ma maîtresse; Marthe, d'ailleurs, était une vertu farouche.

— Mon cher, vous faites bien de m'arrêter, car, cherchant à m'expliquer votre singulière conduite sur le terrain, j'allais m'imaginer que le jeune architecte était votre fils.

— Décidément, de Verboise, vous devez vous défier de votre imagination. Maintenant je vais vous dire, comme je vous l'ai promis, ce qui m'a empêché de tuer mon adversaire. Mais, avant, il faut me faire une promesse.

— Quelle promesse?

— De garder pour vous seul ce que je vais vous apprendre, et surtout de n'en pas souffler mot à la comtesse de Prémorin.

— Vous pouvez être tranquille, de Septème, je vous fais cette promesse; je ne parle pas volontiers des choses qui m'intéressent et je ne dis à la comtesse que ce que je veux perdre.

— Oui, je sais que vous êtes prudent et réservé. Pour bien vous faire comprendre ce qui s'est passé sur le terrain, il faut que vous sachiez que le père d'Henri Merson était un homme excessivement ombrageux et d'une jalousie féroce. Je ne crois pas qu'il ait jamais eu le droit d'être jaloux; mais voilà, il était fou de sa femme.

Un jour que je voulais dérober un baiser à la charmante Marthe, le mari me surprit et j'ai pu croire un instant qu'il allait me tuer. Ah! de Verboise, je n'ai jamais oublié l'expression terrible de la physionomie de cet homme et la fixité troublante de son regard!

Quand je me trouvai en face de mon adversaire l'épée à la main, bien résolu à lui planter ma lame en plein cœur, j'étais loin de me douter à qui j'avais affaire, c'est-à-dire qui était cet Henri Merson dont je devais vous débarrasser.

Et bien, de Verboise, à l'instant même où j'allais le frapper mortellement, nos regards se croisèrent et aussitôt je me sentis comme paralysé.

Mon adversaire avait l'aspect terrible du mari jaloux dont je viens de vous parler : même physionomie, même regard. Bref, la ressemblance était telle que je crus voir se dresser devant moi, comme un farouche fantôme, le mari de la belle Marthe.

Je l'avoue, pour la première fois de ma vie, j'ai eu peur. Et ce mot que j'ai prononcé, que de Laubrac a mal entendu, était un nom, le nom du mari jaloux : Lapret !

— Lapret ! répéta de Verboise.

— Oui, Lapret, Lapret !... Et j'en suis certain, celui qu'on appelle Henri Merson est le fils de ce Lapret.

— Ainsi, sa mère et lui portent un faux nom?

— Oui.

— Pourquoi?

— Vous allez le savoir et vous connaîtrez alors le terrible secret que la mère du jeune homme met tous ses soins à cacher.

Lorsque j'ai connu madame Lapret, il y a une vingtaine d'années, son mari était garde-chasse au domaine de la Pomelière, dans le Calvados, et il avait pour maître le comte Sosthène de Prémorin.

Les yeux du baron de Verboise étincelèrent et sa physionomie prit une expression de joie haineuse.

— Je comprends, j'y suis ! exclama-t-il; on m'a

raconté la mort tragique du comte Sosthène; il a été assassiné par son garde-chasse et ce garde-chasse était Lapret!

— Oui, baron; maintenant vous en savez autant que moi.

— Ainsi, l'architecte et sa mère, qui se cachent sous le faux nom de Merson, sont le fils et la femme d'un assassin!

De Septème était très pâle et nerveusement agité.

L'autre avait sur les lèvres son méchant sourire et la joie du triomphe éclatait dans son regard.

— Mon cher de Septème, reprit-il, ce que vous venez de m'apprendre est pour moi d'une valeur inestimable; aussi je vous en veux moins ou plutôt je ne vous en veux plus de ne pas m'avoir rendu le service que j'attendais de votre épée invincible. Un service en remplace un autre, je vous tiens quitte.

— Merci, de Verboise.

— A quoi le meurtrier a-t-il été condamné?

— Aux travaux forcés à perpétuité.

— Il y a de cela dix-huit ans?

— Oui, à deux mois près.

— Sait-on si ce Lapret existe encore?

— Je ne saurais vous renseigner sur ce point; mais, condamné à perpétuité, c'est à peu près comme s'il était mort.

— Vous avez raison, de Septème; du reste, que l'assassin soit mort ou vivant, cela importe peu.

— De Verboise, je crois deviner ce que vous vous proposez de faire; mais prenez bien garde, soyez prudent!

— Vous pouvez être tranquille, ce n'est pas à un vieux singe qu'on apprend à faire des grimaces.

— De Verboise, vous êtes un homme terrible, votre audace est effrayante.

— Ah ! ah ! vous trouvez !... Eh bien ! de Septème, autant que cela m'est possible, je vous prends pour modèle.

— Faites en sorte, alors, de ne pas m'imiter complètement.

— Mon cher, un homme bien avisé ne doit prendre de toutes choses que ce qui est bon.

Il se leva, tendit sa main au blessé, puis sortit en disant :

— Guérissez-vous bien vite, de Septème, et à bientôt.

L'Italien Paolo, se prenait si bien au sérieux qu'il oubliait son misérable passé et arrivait à se persuader qu'il était réellement le baron de Verboise, et ce geai, paré des plumes du paon, semblait ne pas se souvenir que lui aussi était un assassin. Il ne pensait pas plus à Darasse, dont les eaux de la Marne conservaient le cadavre, qu'au premier cigare qu'il avait fumé.

En arpentant le boulevard d'un pas rapide, il se disait :

— Cette fois, Henri Merson, je te tiens, je te tiens bien ! Ce n'est pas la petite-fille d'une marquise qui épousera jamais le fils d'un assassin, condamné aux travaux forcés à perpétuité ! Geneviève sera ma femme ! A moi les millions !

IV

LA LETTRE ANONYME

Henri Merson s'était levé de bonne heure, comme d'habitude. Enfermé dans son cabinet, il travaillait.

A huit heures et demie, Victorine lui apporta son courrier. Il y avait encore quelques cartes de visites, témoignages de sympathie, et trois lettres. Les deux premières étaient de deux entrepreneurs qui travaillaient sous la direction du jeune architecte.

Henri ouvrit la troisième et, avec une stupeur facile à comprendre, il lut ce qui suit :

« Monsieur,

» J'ai pour principe qu'on doit la vérité à ceux qu'on
» estime et à qui l'on s'intéresse.

» Le courage dont vous avez fait preuve dans votre
» duel avec le baron de Septème m'est un sûr garant
» que vous accueillerez cette lettre comme une mar-
» que de sympathie et que vous ne trouverez pas
» mauvais que je vous rapporte les étranges paroles
» qui ont été prononcées hier devant moi.

» J'aime à croire qu'on s'est trompé, qu'on vous a

» pris pour un autre et que vous avez été ainsi l'objet » d'une calomnie involontaire.

« On prétend, monsieur, que vous portez un nom » qui n'est pas le vôtre, et que, par conséquent, vous » vous servez d'une signature à laquelle vous n'avez » pas droit. Vous vous appelleriez de votre véritable » nom Henri Lapret.

» Enfin, si l'on en croyait la personne dont je » répète les paroles, vous auriez pris le nom de Merson pour ne pas porter celui de Lapret, flétri, déshonoré ! En effet, il y a dix-huit ans, un sieur » Frédéric Lapret, a été condamné aux travaux forcés » à perpétuité, pour crime d'assassinat commis sur la » personne de son maître.

» Mais, encore une fois, on doit se tromper, vous » ne pouvez pas être le fils du meurtrier Frédéric » Lapret.

» Je crois remplir un devoir d'honnête homme en » vous avertissant d'un bruit qui court, qui peut avoir » de l'écho et vous menacer dans votre tranquillité et » votre avenir. »

Ces lignes révélatrices étaient signées : Un ami.

Le jeune homme était pâle comme un mort, son sang se glaçait dans ses veines et ses yeux, démesurément ouverts, restaient fixés sur la lettre anonyme qui lui semblait écrite en caractères de feu.

Son premier mouvement fut celui de l'indignation et de la colère. Mais une clarté subite se fit en lui. Il poussa une plainte sourde et laissa tomber sa tête dans ses mains.

Le malheureux était comme foudroyé.

— Lapret, Lapret ! murmura-t-il ; oui, je me souviens, dans mon enfance je m'appelais Henri Lapret !...

Et, peu à peu, des souvenirs confus se réveillaient dans sa mémoire.

Il revoyait, au milieu des bois, une petite maison toute tapissée de plantes grimpantes ; il revoyait, dans une chambre, son petit lit d'enfant à côté du grand lit de noyer, et les rideaux de cretonne à grandes fleurs sur lesquelles se jouaient les rayons du soleil.

Il se rappelait un homme grand comme lui maintenant, à la barbe noire, aux longues moustaches, portant un uniforme vert, qui le prenait dans ses bras, l'embrassait et adoucissait sa voix pour lui parler.

Cet homme, c'était son père, Frédéric Lapret, le garde-chasse.

Et son père était un criminel ; il était le fils d'un assassin, d'un homme condamné aux travaux forcés à perpétuité !

Horrible ! horrible !

Le malheureux était comme pris de vertige ; il lui semblait que tout tournait, s'écroulait autour de lui et qu'il roulait au fond d'un abîme.

Voilà donc ce que sa mère, en changeant de nom, avait réussi à lui cacher ; voilà donc le secret terrible, épouvantable qu'elle n'avait jamais osé lui révéler !

Mais comment avait-il pu oublier son nom de Lapret? Cela, c'était l'œuvre de sa mère. Ah ! pour qu'elle eût pu chasser ainsi le souvenir de sa mémoire, il fallait que sa tendresse eût été bien ingénieuse !

Il se rappelait qu'il avait été étonné de ne plus voir son père, et que quand il disait : « Où donc est-il, papa ? » deux ruisseaux de larmes coulaient sur les joues flétries de sa mère.

Et quand, plus tard, il l'avait interrogée de nouveau, il se souvenait qu'elle lui avait répondu :

— « Il est mort ! »

Il se souvenait que, souvent, il l'avait pressée de questions, qu'elle lui avait répondu avec embarras, s'empressant de détourner la conversation. Et il n'avait jamais insisté, voyant qu'il la faisait souffrir.

Comment alors, malgré sa jeunesse, n'avait-il pas compris que l'attitude, la réserve de sa mère cachaient un mystère ?

Maintenant le mystère n'existait plus. Il savait tout. Sa mère lui avait donné un faux nom, lui avait dit qu'il était orphelin pour l'empêcher de découvrir qu'il était le fils d'un galérien.

Pauvre femme, comme elle avait dû souffrir !

Ah ! il ne lui en voulait pas de l'avoir trompé ! Il sentait que c'était pour lui, pour lui seul, qu'elle avait eu le courage de mentir, de cacher si longtemps le secret de ses douleurs. Il trouvait, au contraire, qu'elle était plus digne encore de sa tendresse, de son dévouement, de son respect, de son admiration. Sa mère était une femme sublime !

Mais l'affreuse réalité était là, elle se dressait devant lui, implacable, lui barrant tous les chemins.

Il pressait sa tête dans ses mains et ses doigts meurtrissaient son front couvert d'une sueur froide.

Il ne pleurait pas, les larmes ne pouvaient pas sortir, mais il avait la gorge pleine de sanglots.

— Oh ! mon Dieu, oh ! mon Dieu ! disait-il, je voudrais être mort !... Pourquoi donc ce baron de Septème ne m'a-t-il pas tué ? Qu'ai-je à faire de la vie maintenant ? Je ne puis plus me rattacher à aucune espérance.

Rêves d'amour, rêves d'avenir, rêves de bonheur,

tout s'en allait en fumée! Tout disparaissait dans un immense écroulement!

Fils d'un assassin, fils d'un forçat!

Voilà ce qu'il était. Et le premier venu, le montrant au doigt, pouvait dire :

— Vous voyez ce jeune homme qui passe; vous croyez qu'il se nomme Henri Merson, erreur; son véritable nom est Lapret, et son père, un assassin, a été condamné au travaux forcés à perpétuité.

D'une voix déchirante il reprenait :

— Et, malheureux que je suis, j'ai eu l'audace de penser que mademoiselle Geneviève Lionnet pourrait être ma femme!... Mais je ne savais pas, mon Dieu! je ne savais pas!

Il eut un frémissement nerveux et se mit à rire, d'un rire insensé, sec, strident, plus douloureux qu'une plainte d'agonie.

A ce moment sa mère entra dans le cabinet. Elle venait, comme tous les matins, lui mettre un baiser sur le front.

En le voyant pâle, les yeux hagards, ayant l'air d'un fou, elle poussa un cri de mère épouvantée.

Il se redressa.

— Ah! ma mère, ma mère! gémit-il.

— Mon fils, tu me fais peur! s'écria-t-elle; qu'as-tu? Mon Dieu, que t'est-il donc arrivé?

Il ramassa la lettre anonyme, qui était tombée à ses pieds, et la tendit à sa mère.

Celle-ci lut rapidement l'écrit révélateur, puis, tombant à genoux devant son fils, elle murmura d'une voix brisée :

— Mon pauvre enfant! mon pauvre enfant!

Toutes les angoisses maternelles se lisaient sur ses traits décomposés.

— Henri, Henri, reprit-elle, pardonne-moi !

Il lui fit un collier de ses bras et l'embrassa avec une sorte de fureur.

Maintenant il pleurait et sanglotait.

La pauvre mère aussi se mit à pleurer à chaudes larmes.

— Je vous pardonne, ma mère, dit-il, car je sais quels sentiments vous ont fait agir; vous m'avez trompé, mais à quoi cela a-t-il servi ? Vous le voyez, vous le voyez ! Il fallait que j'apprisse tôt ou tard ce que votre tendresse effrayée a mis tant de soin à me cacher ; peut-être aurait-il mieux valu me dire tout de suite la vérité et ne pas me faire porter un autre nom que celui de Lapret.

— Henri, Henri, j'avais mes raisons pour garder le silence. Écoute-moi et crois-moi, mon fils, ton père n'est pas un assassin; il a été condamné, c'est vrai, mais il n'était pas coupable. Si je t'ai caché la vérité, c'est que j'espérais que l'innocence de ton père serait un jour reconnue et que tu pourrais reprendre alors, sans honte, sans rougir, mais avec fierté, le nom de Lapret réhabilité, le nom d'un honnête homme, mon fils, je te le jure !

Henri, l'espoir que j'avais il y a dix-huit ans, je l'ai toujours.

Le jeune homme secoua la tête.

— Ah ! s'écria-t-elle, tu ne crois pas à l'innocence de ton père !

— Il a été condamné ! fit le jeune homme d'une voix creuse.

La mère se leva brusquement, courut à sa chambre

et revint aussitôt, apportant le billet qu'elle avait reçu quinze jours auparavant et qui lui annonçait qu'on avait découvert des preuves de l'innocence de son mari.

— Tiens, lis cela, dit-elle à son fils, lis.

— Oui, ma mère, oui, fit Henri après avoir lu, voilà de consolantes paroles; mais ces lignes ne sont pas signées, la personne qui les a écrites est-elle bien sûre de ce qu'elle avance?

— Tu doutes, mon fils, mais moi j'ai pleine confiance. L'autre jour, j'ai tout dit à M. Lionnet et je lui ai fait lire ce billet; lui aussi est convaincu que ton père n'était pas coupable, et il pense comme moi que le jour est proche où son innocence sera reconnue. Tu sais ce qu'il t'a dit en te quittant. Malgré le malheur qui nous a frappés, il ne renonce pas à ses projets, il voit toujours en toi son futur gendre.

— Cela prouve une chose, ma mère, c'est que le père de Geneviève est moins sévère que je ne le suis moi-même.

— Henri, monsieur Lionnet à une grande âme; il sait que ton père a été faussement accusé et il ne veut pas que tu sois, toi, victime d'une erreur judiciaire, ou, si tu le préfères, victime d'une horrible fatalité.

— Je connais M. Lionnet, ma mère, mais je connais aussi mon devoir et je sais comment je dois agir envers M. Lionnet et envers mademoiselle Geneviève.

Madame Merson soupira.

— Ma mère, demanda le jeune homme au bout d'un instant, mon père existe-t-il encore?

— Hélas, je l'ignore.

— Il est mort, sans doute. Ma mère, vous me dites que mon père n'était pas coupable, je vous crois, oui, je vous crois.., C'est un soulagement pour moi de penser que je ne suis pas le fils d'un misérable... Ma mère, je veux bien croire aussi, avec vous, qu'il sera prouvé un jour que mon père a été faussement accusé d'un crime commis par un autre; mais, allez, malgré tout, nous resterons, vous la femme, moi le fils du condamné Lapret.

La pauvre mère courba la tête.

— Il est des taches qui ne s'effacent jamais ! ajouta le jeune homme d'un ton douloureux.

Madame Merson sanglotait.

— Ah ! ma mère, ma pauvre mère ! s'écria Henri, que de souffrances vous avez endurées depuis dix-huit ans !

— Oui, j'ai souffert, beaucoup souffert, mais je t'avais, tu as été ma consolation et je n'ai vécu que pour toi. Va, mon fils, une mère est bien forte, quand, toute à sa tendresse maternelle, elle rêve constamment à l'avenir de son enfant.

— Je sais ce que vous avez été pour moi, votre dévouement, votre abnégation, ont été sublimes, ma mère !

— Je crois avoir rempli mes devoirs comme je le devais; mais j'étais pauvre, mon ami, très pauvre, et, je dois te le dire aujourd'hui, j'ai été aidée dans ma tâche. Un bienfaiteur mystérieux, qui ne s'est pas encore fait connaître, a toujours veillé sur nous. Chaque année, et jusqu'au jour où, par ton travail, tu as pu largement suffire à tous nos besoins, j'ai reçu du bienfaiteur inconnu l'argent nécessaire pour subvenir aux frais de ton instruction et nous mettre à l'abri du besoin.

— Ma mère, j'ai toujours cru que c'était M. Lionnet...

— M. Lionnet a fait beaucoup pour nous; mais ses bienfaits sont venus après les autres.

— Et vous n'avez pas cherché à savoir qui était ce mystérieux bienfaiteur?

— Si, mon fils, si; mais mes efforts sont restés impuissants et j'ai dû me borner à prier Dieu d'acquitter ma dette de reconnaissance. Ce n'était certainement pas à la veuve Merson que le bienfaiteur s'intéressait, mais à Marthe Lapret, la femme de l'homme injustement condamné.

Comment a-t-il suivi ma trace, depuis le jour où j'ai quitté la Normandie pour venir me cacher à Paris sous un nom d'emprunt? Je ne le sais pas. Mais lui aussi, Henri, croit à l'innocence de ton père, et il a voulu, sans doute, dans la mesure du possible, réparer l'injustice du sort.

Quelque chose me dit que le billet que je viens de te faire a été écrit de sa main.

— « Vous ne devez pas en douter, c'est certain, m'a dit M. Lionnet.

Voilà pourquoi j'espère, mon fils, pourquoi je te conjure de ne pas te laisser aller au découragement, au désespoir.

— Je vous l'ai dit et je vous le repète, ma mère, quoi qu'on fasse, le nom de Lapret est à jamais flétri!...

— Non, non, car le nom de ton père est celui d'un honnête homme! répliqua madame Merson avec énergie.

— Hélas! dit tristement le jeune homme, pour espérer la revision du procès et la réhabilitation du condamné, il faudrait qu'il vécût encore.

— Mais, Henri, s'il n'est pas mort?

— Le silence qu'il a gardé, prouve qu'il n'est plus, ma mère.

— Rien ne nous dit que ce n'est pas dans notre intérêt à tous deux qu'il l'a gardé, ce silence.

Le malheureux hocha la tête et resta songeur.

Madame Merson reprit la lettre anonyme signée un ami et la relut très attentivement.

— Henri, dit-elle, un ami, une personne qui aurait de la sympathie pour toi ne t'aurait pas écrit ce qu'il y a sur ce papier; je devine un ennemi!

— Peut-être avez-vous raison, ma mère.

— Et cet ennemi pourrait bien être M. de Septème.

— Je ne sais pas. Dans tous les cas, ma mère, cette lettre ne contient pas des calomnies, puisqu'elle dit la vérité.

Il ajouta avec une amertume profonde:

— Mon duel m'a été fatal; tout ce bien qu'on a dit de moi, toutes ces marques de sympathie et d'estime.... on a voulu m'élever trop haut!... Ah! la Roche tarpéienne est toujours près du Capitole!

Il y eut un nouveau silence.

— Henri, demanda madame Merson, que vas-tu faire?

Il se redressa, et, regardant sa mère avec une indicible tendresse:

— Jusqu'à présent, répondit-il d'une voix vibrante, ma mère n'a vécu que pour moi, à mon tour, maintenant, je ne veux plus vivre que pour ma mère adorée!

Elle le prit dans ses bras et l'embrassa follement.

— Ma mère, reprit-il, vous vouliez me mettre en garde contre moi-même en me disant de ne pas aimer mademoiselle Lionnet; mais il était trop tard, car déjà je l'aimais de toute la force de mon cœur et de mon âme; puis, quand vous m'avez supplié de ne plus penser à elle, je ne n'ai pas compris pourquoi vous vous placiez en travers de mon amour, je ne pouvais pas comprendre. Pourtant, pour vous obéir, faisant violence à mon cœur, je me suis éloigné de Geneviève.

— Hélas! mon fils bien-aimé, je redoutais pour toi et pour elle les épreuves cruelles; je voulais vous épargner les amertumes du désenchantement.

— Oui, mais alors, je ne savais pas... je ne pouvais pas comprendre. Maintenant, ma mère, je ne peux pas vous dire que je ne penserai plus à Geneviève, que je l'oublierai... Oh! cela, c'est impossible, je l'aime trop, je l'aime trop!... mais ne pouvant plus songer à associer son existence à la mienne, il faut que tout espoir s'éteigne en moi.

— Henri, tu parles en désespéré; M. Lionnet sait tout et tu te rappelles ce qu'il t'a dit.

— Oui, ma mère, oui; mais la générosité et la grandeur d'âme de M. Lionnet m'enseignent mon devoir, je sais ce que je dois à lui, à sa fille et à moi-même. Je ne cesserai jamais d'aimer mademoiselle Geneviève, mais, je vous l'ai dit, je renonce à tout espoir.

Il continua d'une voix sourde :

— Mon père était innocent, mais je n'en suis pas moins son fils, je n'en porte pas moins la flétrissure que la sentence de la cour d'assises a infligée au nom de Lapret.

Je ne reverrai plus Geneviève, ma mère ; oh ! j'aurais honte de l'approcher, de m'offrir à sa vue... Mais, si je lui faisais subir mon contact impur, je perdrais ma propre estime, je ne m'inspirerais plus que de l'horreur et du dégoût!

En achevant ces mots, il se mit à sangloter.

Madame Merson pleurait, la figure cachée dans ses mains.

— Ah! comme je l'aime, comme je l'aime! s'écria le malheureux en se tordant les bras de douleur.

Il continua d'une voix étranglée :

— Toucher au bonheur et le voir s'échapper de vos mains, voilà le supplice des damnés! Ah! ma mère, plaignez votre malheureux fils, son cœur est à jamais brisé!

Madame Merson répondit d'une voix douce, caressante :

— Du courage, mon cher enfant: vivre c'est souffrir! Pense à ton père, à ta mère, à tous ceux qui, avant toi, ont gravi les marches du calvaire. A ton âge, mon fils, il n'est pas permis de se laisser aller aux défaillances. Tu es un homme, et l'homme doit avoir le courage et la force.

— C'est vrai, ma mère; mais l'épreuve est si terrible;... Enfin je ne veux plus vivre que pour vous seule; je serai fort et vous verrez que le courage ne me manquera point.

Maintenant, chère mère, ajouta-t-il en se dressant debout et avec un calme apparent, laissez-moi, je vais écrire.

Madame Merson regarda fixement son fils.

— Ah! fit-elle, tu vas écrire... à M. Lionnet?

— A lui et à mademoiselle Geneviève.

— Soit, dit la mère, voilà un premier acte de courage.

— Dites un premier devoir à accomplir, ma mère.

— Enfin, mon enfant, fais ce que ta conscience te commande.

Comme elle allait sortir, Victorine frappa à la porte du cabinet. Puis du dehors, sans ouvrir, elle dit :

— Madame, c'est un commissionnaire; il apporte une lettre et un rouleau de papier et est envoyé par M. Lionnet.

— C'est bien, Victorine, je vais recevoir ce commissionnaire.

Et, s'adressant à son fils :

— M. Lionnet, dit-elle, me renvoie des papiers que je lui ai confiés ; ce sont les vieux journaux qui donnent le compte rendu des débats devant la cour d'assises qui a condamné ton père. A ton tour, Henri, et dès ce soir, si tu le veux, tu liras cela.

— Oui, oui, ma mère, je lirai.

Il ouvrit lui-même la porte de son cabinet.

Victorine était encore là. Il lui dit :

— Priez le commissionnaire de ne pas s'en aller sans m'avoir vu; je veux le charger de remettre deux lettres que je vais écrire.

V

LE DEVOIR

Resté seul, le jeune homme s'assit devant son bureau, prit sa plume et, rapidement, sans chercher les phrases, il écrivit à M. Lionnet la lettre suivante :

« Monsieur et cher bienfaiteur,

» Ma mère vous a appris que notre véritable nom » est Lapret et que je suis le fils d'un homme qui a » été condamné comme assassin. Malgré cela, vous » n'avez pas voulu me dire que je devais renoncer à » l'espoir de devenir votre gendre. C'est donc à moi » de reconnaître que je ne suis pas digne d'entrer » dans votre famille.

» Mon nom, marqué de la tache d'infamie, ne peut » plus, dans aucun cas, être placé à côté du vôtre si » honorable, si respecté, et que vous avez fait si » noble et si grand !

» Vous avez été mon bienfaiteur, vous m'avez aimé » comme un fils, ma reconnaissance durera autant » que ma vie.

» Mon affection pour vous et mon amour pour » mademoiselle Geneviève resteront inébranlables ;

» mais, mon cher bienfaiteur, mon respect pour vous » et votre famille est au-dessus de tout.

» Vous me pardonnerez d'avoir eu des espérances » insensées ; hélas ! je ne savais rien !

» Plaignez-moi !

» HENRI LAPRET. »

Cette première lettre écrite, il prit une nouvelle feuille de papier sur laquelle il traça les lignes que voici :

» Mademoiselle Geneviève,

» Un jour, ma mère vous a dit : — Mademoiselle » Geneviève, vous ne devez pas, vous ne pouvez pas » aimer mon fils ! » Et à moi elle a dit : — « Garde-» toi d'aimer mademoiselle Lionnet ! » Elle a ajouté : » Si vous vous aimiez, pauvres enfants, ce serait le » plus grand malheur qui puisse vous arriver ! »

» Hélas ! ses terreurs n'étaient que trop justifiées !

» Le terrible secret qu'elle me cachait, je le con-» nais, maintenant. L'obstacle qui nous sépare est » tel qu'il ne m'est pas permis de penser qu'il peut » être brisé !

» Je ne m'appelle pas Merson, et mon véritable » nom est flétri, déshonoré !

» Je vous écris avec des larmes dans les yeux, des » sanglots dans la gorge et le rouge de la honte au » front. Votre père, mademoiselle Geneviève, vous » dira, sans doute, ce que je n'ose pas vous révéler. » Alors vous comprendrez que j'accomplis un devoir » que me commande mon respect pour vous, et que » j'obéis à ma conscience, en vous disant :

» Oubliez-moi !

» Ma douleur est si grande, mon malheur si épou-
» vantable que si j'étais seul au monde j'en finirais
» tout de suite avec la vie; mais j'ai ma mère, ma
» mère vénérée, qui a tant souffert; pour elle, je dois
» vivre!

» Adieu, mademoiselle Geneviève, adieu pour tou-
» jours!

» HENRI MERSON.

» Ma plume s'est refusée à écrire mon véritable
» nom... ma plume, n'est-ce pas plutôt mon cœur! »

Les lettres mises dans deux enveloppes, portant chacune son adresse, le jeune homme essuya ses yeux, puis appela Victorine.

— Avez-vous retenu le commissionnaire? demanda-t-il.

— Oui, monsieur Henri; il est là, qui attend.

— Faites-le venir.

Un instant après, le commissonnaire, tenant sa casquette à la main, entra dans le cabinet.

— Je vous reconnais, dit le jeune homme, vous êtes le père Anselme, le commissionnaire du faubourg Saint-Antoine.

— Oui, monsieur, pour vous servir.

— Tenez, voici deux lettres, une pour M. Lionnet, l'autre pour mademoiselle Geneviève Lionnet; il faut qu'elles soient remises en mains propres, non par la concierge, mais par vous-même.

— Il sera fait comme vous le désirez.

— Voici pour votre peine.

Et l'architecte voulut mettre cinq francs dans la main du père Anselme.

— Non, monsieur, non, dit celui-ci, vous n'avez

rien à me donner; j'ai été déjà largement payé de ma course.

— Je le crois, père Anselme, mais prenez toujours.

— Puisque vous le voulez absolument, monsieur... Si vous saviez comme vous me rendez content en me procurant le bonheur de voir mademoiselle Geneviève et de causer un instant avec elle.

— Ah! vous avez de l'affection pour mademoiselle Lionnet?

— Oui, de l'affection, une grande affection; pour lui épargner une douleur, pour l'empêcher de verser une larme, je ne sais pas ce que je serais capable de faire; enfin, je donnerais ma vie pour elle.

Henri regarda le vieillard et tressaillit.

Le père Anselme, frappé de la pâleur du jeune homme, de l'expression douloureuse de son regard, l'examinait maintenant, cherchant à deviner sa pensée.

— Monsieur Merson, dit-il, je vous aime aussi, vous.

— Mais vous ne me connaissez pas!

— Je vous connais mieux que vous ne le croyez, monsieur Merson. Voulez-vous savoir pourquoi je vous aime aussi? Eh bien, c'est parce que mademoiselle Geneviève vous aime et que vous aimez mademoiselle Geneviève.

Le jeune homme laissa échapper une plainte sourde.

Le père Anselme hocha la tête et reprit :

— Monsieur Merson, vous avez l'air d'un désespéré, et quelque chose me dit que ces deux lettres vont porter au faubourg les cris de votre désespoir. Tenez, si vous voulez me croire, reprenez vos lettres et déchirez-les.

— Non, non ! s'écria le malheureux.

— C'est bien, je suis commissionnaire, je remettrai vos lettres. Mais prenez garde, prenez garde de vous laisser égarer. Aujourd'hui, vous envisagez la vie sous des aspects trop sombres ; mais le temps n'est pas toujours à l'orage et vous ne pouvez pas lire dans l'avenir. Patience, attendez... Un coup de vent balayera les nuages et le ciel tourmenté redeviendra bleu. Monsieur Henri Merson vous serez l'époux de mademoiselle Geneviève.

Un pli amer se dessina sur les lèvres du jeune homme.

— Taisez-vous, vieillard insensé, taisez-vous !... s'écria-t-il avec un accent déchirant.

— Jeune homme, répliqua gravement le père Anselme, vous ne voulez pas me comprendre, mais je vous dis encore ceci : Quand deux âmes se sont données l'une à l'autre et qu'un sourire de Dieu les a bénies, il n'est rien au monde, vous entendez ? rien au monde qui puisse les séparer.

Laissez faire, l'œuvre de Dieu s'accomplira !... Monsieur Merson, Dieu peut éprouver les bons, mais il ne les abandonne pas ; sa Providence veille sur ceux qu'il aime !

Sur ces mots, le père Anselme salua, puis se retira brusquement, laissant le jeune homme stupéfié et se demandant s'il ne venait pas d'avoir affaire à un de ces fous qui se croient illuminés.

Une demi-heure plus tard, en entrant sous le porche de la maison Lionnet, le commissionnaire se disait :

— Je vais remettre ces deux lettres, il le faut ; je ne peux pas enrayer le cours des choses ; mais les méchants n'ont pas si beau jeu qu'ils le pensent. Allez, M. le baron de Verboise, poursuivez vos menées ténébreuses ; quand le moment sera venu, le pauvre vieux commissionnaire saura crier à l'assassin de Pierre Darasse : Halte-là !

Le vieillard remit d'abord à M. Lionnet la lettre qui lui était destinée, puis, sans attendre, conduit par un domestique qui lui en ouvrit la porte, il pénétra dans la pièce où Geneviève se tenait habituellement.

La jeune fille était occupée à confectionner une layette pour une œuvre de charité.

Elle était ravissante sous son costume négligé, et, pendant qu'elle laissait échapper une exclamation de surprise, le vieux commissionnaire, en extase, murmurait :

— Comme elle est belle !

— Eh bien, père Anselme, dit la jeune fille, c'est une lettre que vous m'apportez ?

— Oui, mademoiselle.

— Qui vous l'a remise ?

— M. Henri Merson.

— Donnez, donnez vite, père Anselme.

Il tendit la lettre à Geneviève.

— Mais, fit-elle, où donc avez-vous vu M. Merson ?

— Chez lui, mademoiselle, où M. Lionnet m'a envoyé ce matin porter un petit paquet à madame Merson.

— Ah ! bien, je comprends.

— Mademoiselle Geneviève, reprit tristement le commissionnaire, je ne suis pas un messager de joie ;

je crois, au contraire, que je vous apporte une douleur.

— Mon Dieu ! vous m'effrayez !

— Non, ne vous effrayez pas, et, puisque vous avez encore des épreuves à subir, soyez forte contre elles. Je ne sais pas ce que contient cette lettre, mademoiselle Geneviève, mais j'ai causé un instant avec celui qui l'a écrite et je suis sûr qu'elle exprime une profonde douleur, qu'elle jette un cri de désespoir.

La jeune fille était devenue très pâle ; elle poussa un soupir, déchira l'enveloppe d'une main fiévreuse et se mit à lire, ayant comme un nuage devant les yeux.

A mesure qu'elle avançait dans sa lecture, son beau visage se décomposait, ses mains tremblaient et les larmes coulaient sur ses joues.

Quand elle eut terminé, une plainte sourde s'échappa de sa poitrine, ses bras retombèrent le long de son corps et, pendant quelques instants, elle resta immobile, comme pétrifiée.

Elle ne songeait plus au commissionnaire qui, toujours debout devant elle, la contemplait avec une expression de tendresse indicible.

Enfin elle releva la tête et son regard rencontra celui du père Anselme.

— Mon ami, dit-elle avec un accent qui indiquait un profond découragement, vous ne vous êtes pas trompé, cette lettre est d'un désespéré.

— Mademoiselle, je lui ai dit de ne pas se laisser abattre et de reprendre courage ! A vous aussi, je dis : courage ! Pour vous comme pour lui, les jours deviendront meilleurs.

— Hélas ! autour de lui, comme autour de moi, tout devient de plus en plus sombre.

— Les ombres se dissiperont.

— De quelque côté que je regarde, je ne vois apparaître aucune clarté.

De la main, le vieillard montra le ciel et prononça d'une voix inspirée :

— La clarté viendra d'en haut.

Après un court silence, il reprit :

— Mademoiselle Geneviève, vous savez si le pauvre vieux père Anselme vous est dévoué et s'il vous aime ; permettez-moi de vous faire une recommandation ; quoi qu'il puisse vous arriver, ne faites rien sans me prévenir, ne prenez aucune décision sans m'avoir consulté ; surtout, surtout, mademoiselle Geneviève, quoi qu'on vous dise, quoi qu'on fasse, ne consentez jamais à épouser le baron de Verboise !

Et, sans attendre la réponse de la jeune fille, le commissionnaire disparut.

Geneviève resta un instant absorbée dans ses pensées, puis se leva et se rendit près de M. Lionnet, qui était seul dans son cabinet de travail.

— Mon père, lui dit-elle en pleurant et en lui tendant la lettre d'Henri, lisez ceci, lisez !

M. Lionnet lut rapidement.

— Pauvre garçon ! murmura-t-il.

— Mais que se passe-t-il donc, mon père ? Je ne comprends pas bien, moi... Quel est donc ce secret terrible ?

M. Lionnet n'était pas moins ému que la jeune fille.

Il resta un moment silencieux, réfléchissant, puis, cessant d'hésiter :

— Oui, dit-il, il faut que tu le connaisses, ce secret ; eh bien, mon enfant, le père d'Henri, qui se nommait Frédéric Lapret, et était en ce temps-là, garde-chasse, a été condamné aux travaux forcés à perpétuité pour crime d'assassinat.

Les yeux de Geneviève s'ouvrirent démesurément, elle chancela, puis tomba sur un siège, comme une masse, en prononçant d'une voix rauque :

— Malheur ! malheur !

— Oui, reprit le négociant, il y a là un malheur, un malheur épouvantable ; mais écoute-moi, mon enfant : le père d'Henri, le malheureux Lapret, reconnu coupable, a été frappé par la justice, et, cependant, malgré les apparences qui étaient contre lui et l'accablaient, bien des choses portent à croire qu'il était innocent. Il y aurait donc là une de ces erreurs judiciaires à jamais regrettables et qui ne sont malheureusement pas assez rares. Enfin le père d'Henri aurait été victime d'une étrange fatalité.

Je dois te dire aussi que, récemment, madame Merson a reçu une lettre d'un ami inconnu qui lui apprend qu'on a découvert des preuves irréfutables de l'innocence de son mari.

Mais, en attendant que ces preuves, si elles existent réellement, soient présentées à qui de droit, notre jeune ami Henri reste le fils du condamné Lapret.

Madame Merson avait réussi à cacher à son fils la condamnation de son père ; comment le jeune homme a-t-il eu connaissance de ce passé douloureux ? Je n'en sais rien. Mais cette lettre qu'il t'a écrite et une autre, qui m'a été remise également par le père Anselme, nous prouvent une fois de plus qu'Henri a les sentiments délicats, l'âme haute et fière. Il vient d'agir comme il devait le faire et je n'en suis pas surpris.

— Ah ! mon père, s'écria Geneviève, vous n'êtes pas contre lui, vous ne le méprisez pas !

— Ma fille, aujourd'hui plus que jamais, je dois reconnaître les belles qualités d'Henri Merson ; c'est un homme de cœur, une noble et riche nature.

— Ah ! merci, mon père ! Mais...

— Ne t'arrête pas, Geneviève, parle.

— Croyez-vous, comme M. Henri, que tout est fini entre lui et moi ?

— Non, certes, répondit vivement M. Lionnet ; ce que j'ai dit l'autre jour à Henri devant toi, je suis prêt à le lui répéter. Tu sais, si je t'aime, Geneviève, j'ai aussi une profonde affection pour ce brave garçon ; mon vœu le plus ardent est de vous voir heureux l'un et l'autre, je garde donc l'espoir que vous serez unis un jour.

— Oh ! comme vous êtes bon, mon père !

— Bon, je crois l'être, mon enfant ; mais je veux être, avant tout et toujours, un homme de justice.

Ainsi, mon père, vous croyez que le père de M. Henri était innocent ?

— Oui.

— Et il a été condamné !

— Comme toutes les institutions humaines, la justice a ses imperfections ; les magistrats comme les jurés peuvent se tromper.

— Dans tous les cas, mon père, un fils ne peut pas être responsable des fautes de son père, et en porter la peine.

— Tu parles dans la loyauté de ton cœur et la droiture de ta raison. Oui, Frédéric Lupret eût-il été réellement un criminel que son fils n'en serait pas moins digne de notre affection et de notre estime. Mais le nom de Lapret a été flétri par une condamnation infamante, et le monde a des tyrannies cruelles dont souvent, malheureusement, on est forcé de tenir compte.

La jeune fille regarda M. Lionnet avec inquiétude.

— Ce qui veut dire, mon père ? fit-elle.

— Que la situation nous impose une certaine réserve vis-à-vis de madame Merson et de son fils.

— Ils souffrent, mon père, ils sont malheureux, est-ce donc le moment de les abandonner ?

— Je n'ai pas voulu dire cela, Geneviève. Rassure-toi, mon enfant, le père d'Henri n'a pas commis le crime pour lequel il a été condamné, j'en ai la conviction, et, dès que son innocence sera reconnue...

La jeune fille se redressa brusquement, une flamme dans le regard.

— Mon père, s'écria-t-elle avec exaltation, je croyais, hier, qu'il m'était impossible d'aimer Henri davantage, maintenant mon affection s'est accrue de toute l'étendue du malheur qui le frappe ! Son père serait-il véritablement un assassin, que je ne cesserais pas de l'aimer comme je l'aime !

Je tiens à mon amour, mon père ; il est ma force et ma vie, et rien, rien au monde ne saurait l'arracher de mon cœur !

M. Lionnet resta un instant silencieux et comme en admiration devant la jeune fille.

— Mon enfant, reprit-il, je sais ce que tu attends de moi ; c'est bien, j'irai porter des paroles d'espoir au pauvre désespéré.

— Oui, oui, n'est-ce pas, mon père ? Ah ! tenez,

vous avez toutes les bontés !... Ah ! comme je vous aime aussi, mon père, comme je vous aime !

Et elle se précipita au cou de M. Lionnet, qui l'enveloppa de ses bras et la serra contre son cœur.

A ce moment, la porte du cabinet s'entr'ouvrit et la tête de madame Lionnet apparut.

— Oh ! pardon, fit-elle d'une voix railleuse, je ne pensais pas troubler un tête-à-tête aussi intéressant. En vérité, c'est touchant, fort touchant !

Le regard de M. Lionnet eut un éclair de colère.

Mais la porte s'étant refermée aussitôt, il haussa les épaules en accompagnant ce mouvement d'un sourire de pitié !

En s'éloignant, madame Lionnet grommelait entre ses dents serrées :

— Décidément non, ça ne peut plus durer, il faut que ça finisse !

VI

VISITE A LA MARQUISE

Après être resté quatre jours à son château de la Pomelière, le marquis de Prémorin, revenu à Paris, ne s'en était plus éloigné.

Toutes les semaines, trois ou quatre fois, il venait passer une heure avec sa vieille amie, la marquise de Saulieu, dont il était le consolateur.

La vicomtesse de Mérulle et sa fille étaient toujours le sujet ordinaire de leurs causeries intimes.

La marquise lui faisait part de ses inquiétudes, de ses perplexités ; il l'exhortait à la patience et l'entretenait dans ses douces espérances.

Un matin, la conversation avait eu pour objet Henri Merson, dont la marquise avait pu apprécier le beau caractère, la noblesse de sentiments, et qu'elle avait pris en amitié.

C'était le lendemain du duel et la marquise avait encore devant elle la carte de visite qu'elle allait faire parvenir à son jeune architecte pour le féliciter.

Le marquis s'était mis à faire l'éloge du jeune homme avec beaucoup de chaleur et avait parlé de madame Merson avec émotion et respect, se plaisant à admirer son courage, son abnégation, son dévouement, sa tendresse maternelle, ses vertus.

La marquise l'avait écouté avec plaisir ; c'était un bonheur pour elle d'entendre dire du bien de ceux qu'elle aimait.

Elle avait remarqué qu'un sombre éclair sillonnait le regard du marquis chaque fois qu'il avait dû, en parlant d'Henri Merson et du duel, prononcer le nom de M. de Septème. Mais elle s'en était à peine étonnée et n'avait adressé aucune question au marquis touchant le baron. Elle savait, du reste, que M. de Septème avait eu pour maîtresse Charlotte Letellier, cette femme qui avait conduit à sa perte le malheureux Sosthène de Prémorin, et elle craignait de rouvrir la plaie que le marquis avait au cœur.

Une après-midi, comme M. de Prémorin faisait à la marquise sa visite habituelle et qu'ils recommençaient à parler des espérances de la grand'mère, lesquelles tardaient bien, hélas! à se réaliser, la porte du salon s'ouvrit doucement et le vieux Jean parut.

— Madame la marquise, dit-il, M. Henri Merson, votre architecte, vous prie de vouloir bien lui accorder un moment d'entretien.

M. de Prémorin se leva vivement et, tendant la main à la marquise.

— Mon amie, dit-il, je vous laisse.

— Pourquoi me quitter si vite? vous venez seulement d'arriver.

— Vous avez une visite et je crains...

— Par exemple, il serait singulier que je ne puisse pas causer devant vous avec mon architecte...

S'adressant au valet de chambre :

— Jean, dit-elle, priez M. Henri Merson d'attendre un instant ; je sonnerai quand vous devrez le faire entrer.

Jean disparut.

— Mon ami, reprit la marquise, asseyez-vous. Ne m'avez-vous pas dit que vous n'aviez jamais vu M. Henri Merson ?

— Je vous ai dit cela et c'est vrai, madame la marquise.

— C'est assez étrange, car, si j'en crois ce que vous me disiez dernièrement, vous vous intéressez beaucoup à lui et à sa mère.

— Oui, beaucoup.

— Et la preuve, d'ailleurs, c'est que c'est vous qui m'avez recommandé M. Henri Merson comme architecte.

— Comme je l'ai recommandé partout où j'ai pu le faire. Je n'avais pas besoin de le connaître personnellement pour attirer l'attention de mes amis sur son talent et son mérite.

— Certes, il s'est montré digne de l'intérêt que vous lui portez.

— Aussi il n'a eu qu'à travailler. Si sa situation comme architecte est assez belle aujourd'hui, vous y avez largement contribué, madame la marquise.

— J'ai fait ce que j'ai pu pour votre protégé, mon ami ; j'aurais voulu faire davantage, car, je n'ai pas à vous le cacher, j'ai pour M. Henri Merson une véritable amitié.

— Il la mérite, madame la marquise.

— Je suis heureuse que mon jeune architecte ait eu l'idée de venir me voir aujourd'hui ; il vous offre ainsi l'occasion de le connaître.

— On peut connaître une personne sans l'avoir jamais vue, répliqua le marquis en souriant.

— Vous êtes dans ce cas vis-à-vis de M. Henri Merson, votre protégé.

Madame de Saulieu arrêta son regard sur le visage calme du marquis et reprit :

— Je voudrais bien vous adresser une question; mais...

— Achevez.

— Je crains d'être indiscrète.

— Votre question, mon amie, je la devine et j'y réponds : Si je me suis intéressé à M. Henri Merson et à sa mère, c'est que j'ai connu celle-ci dans son enfance, je pourrais presque dire que je l'ai vue naître.

— Alors, vous la voyez de temps à autre?

— Pas plus que je ne vois son fils. Il y a vingt-deux ans que je n'ai pas vu madame Merson.

— Vous m'étonnez beaucoup, mon ami; mais, avec vous, il faut s'attendre à toutes les surprises.

La marquise prit son petit marteau d'argent et frappa sur le timbre.

Un instant après, introduit par le valet de chambre, Henri Merson entra dans le salon.

Le jeune homme parut tout décontenancé en voyant que madame de Saulieu n'était pas seule. Il jeta un regard inquiet, presque craintif, sur le marquis, qui, après l'avoir examiné avec attention, murmura :

— Comme il ressemble à son père !

La marquise, elle aussi, examinait l'architecte qui, immobile, embarrassé, n'osait pas s'avancer. Elle fut frappée de sa pâleur, de l'altération de ses traits, de son air accablé.

Déjà, lors de la dernière visite qu'il lui avait faite, elle s'était aperçue qu'il avait quelque chose, un chagrin que révélait une grande tristesse; mais ce jour-là, il n'avait point, comme maintenant, les yeux mornes, la figure décomposée et l'attitude d'un malheureux désespéré.

— Monsieur Merson, dit la marquise avec bonté, approchez-vous, voilà un fauteuil qui vous attend.

Enfin, tremblant et comme honteux, il s'avança. Et, quand il fut près de madame de Saulieu et du marquis, il les salua une seconde fois.

— Madame la marquise, dit-il d'une voix humble et respectueuse, je vous demande la permission de rester debout. Pardonnez-moi, madame la marquise, si j'eusse su que vous n'étiez pas seule, je me serais retiré pour revenir plus tard. Je venais... Ah! vous voyez mon embarras, madame, je ne trouve plus ce que je voulais vous dire.

Le marquis comprit et se leva. Il allait sortir, mais d'un signe de la main la marquise le retint.

— Monsieur Merson, est-ce donc d'une affaire secrète que vous voulez m'entretenir? demanda madame de Saulieu.

— Hélas! oui, madame la marquise, il s'agit d'un secret épouvantable.

— Qui vous concerne?

— Ma mère et moi, madame.

M. de Prémorin, qui s'était un peu éloigné, se rapprocha.

— Oh! alors, monsieur Merson, reprit la marquise, je comprends votre embarras; mais monsieur est mon meilleur ami, et, si vous saviez ce que vous êtes pour lui, tout le bien qu'il pense de vous et de madame votre mère, vous n'éprouveriez aucune gêne à parler devant lui. Monsieur Merson, vous ne pouvez rien dire à la marquise de Saulieu que ne puisse entendre son noble ami, M. le marquis de Prémorin.

Le jeune homme tressaillit dans tout son être et devint plus pâle encore.

— Oh! oh! fit-il.

Il joignit les mains, se courba comme écrasé, puis, tombant à genoux devant M. de Prémorin :

— Pardon! pardon! monsieur le marquis, prononça-t-il d'une voix défaillante.

Un sanglot l'empêcha de continuer.

La marquise regardait le vieillard et le jeune homme avec étonnement, cherchant à comprendre.

Le marquis prit la main d'Henri, le força à se relever et, visiblement ému, il lui dit :

— Monsieur Henri Merson, je vous vois aujourd'hui pour la première fois, mais vous n'êtes pas un inconnu pour moi, car depuis que vous êtes à Paris, depuis dix-huit ans je ne vous perds pas de vue... Allons, jeune homme, remettez-vous, vous n'avez pas à trembler et vous n'avez rien à vous faire pardonner. Ce que vous venez apprendre à madame la marquise, je le sais ; parlez donc sans crainte, hardiment, comme si je n'étais pas présent.

Henri stupéfait, ahuri, restait silencieux, ayant toujours les yeux fixés sur le marquis.

Celui-ci, d'un regard sympathique, affectueux même, encouragea le jeune homme à parler.

Alors Henri parvint à se rendre maître de lui ; il se tourna vers madame de Saulieu et lui dit :

— Madame la marquise, je vous dois beaucoup, vous n'avez pas seulement encouragé mes débuts, vous m'avez donné la confiance que je n'avais pas en moi-même; j'ai eu le bonheur de vous inspirer de l'intérêt et je me suis efforcé de mériter votre bienveillance; maintes fois, madame la marquise, vous m'avez donné des témoignages de sympathie et d'estime.

— Et d'amitié aussi, monsieur Merson, vous pouvez le dire.

— Oui, madame la marquise, c'est vrai, vous m'avez même témoigné de l'amitié.

— Vous la méritiez.

— Je ne sais pas, madame la marquise. Dans l'ignorance où j'étais du passé, je vous ai trompée; depuis ce matin seulement, je le connais, ce passé terrible, et c'est parce que vous n'avez eu que des bontés pour moi, madame la marquise, parce que le mensonge m'est odieux et parce que je me ferais horreur à moi-même de vous tromper plus longtemps, que je viens vous dire : madame la marquise, je ne m'appelle pas Henri Merson.

— Vous ne vous appelez pas Henri Merson ?

— Hélas ! non, madame la marquise, mon véritable nom est Henri Lapret.

— Lapret, Lapret ! répéta madame de Saulieu en interrogeant du regard M. de Prémorin.

Le marquis avait repris son impassibilité habituelle.

Le jeune homme continua.

— Mon père, Frédéric Lapret, a été au service de M. le marquis de Prémorin en qualité de garde-chasse ; plus tard, toujours comme garde-chasse, il a été le serviteur de M. le comte Sosthène de Prémorin, et j'avais huit ans lorsqu'il a été condamné aux travaux forcés à perpétuité pour crime d'assassinat commis sur la personne de son maître.

Et, d'une voix étranglée, le malheureux ajouta :

— Madame la marquise, je suis le fils d'un forçat !

— Oh ! mon Dieu ! gémit madame de Saulieu.

L'architecte laissa tomber sa tête sur sa poitrine. Ses jambes fléchissaient sous le poids de son corps.

Le marquis lui saisit le bras et lui dit avec un ton de douce autorité :

— Asseyez-vous donc ; ne sentez-vous pas que vous allez tomber ?

Il laissa échapper une plainte sourde et s'affaissa sur le siège qu'il avait d'abord refusé.

Après un moment de silence, M. de Prémorin reprit la parole.

— Monsieur Henri, dit-il, est-ce votre mère qui vous a révélé ce terrible secret qu'elle était parvenue à vous cacher jusqu'à présent ?

— Non, monsieur le marquis, ma mère ne voulait rien me dire ; une lettre que j'ai reçue ce matin m'a tout appris.

— Une lettre, dites-vous ?

— Oui, monsieur le marquis.

— Et de qui est-elle, cette lettre ?

— Je l'ignore, elle est signée un « ami. »

Un sombre éclair traversa le regard de M. de Prémorin.

— Oh ! un ami, prononça-t-il sourdement, un ami à la manière du personnage avec lequel vous vous êtes battu en duel. Votre mère sait-elle que vous avez appris ce qu'elle avait mis tous ses soins à vous cacher.

— Oui, monsieur.

— Ah ! et que dit-elle ?

— Rien. Elle souffre et pleure.

— Pauvre femme! Est-ce que vous avez pris la résolution d'apprendre à toutes les personnes que vous connaissez que vous êtes le fils du condamné Lapret.

— Oui, monsieur le marquis.

— Je ne vois pas que cela soit nécessaire.

— Monsieur le marquis, je n'ai pas le droit de me cacher sous un nom qui ne m'appartient pas ; je m'appelle Henri Lapret et je ne peux plus porter un autre nom que le mien.

— Je comprends les sentiments auxquels vous obéissez ; cependant vous voudrez bien continuer à porter le nom de Merson et ne plus dire à qui que ce soit que vous vous appelez Lapret, et que votre père a été condamné pour crime d'assassinat.

— Mais, monsieur le marquis...

— Eh bien?

— Cacher qui je suis serait tromper les honnêtes gens.

— Brave garçon! pensa M. de Prémorin.

Il reprit à haute voix :

— Allons, allons, jeune homme, n'exagérons rien ; on trompe les honnêtes gens quand on abuse ou que l'on cherche à abuser de leur confiance; vous n'êtes pas dans ce cas; du reste, je n'ai pas à discuter sur vos scrupules. Mais je vous adresse une question :

— Croyez-vous que le père de Sosthène de Prémorin, mort assassiné, a le droit d'obenir quelque chose de vous?

— Oh! monsieur le marquis!

— Si vous le croyez, vous continuerez à vous appeler Henri Merson, parce que le marquis de Prémorin le veut.

Le jeune homme baissa la tête.

— Si c'est un sacrifice que je vous impose, vous ferez ce sacrifice, est-ce entendu?

— Le fils du condamné Lapret doit obéissance au père de la victime.

— C'est bien. Maintenant autre chose. Votre mère ne vous a-t-elle pas dit qu'elle était fermement convaincue de l'innocence de son mari?

— Elle me l'a dit, monsieur le marquis, mais, hélas! ma pauvre mère s'illusionne!

— Alors elle n'a pu vous faire partager sa conviction?

J'ai lu l'acte d'accusation, le compte rendu des débats, le jugement.

— Et comme les jurés, les juges, vous reconnaissez que l'accusé était coupable?

De nouveau le jeune homme courba la tête et laissa échapper un sourd gémissement.

VII

BONNES PAROLES

Il y eut quelques instants de silence.

Madame de Saulieu regardait tour à tour le jeune architecte avec une expression de compassion profonde, et le marquis de Prémorin, ayant l'air de lui demander ce que signifiaient ses paroles. Mais elle connaissait son viel ami et elle s'attendait à quelque coup de théâtre.

— Monsieur Henri Merson, reprit le marquis, j'ai connu Frédéric Lapret, et votre ressemblance avec votre père, quand il avait votre âge, bien entendu, est frappante; mais, plus je vous examine, lisant dans votre cœur et votre pensée, plus je découvre que si, physiquement, vous êtes le portrait de votre père, vous lui ressemblez également au moral.

Et bien, jeune homme. interrogez vos sentiments, votre conscience, tout ce qui vibre en vous, et demandez-vous si Frédéric Lapret, le serviteur fidèle et dévoué, l'ancien soldat dont la conduite a toujours été irréprochable, demandez-vous enfin si l'homme dont vous êtes le fils a pu commettre le crime pour lequel il a été condamné.

Maintenant, une sorte de tremblement nerveux secouait le jeune homme.

— Monsieur Henri Merson, continua le marquis, votre mère n'a jamais douté de l'innocence de son mari, et voilà pourquoi elle est à mes yeux une grande et noble femme ! Ah ! vous pouvez aimer, vénérer votre mère, elle a droit à votre tendresse filiale comme à l'estime et au respect de toutes les honnêtes gens !

Elle n'a jamais douté de son mari et elle a eu raison, car moi, le marquis Romain de Prémorin, le père de la victime, j'affirme que le condamné Frédéric Lapret n'était pas coupable !

Le jeune homme se dressa debout d'un seul mouvement.

— Innocent ! s'écria-t-il, les yeux étincelants, innocent ! mon père était innocent !

— Oui, et quand le moment sera venu, vous pourrez, sans rougir, reprendre le nom de Lapret.

— Hélas ! monsieur le marquis, répondit tristement Henri, il y a la flétrissure, la condamnation infamante, et le monde impitoyable verra toujours, en ma pauvre mère et moi, la femme et le fils d'un criminel.

— Jeune homme, répliqua M. de Prémorin d'un ton grave, laissons le monde impitoyable; il n'est pas aussi cruel que vous le croyez : s'il est sans pitié pour les vrais misérables, il sait prendre la défense des opprimés et compatir au malheur immérité.

A présent et pour quelque temps encore vous êtes Henri Merson; quand vous vous appellerez Henri Lapret, la flétrissure qui s'attache à ce nom n'existera plus. Vous ne savez pas ce qu'il y a dans l'avenir et vous devez ignorer ce que l'on fait pour vous.

Henri écoutait, comme suspendu aux lèvres du marquis.

Celui-ci continua :

— Votre mère vous a-t-elle parlé d'un billet qu'elle a reçu, il y a quelque temps, où elle est informée que l'on a découvert des preuves de l'innocence de son mari ?

— Ce matin même, monsieur le marquis, ma mère m'a fait lire ce billet, mais il n'est pas signé.

Apparemment parce que la personne qui l'a écrit ne veut pas être connue.

— Mais pourquoi ?

— Vous devez admettre qu'elle a ses raisons. N'est-il pas dit, dans cette information, que le procès criminel sera examiné à nouveau et l'innocence de Frédéric Lapret proclamée au grand jour ?

— Oui, monsieur le marquis.

— Alors, jeune homme, relevez donc votre courage abattu et attendez avec patience que la promesse faite à votre mère par son correspondant inconnu se réalise.

— Ah ! monsieur le marquis, s'écria Henri d'une voix vibrante d'émotion, vos paroles de consolation et d'espérance viennent de jeter en moi une clarté subite. Monsieur le marquis, ma mère m'a aussi parlé d'un protecteur inconnu, d'un mystérieux bienfaiteur qui s'est intéressé au sort de la femme et du fils du condamné, leur est venu en aide dans leur détresse et a constamment veillé sur eux. Ce mystérieux bienfaiteur, monsieur le marquis, je le connais maintenant, c'est vous !

Mais vous ne vous êtes pas contenté de donner, à la mère et à l'enfant, le pain de chaque jour : continuant votre œuvre, vous vous êtes fait le protecteur du jeune homme, vous avez rendu facile le début de sa carrière ; vous m'avez recommandé à d'autres personnes, et voilà comment le travail m'est venu comme par enchantement.

Ce que je suis aujourd'hui, monsieur le marquis, je vous le dois ; ma mère et moi nous vous devons tout.

Il s'inclina respectueusement devant le bienfaiteur, et, avec des larmes dans la voix, prêt à sangloter, il ajouta :

— Merci, monsieur le marquis, merci !

Des larmes coulaient sur les joues de la marquise.

Elle tendit la main à M. de Prémorin et lui dit :

— Ainsi, mon ami, vous vous cachez donc, vous aussi, pour faire le bien ?

— On est toujours entraîné à suivre les bons exemples que vous donnez, répondit le marquis en souriant.

S'adressant à Henri, il reprit :

— Mon jeune ami, je pourrais vous répondre que je ne suis pas le bienfaiteur dont vous parlez ; mais je n'ai plus les mêmes raisons qu'autrefois pour agir mystérieusement, et puis vous aurez peut-être plus de force et de confiance en sachant que vous pouvez vous appuyer sur moi.

En m'intéressant à votre mère, j'ai fait ce que je devais, d'abord parce qu'elle le méritait ; ensuite, je ne pouvais pas l'abandonner dans son malheur, en souvenir de madame de Prémorin, qui me l'avait recommandée à son lit de mort, et aussi en souvenir de mon malheureux fils, dont elle a été l'amie d'enfance et la consolatrice dans les mauvais jours.

En m'intéressant à la mère, je devais forcément m'intéresser à l'enfant et, plus tard, au jeune homme. Toutefois, n'exagérez pas; ils sont très petits, les services que j'ai pu vous rendre; c'est à votre travail, à votre activité, à votre mérite, à votre talent que vous devez ce que vous êtes.

L'homme s'élève par lui-même; on a beau vouloir le mettre en lumière, s'il ne possède pas les aptitudes nécessaires, s'il n'a pas en lui la flamme sacrée, il reste dans l'obscurité.

— Monsieur le marquis, répondit Henri, d'un ton pénétré, vos paroles sont trop flatteuses pour moi, je les accepte cependant, puisqu'il plaît à l'homme généreux d'augmenter encore la valeur de ses bienfaits par une extrême bienveillance; toutefois, monsieur le marquis, vous me permettrez de ne pas limiter ma reconnaissance.

— Mon jeune ami, répliqua le vieillard avec son doux sourire, soyez toujours pour votre mère un bon fils, suivez sans découragement, sans défaillance la voie ouverte devant vous, rendez des service à votre pays, que votre travail vous donne la fortune, méritez des honneurs et le marquis de Prémorin sera content de vous.

— Je me sentais brisé, anéanti et me croyais vaincu, monsieur le marquis; mais vous avez raffermi mon courage et maintenant je serai fort, je vous le promets.

— Bien, très bien.

— Monsieur le marquis m'autorise-t-il à faire connaître à ma mère le nom de notre mystérieux bienfaiteur?

— Puisque je suis sorti de l'ombre, vous pouvez me rappeler au souvenir de votre mère et lui dire que, plus que jamais, elle peut compter sur le marquis de Prémorin. Toutefois, et bien que je n'aie plus les mêmes raisons qu'autrefois pour m'envelopper de mystère, il est important que vous et votre mère ne parliez de moi à personne. Il ne faut pas qu'on puisse se douter que le père de Sosthène de Prémorin a promis à la femme et au fils du condamné de faire reconnaître l'innocence de Frédéric Lapret. Vous me comprenez bien, n'est-ce pas ?

— Oui, monsieur le marquis.

— Une indiscrétion pourrait tout compromettre ; je consacre les dernières années de ma vie à un acte de vengeance, c'est mon fils que je veux venger, et, en poursuivant mon œuvre, c'est aussi la réhabilitation de Frédéric Lapret que je veux obtenir.

— Monsieur le marquis, ma mère n'a plus entendu parler de mon père depuis sa condamnation, elle ignore s'il est encore de ce monde ; monsieur le marquis, savez-vous si mon malheureux père vit encore?

M. de Prémorin resta un moment silencieux, réfléchissant.

— Mon jeune ami, dit-il, je ne répondrai pas à la question que vous venez de m'adresser; mais si vous voulez être exactement renseigné au sujet de Frédé-Lapret, rendez-vous demain à Versailles, accompagné de votre mère ; vous vous présenterez à l'hôtel des Chantiers et demanderez à parler à M. Durocher.

— Qui est cet homme, monsieur le marquis ?

— Cet homme, monsieur Henri Merson, est un ancien forçat, qui a subi sa peine à la Guyane, et est arrivé à Versailles depuis trois jours seulement.

— Merci, monsieur le marquis ; demain, ma mère et moi nous verrons ce M. Durocher. Devrons-nous nous présenter de votre part ?

— Oh ! c'est absolument inutile ; du reste, M. Durocher sera prévenu de la visite de madame Merson et je crois pouvoir vous assurer qu'il vous sera fait bon accueil.

Henri s'inclina devant le marquis, puis s'adressant à madame de Saulieu :

— Madame la marquise, dit-il, je ne veux pas abuser plus longtemps de vos instants, je vous demande la permission de me retirer.

— Oui, mon ami, allez vite retrouver votre bonne mère afin de lui dire que vous revenez près d'elle moins malheureux, moins désespéré que lorsque vous l'avez quittée.

Le jeune homme remercia encore le marquis avec effusion, puis sortit du salon en disant :

— J'emporte dans mon cœur un rayon d'espérance !

— Oh ! quel brave garçon ! dit la marquise.

— Oui, il a le cœur haut placé !

— Ce qui prouve que l'on n'est pas noble seulement par le titre ; ah ! il a la véritable noblesse, ce fils d'un simple garde-chasse !

— Oui, mon amie. vous avez raison ; sans doute il

est beau, il est glorieux d'avoir des aïeux ; mais l'on n'est grand que par soi-même !

— Marquis, n'est-ce pas une surprise que vous ménagez à la mère et au fils en le envoyant à Versailles ?

— Vous avez deviné.

— Qui est ce monsieur Durocher ?

— Ce personnage est, comme je l'ai dit à M. Henri Merson, un ex-forçat, retour de Cayenne ; mais sous ce nom de Durocher, se cache Frédéric Lapret, dont j'ai obtenu la grâce.

— Ah ! j'attendais cela ! Tenez, mon vieil ami, vous êtes l'homme bon par excellence !

Henri Merson revint au boulevard Magenta ayant repris courage et sentant en lui comme une force nouvelle. Après ce que lui avait dit le marquis de Prémorin, pouvait-il encore désespérer de la vie ? Non. Maintenant, il ne doutait plus de l'innocence de son père, et, plein de confiance dans la promesse du marquis, il n'avait plus qu'à attendre le jour où un acte de réparation et de justice effacerait la flétrissure infligée au nom de Frédéric Lapret.

Toutefois, son cœur ne se rouvrait pas à toutes les espérances ; il voyait toujours le même abîme creusé entre lui et Geneviève ; même l'innocence de son père reconnue et proclamée, il ne se trouvait plus digne de la jeune fille, tellement il la plaçait haut et au-dessus de lui.

L'homme véritablement épris établit de ces comparaisons qui ne sont pas toujours justes ; c'est à son détriment, en se faisant petit, humble, en s'abaissant même, qu'il élève un autel à la femme qui est l'idole de son cœur, l'objet de son culte.

Henri, d'ailleurs, inspiré par sa conscience et des sentiments qui lui faisaient honneur, avait renoncé à Geneviève; noblement, loyalement il avait fait le sacrifice de son amour, de sa plus chère espérance, et c'était dans la grandeur même de son amour qu'il avait puisé la force nécessaire pour accomplir le sacrifice.

Oh! c'était bien fini entre lui et Geneviève; de ce côté plus d'espoir, l'avenir s'était fermé.

— Je travaillerai avec plus d'ardeur que jamais, se disait-il; à force de pression, j'imposerai silence à mon cœur; le travail deviendra mon unique passion et je trouverai en lui, j'espère, ce que l'amour ne peut plus me donner.

Il prenait de sages et mâles résolutions, le brave garçon; seulement, il ne connaissait pas encore la puissance tyrannique de l'amour.

Mais, s'il aimait assez Geneviève pour faire un sacrifice sublime, la jeune fille l'aimait assez aussi pour ne pas accepter le sacrifice d'un amour dont elle avait plus que jamais le droit d'être fière.

Quand le jeune homme rentra chez lui, Victorine lui dit, prenant un petit air mystérieux :

— M. Lionnet est avec madame, mais c'est pour vous voir qu'il est venu, il vous attend.

— Où sont-ils ?

— Dans le salon.

— Puis-je entrer ?

— Bien sûr, puisque M. Lionnet vous attend avec impatience.

Henri traversa la salle à manger et, après s'être annoncé en frappant à la porte du salon, il entra.

M. Lionnet se leva et tendit à Henri sa main largement ouverte.

Madame Merson avait déjà remarqué l'heureux changement qui s'était fait chez son fils. Aussitôt, son pâle visage, depuis longtemps flétri par la douleur, s'anima et prit une expression presque joyeuse.

— Mon cher Henri, dit-elle, je constate avec une grande satisfaction que tu n'es plus aussi malheureux, aussi désespéré que lorsque tu m'as quittée.

— Je n'ai plus, en effet, l'esprit aussi troublé, chère mère, j'ai réfléchi, j'ai pensé à vous, à votre résignation, qui me commande d'être résigné moi-même, et peu à peu le calme s'est fait en moi. D'ailleurs, chère mère, je suis maintenant convaincu comme vous que mon père n'était pas coupable, et que, dans un temps peut-être peu éloigné, son innocence sera reconnue.

— Henri, mon ami, dit M. Lionnet, votre mère ne vous a pas laissé ignorer que je partage votre conviction, et je crois aussi que cette lettre sans signature, adressée à madame Merson par un ami inconnu, ne contient pas une vaine promesse.

Henri, votre mère me disait tout à l'heure que vous vouliez dès maintenant reprendre votre vrai nom.

— C'était mon intention, mais j'ai changé d'idée ; on m'a fait comprendre que je devais encore et jusqu'à nouvel ordre porter le nom de Merson.

— A la bonne heure.

— Le jour où il sera reconnu publiquement que mon père a été condamné pour un crime dont il n'était pas coupable, — Dieu veuille que ce jour soit proche, — je reprendrai fièrement mon nom de Lapret ; est-ce à dire que j'aurais honte de le porter maintenant? Non, certes. Il me suffit d'être convaincu de l'innocence de mon père pour braver le mépris et les outrages. Que m'importe le monde? quand je peux me dire à moi-même: Marche le front haut, tu es le fils d'un honnête homme!

— Henri, mon ami, reprit M. Lionnet, vous auriez pu ajouter: et d'une victime! Le jour où il sera reconnu que votre père était innocent, sa condamnation ne sera plus une flétrissure, mais une sorte d'auréole, et, autant que les plus honorables et les plus honorés, le nom de Lapret aura droit au respect de tous.

— Tu entends, mon fils, tu entends! dit madame Merson.

Elle continua:

— M. Lionnet a reçu la lettre que tu lui as adressée ce matin, il a lu aussi celle que tu as écrite à mademoiselle Geneviève, et c'est au sujet de ces deux lettres qu'il a tenu à te voir aujourd'hui même.

— Oui, mon cher Henri, reprit le négociant, car j'ai senti que je devais répondre immédiatement à votre lettre; ma fille m'a aussi chargé d'une mission que j'ai acceptée avec joie; Henri, je vous apporte la consolation.

— Ah! vous venez me consoler, moi, qui suis pour vous et mademoiselle Geneviève une cause de chagrin!

— Le chagrin que vous nous causez, mon ami, ne vient pas de vous, mais du malheur immérité dont vous souffrez. Je ne vous blâme pas d'avoir écrit les deux lettres que nous avons reçues ce matin.

— C'était mon devoir, le devoir d'un honnête homme.

Oui, car votre honnêteté et votre loyauté vous l'imposaient. Mais vous n'avez réussi qu'à vous grandir encore dans mon estime et à vous faire aimer davantage. Vous renoncez à Geneviève, vous nous déliez de la promesse qu'elle et moi vous avons faite. Nous apprécions les sentiments auxquels vous obéissez, et je viens vous dire, mon ami, que ni Geneviève ni moi n'acceptons votre sacrifice.

— Monsieur, que voulez-vous dire?

— Je veux dire, Henri, que vous n'êtes nullement atteint par la condamnation qui a frappé votre père innocent, je veux dire qu'aux yeux de Geneviève et aux miens, loin d'avoir démérité, vous avez acquis de nouveaux droits à notre affection.

— Ah! monsieur Lionnet, prenez garde de me rendre fou!

— Non, mon ami, non, gardez votre raison et ne perdez aucune de vos espérances.

— Vous me dites cela, vous me dites tout cela au nom de mademoiselle Lionnet?

— Vous oubliez donc que Geneviève vous aime autant que vous l'aimez vous-même?

— Ainsi, monsieur Lionnet, vous voulez...

— Je veux, je veux... ce que j'ai toujours voulu; je veux le bonheur de deux enfants que j'aime et qui sont unis par l'amour.

Henri s'était levé, il fit quelques pas dans le salon ayant un rayonnement dans le regard, puis revint vers M. Lionnet, les deux mains tendues:

— Ah! comme vous êtes bon! s'écria-t-il et comme je me sens fier d'une affection telle que la vôtre! Ainsi, je peux garder l'espoir d'être un jour l'époux de ma Geneviève adorée?

— Oui, mon ami.

— Ah ! en me rendant cet espoir, vous me rendez aussi la vie !

— Henri, gardez-vous pour Geneviève comme Geneviève se garde pour vous et attendons que la promesse faite à votre mère devienne une réalité ; attendons tous et espérons ! Henri, je suis venu pour vous rassurer et vous consoler, pourrai-je dire à ma fille que j'ai réussi ?

— Dites-lui, monsieur Lionnet, que j'étais tombé dans la nuit profonde et que maintenant tout rayonne et resplendit autour de moi ; dites-lui que, de nouveau, des horizons lumineux s'ouvrent devant celui qe'elle veut bien ne pas trouver indigne d'elle.

— Bien, mon ami. Et maintenant détournez vos yeux du passé qui n'est plus ; regardez du côté de ces horizons lumineux dont vous parlez et qui sont pour vous l'avenir riche de promesses.

— Vous êtes rassuré, consolé, bientôt aussi Geneviève sera rassurée, consolée ; vous avez souffert elle a souffert autant que vous, car la douleur de votre cœur atteint son cœur, et son âme partage les angoisses de votre âme.

— Ah ! dites-lui encore, monsieur Lionnet, qu'elle est pour moi le symbole de tout ce qu'il y a de grand et de noble sur la terre et que son amour met en moi tous les courages !

Désormais, je ne redoute plus aucune épreuve, je peux tout braver. Si mon énergie venait à défaillir, je n'aurais qu'à évoquer le souvenir de Geneviève pour me rappeler que, dans toutes les circonstances, je dois être fort, afin de me montrer digne d'elle !

M. Lionnet ouvrit ses bras à Henri et les deux hommes s'embrassèrent

Madame Merson essuya ses yeux mouillés de larmes.

Ayant rempli sa mission, M. Lionnet avait hâte de retourner près de Geneviève. Il échangea encore quelques paroles avec la mère et le fils, puis il se retira.

VIII

RAYON D'ESPOIR

Madame Merson avait repris sa place dans son fauteuil; Henri s'assit aux pieds de sa mère sur un tabouret, et la regardant avec une indicible tendresse :

— Ma mère chérie, dit-il, je lis dans tes yeux, et je vois combien tu es heureuse du changement subit qui s'est fait en moi. Oui, j'ai complètement repris possession de moi-même, et, à ma douleur, à mon désespoir de ce matin, succède une véritable joie.

— Je comprends, fit la mère avec un doux sourire, tu craignais de perdre à jamais Geneviève.

— Il y avait cela, mère, mais autre chose encore, tu le sais bien.

— Enfin, mon enfant, je suis heureuse, comme tu le dis, de te voir renaître à l'espérance.

— Jusqu'à ce jour, j'ai bien peu souffert en comparaison des souffrances cruelles que ma pauvre mère a endurées depuis dix-huit ans. Je suis rassuré, consolé ; mais il faut que ma mère, elle aussi, soit consolée. Je suis sûr maintenant que mon père n'était pas coupable, et — il ne s'agit plus d'un vague espoir, ma mère, —

je te donne l'assurance que son innocence sera bientôt reconnue et que le châtiment du meurtrier du comte de Prémorin ne se fera pas attendre.

Alors, ma mère, après les témoignages d'estime et d'affection qui viennent de m'être donnés, Henri Lapret pourra devenir l'époux de mademoiselle Geneviève Lionnet.

— Ecoute-moi, chère mère, écoute-moi bien : Cette lettre non signée que tu as reçue il y a quelque temps et que tu m'as fait lire ce matin ne nous donne pas une fausse espérance ; la personne qui l'a écrite tiendra sa promesse ; cette personne, ma mère, je la connais.

— Tu la connais !

— Oui, ma mère, c'est le père de la victime, M. le marquis de Prémorin.

Madame Merson se dressa comme par un ressort.

— Lui, s'écria-t-elle, lui !

— Oui, ma mère, lui !... Tu n'as plus à chercher le nom de ton mystérieux bienfaiteur.

— Henri, bien souvent j'ai eu la pensée que la personne généreuse et bonne qui me venait en aide et veillait sur moi était M. le marquis de Prémorin ; mais je repoussais cette idée, me disant qu'il était impossible que M. le marquis s'intéressât à la femme de l'assassin de son fils.

— Comme toi, ma mère, M. le marquis de Prémorin n'a jamais cru à la culpabilité de Frédéric Lapret.

— Ah ! mon fils, je connais M. de Prémorin et je sais ce qu'il peut; si, non content de ce qu'il a déjà fait pour nous, il prend notre cause en mains, nous pouvons tout espérer et tout attendre ! Ainsi tu es sûr, bien sûr que M. le marquis de Prémorin est l'auteur de cette lettre qui me promet la réhabilitation de ton père?

— Oui, ma mère.

— Mais comment as-tu su ?

— M. le marquis lui-même m'a confirmé ce qu'il vous a écrit.

— Tu as vu M. de Prémorin ?

— Je l'ai vu et il a bien voulu m'avouer qu'en souvenir de sa femme et de son fils, convaincu d'ailleurs de l'innocence de Fréderic Lapret, il n'avait pas voulu abandonner la femme et le fils du condamné.

— Mais comment as-tu pu voir M. le marquis ? Henri, explique-moi...

— Quand je t'ai quittée, ma mère, je ne t'ai pas dit où j'allais, je ne le savais pas moi-même ; après avoir erré pendant une heure à travers les petites rues, cherchant à ressaisir ma pensée, je me suis rendu chez madame la marquise de Saulieu où j'ai eu le bonheur de rencontrer M. le marquis de Prémorin.

Madame Merson leva les yeux au ciel.

— Ah ! mon fils, mon fils, dit-elle, c'est Dieu qui a conduit tes pas !

— Je le crois, ma mère, car c'est une force invincible qui m'a poussé aujourd'hui vers la rue de Varennes. En traversant la Seine, croyant n'avoir plus rien à espérer sur la terre, je me sentis pris tout à coup du dégoût de la vie.

— Malheureux enfant !

— Si j'eusse été seul au monde, je me serais précipité dans le fleuve !

— Ah ! tu me fais frissonner !

— Mais je pensais à toi, ma mère chérie, à tes longues années de torture, et je fis de nouveau le serment de me résigner à mon sort et de vivre pour toi. Alors l'eau de la rivière me fit peur et je m'éloignai rapidement.

Quand j'entrai chez madame de Saulieu, le désespoir avait envahi tout mon être, j'avais l'âme défaillante, je n'avais plus confiance en rien ; j'étais un de ces malheureux qui marchent à tâtons dans l'obscurité sans savoir où ils iront donner de la tête.

M. le marquis de Prémorin m'a parlé, sa voix vibrante, comme celle de ces grands prophètes qui ont fait tressaillir le monde, a ranimé mon âme et fait pénéter en moi comme une céleste clarté. Et, quand je suis sorti de l'hôtel de Saulieu, ma mère, je n'étais plus le même homme, j'avais retrouvé la foi.

Je revins ici où M. Lionnet m'attendait pour me dire :

— « Vous renoncez à Geneviève, mais ni elle ni moi n'acceptons votre sacrifice ; Geneviève vous aime et vous trouve toujours digne d'elle, elle sera votre femme, gardez toutes vos espérances ! »

— Ah ! ma mère, ma mère, comme c'est bon de se sentir soutenu et de se savoir aimé ! Il me semble que pour moi, dans le ciel, se lève une nouvelle aurore !

En parlant ainsi ses traits s'étaient animés, et la lumière de ses yeux répandait sur sa physionomie une clarté rayonnante. Il était beau, superbe, et sa mère, dans l'ivresse de son amour maternel, le contemplait avec un indéfinissable sentiment d'admiration et d'orgueil.

Après un moment de silence il reprit :

— Ma mère, M. le marquis de Prémorin ne m'a pas dit tout ce qu'il sait au sujet de mon père ; pourquoi? Je l'ignore. Mais ce qu'il ne m'a pas dit, ce qu'il a voulu me cacher, je crois l'avoir deviné.

— Eh bien ?

— Eh bien, chère mère, après avoir écouté les paroles de M. de Prémorin avec une attention respectueuse, j'ai acquis la conviction que celui que tu as tant pleuré, que mon père vit encore.

— Dieu du ciel, si tu disais vrai ! exclama madame Merson.

— Ma mère, ce n'est pas la mémoire de Frédéric Lapret que M. de Prémorin veut réhabiliter, mais mon père lui-même.

— Ah ! mon fils, si ton père nous était rendu...

— J'ai cet espoir, chère mère, et voilà pourquoi, quand les autres m'ont consolé, ton fils te dit à son tour : ma mère, rassure-toi et console-toi !

— Ainsi, murmura-t-elle comme se parlant à elle-même, Frédéric vivrait encore !

— Oui, ma mère. Du reste, demain nous en aurons une certitude complète.

— Que veux-tu dire ?

— Demain nous irons trouver à Versailles un homme appelé Durocher, qui nous donnera des nouvelles de mon père ; cet homme, que M. le marquis de Prémorin connaît, un forçat libéré, a connu mon père à la Guyane où notre cher condamné subit la peine qu'il a si peu méritée.

— Ah ! fit madame Merson, je voudrais déjà avoir vu cet homme.

— Si tu veux, chère mère, nous prendrons demain

matin le train de neuf heures et demie pour Versailles.

— Oui, oui, Henri, c'est cela.

— Arrivés à Versailles, nous verrons immédiatement le personnage en question, qui habite à l'*Hôtel des Chantiers*, et ensuite nous déjeunerons tous les deux dans un restaurant de la ville, comme nous le faisons, rarement, quand, un dimanche, tu veux bien faire avec moi une promenade dans les environs de Paris.

— C'est entendu, Henri ; tiens, je ne saurais te dire ce que j'éprouve en ce moment, mais quelque chose m'avertit que cette journée de demain sera heureuse pour nous.

— Oui, heureuse, car nous aurons des nouvelles de mon père !

— Henri, reprit madame Merson, si tu me racontais maintenant ce qui s'est passé entre toi et M. de Prémorin, chez madame la marquise de Saulieu !

— Oui, chère mère ; d'ailleurs c'était mon intention.

Et aussi exactement que possible, le jeune homme fit à sa mère, qui l'écoutait avidement, émue jusqu'aux larmes, le récit de son entrevue avec le bienfaiteur.

Quand il eut fini, madame Merson se dressa debout, et, les mains levées vers le ciel, elle s'écria :

— Ah ! mon fils, mon cher Henri comme pour toi il me semble que pour moi, dans le ciel, se lève une nouvelle aurore !

Ils se jetèrent dans les bras l'un de l'autre et pendant un long instant se tinrent enlacés.

*
* *

Le lendemain, à dix heures et demie, la mère et le fils arrivaient à Versailles. Ils avaient pris le chemin de fer de la rive droite. Pour se rendre à l'*Hôtel des Chantiers*, situé près de la gare de ce nom, le trajet était assez long ; Henri voulut prendre une voiture.

— Non, lui dit sa mère, allons à pied, cela me fera du bien de marcher un peu.

Elle prit le bras de son fils, et ils se dirigèrent vers l'autre extrémité de la ville. Ils étaient presque joyeux.

— Il y a longtemps que je me suis sentie aussi vaillante, dit madame Merson.

— C'est que ton cœur, comme le mien, s'est ouvert à l'espérance. Chère mère, depuis ce matin, je ne me lasse pas de te regarder; il me semble que tu es rajeunie de dix ans.

Elle eut un doux sourire et répondit :

— Toute la nuit dernière j'avais vingt ans de moins; j'ai bien dormi, ce qui ne m'était pas arrivé depuis longtemps, et ton père et toi avez été constamment dans mes rêves; je te revoyais enfant et lui dans son costume vert de garde-chasse qu'il portait si bien ; nous étions tous les trois dans la maison du bois de la Pomelière, si coquette avec ses plantes grimpantes qui tapissaient les murs, et si fière de se mirer dans la belle pièce d'eau où tu jetais ton pain aux canards et aux poissons rouges.

Je te tenais dans mes bras, assis sur mes genoux, écoutant le chant des oiseaux et plus encore le bruit de pas, sur le sentier, qui m'annonçait le retour de

Frédéric. Tout à coup, il apparaissait au milieu de l'allée verte. Et toi, frappant tes petites mains l'une contre l'autre, tu t'écriais :

— Ah ! papa, papa !

Tu t'échappais de mes bras et courais à sa rencontre ; il te saisissait, te mangeait de baisers et te rapportait suspendu à son cou. Il m'embrassait aussi, moi, car au départ comme au retour, il y avait toujours échange de baisers.

Henri, ton père m'aimait comme tu aimes mademoiselle Geneviève, et je l'aimais comme mademoiselle Geneviève t'aime ! Ah ! tu ressembles bien à ton père ; en toi, je le retrouve tout entier !

Tu ne te souviens pas de ce temps-là...

— Si, ma mère, depuis que j'ai fouillé dans ma mémoire, il me semble que, moi aussi, je revois la maisonnette au milieu des arbres, la pièce d'eau avec ses canards et ses poissons rouges, et mon père m'enlevant dans ses bras pour que je puisse me pendre à son cou.

— La nuit dernière, je me retrouvais dans la maison du garde, et, tous les trois, nous prenions notre repas du soir. La petite table était ronde, mais la moitié restait déserte, parce que ton père et moi nous nous rapprochions pour t'avoir entre nous et tout près de nous. De cette façon, quand il mettait un baiser sur une de tes joues roses, je n'avais qu'à me pencher pour que l'autre joue ne soit point jalouse.

Nous parlions de toi et il me disait :

— Vois-tu, Marthe, notre petit Henri est intelligent, il y a certainement quelque chose dans cette petite tête-là ; nous lui ferons donner une bonne instruction, car l'instruction est la richesse de ceux qui n'ont pas de fortune, et nous lui préparerons ainsi son avenir.

Et, s'adressant à toi, il ajoutait :

— « Petit, nous ferons de toi un homme !

S'il n'est pas mort et qu'il lui soit donné de te revoir, mon Dieu, comme il sera heureux ! Ah ! c'est lui qui serait fier et orgueilleux de son fils ! C'est que ton père, Henri, malgré son humble condition, n'était pas un homme ordinaire.

Enfin, grâce de M. le marquis de Prémorin, j'ai pu t'élever convenablement, te faire instruire et tu es aujourd'hui ce que ton père voulait. Si nous avons le bonheur de le revoir un jour, j'espère qu'il sera content de sa femme et de son fils.

Tout en causant et en marchant d'un bon pas, car l'air était vif et froid, ils arrivèrent devant l'hôtel des Chantiers.

Une émotion subite saisit madame Merson ; elle devint toute tremblante et fut forcée de s'arrêter un instant et de s'appuyer sur le bras de son fils pour se remettre.

Enfin, ils entrèrent dans le bureau de l'hôtel et le jeune homme, s'adressant à la personne qui s'y trouvait, une femme d'un certain âge :

— Madame, lui dit-il, est-ce bien ici que demeure M. Durocher ?

— Oui, monsieur, c'est ici.

— Nous venons pour le voir.

— M. Durocher m'a prévenue qu'il attendait aujourd'hui la visite d'un monsieur, c'est vous sans doute ; mais comme il ne m'a point dit que le monsieur serait accompagné d'une dame, je ne sais pas si je dois...

— Cette dame est ma mère, madame.

— Ah très bien. Comment vous appelez-vous, monsieur ?

— Mon nom est Merson, madame.

— Merson, Merson, fit l'hôtesse, me voilà plus embarrassée encore.

— Pourquoi, madame ?

— Parce que la personne que M. Durocher attend est un notaire de Paris appelé Perrin.

La mère et le fils se regardèrent. Ils paraissaient éprouver une si cruelle déception, ils avaient l'air si affligés, que la maîtresse de l'hôtel se leva et leur dit :

— Je me conforme aux ordres que j'ai reçus de M. Durocher, qui ne veut recevoir que les personnes qui lui sont annoncées; toutefois, monsieur et madame, je vais aller lui demander s'il veut faire une exception en votre faveur; veuillez vous asseoir et m'attendre un instant.

La dame disparut.

— Mauvais début, ma mère, dit Henri, qui ne cherchait pas à dissimuler sa contrariété; voilà un homme qui s'entoure de bien des précautions.

— Nous devons croire qu'il y est forcé, mon ami ; peut-être n'a-t-il pas le droit de séjour à Versailles. Tu sais que certains condamnés, après avoir subi leur peine, restent pendant quelques années encore sous la surveillance de la haute police.

— Malheureusement, nous ne pouvons pas invoquer le nom de M. de Prémorin.

— Que veux-tu, mon ami, si M. Durocher ne veut pas nous recevoir, tu reverras M. le marquis et nous reviendrons demain ou après-demain.

L'hôtesse rentra dans le bureau. On voyait à son air qu'elle n'avait pas réussi dans sa mission.

— M. Durocher, dit-elle, m'a répondu qu'il n'avait pas l'honneur de connaître madame et M. Merson et que, n'ayant pas été averti de votre visite, il regrettait de ne pouvoir vous recevoir.

Il n'y avait pas à insister. La mère et le fils allaient se retirer fort désappointés lorsqu'un facteur de la poste entra dans le bureau et remit une lettre à la maîtresse de l'hôtel, disant :

— Pour M. Durocher, avec le mot : pressé.

— C'est peut-être votre visite qu'on annonce à M. Durocher, dit l'hôtesse à Henri et à sa mère ; attendez encore une minute.

Et elle remonta l'escalier. Presque aussitôt elle redescendit.

— Je ne m'étais pas trompée, dit-elle, la lettre annonce votre visite. Montez au premier, chambre numéro 6.

IX

PREMIÈRE RECOMPENSE

Madame Merson et son fils montèrent lentement les marches de l'escalier. Ils s'arrêtèrent sur le palier et Henri dit tout bas à l'oreille de sa mère :

— Voilà le numéro 6.

Madame Merson saisit la main de son fils, et, l'appuyant contre son cœur :

— Sens comme il bat, murmura-t-elle.

— Le mien aussi bat très fort, répondit-il; allons, un peu de courage, dans un instant nous saurons...

La porte de la chambre portant le numéro 6 était légèrement entr'ouverte, et, derrière, debout, immobile, la tête inclinée sur sa poitrine, les bras ballants, le locataire attendait les visiteurs. Aucun changement sensible ne s'était fait dans sa personne depuis qu'il avait quitté Cayenne; toutefois, sa barbe grise était mieux soignée et le bonheur d'être libre et l'espoir de revoir un jour sa femme et son fils avaient redressé son corps affaibli par la souffrance, rendu à son âme sa sérénité et à sa physionomie son expression de bonté d'autrefois.

Il se disait :

— C'est un jeune homme de vingt-cinq à trente ans, et il est accompagné de sa mère ! Il s'appelle Merson... Oui, mais je sais que Marthe a changé de nom. Oh ! c'est elle et c'est lui !... D'ailleurs, est-ce qu'il existe un autre jeune homme qui viendrait voir l'ancien forçat accompagné de sa mère ? Et puis cette lettre, qui m'annonce leur visite, est écrite de la même main que l'autre, celle qui me prévient que le notaire de Paris se rendra près de moi. Oui, oui, je ne puis en douter, ce sont eux.

Mon Dieu, comme me voilà ému ! je tremble comme un enfant qui vient de commettre une faute et redoute la correction qu'il a méritée ! Allons, un peu plus de force ; quand le malheur ne m'a pas tué, ce n'est pas le bonheur qui me fera mourir !

A ce moment, et bien qu'il n'eut qu'à la pousser pour entrer, Henri frappa doucement à la porte.

Le gracié se redressa brusquement, laissa échapper un long soupir, ouvrit la porte toute grande, puis, devant la mère et le fils, qui entrèrent, se recula jusqu'au fond de la chambre. Mais il avait les yeux sur eux et les tenait enveloppés dans le rayonnement de son regard. Bien qu'il eût tout suite reconnu sa femme, il ne poussa point le cri de joie qui était prêt à s'échapper de son âme. On aurait dit qu'il avait peur.

Madame Merson, qui avait éprouvé tout d'abord une forte commotion, s'arrêta et resta immobile comme pétrifiée ; ses yeux, démesurément ouverts, étaient fixés sur l'homme qui lui faisait face, et, peu à peu, malgré le temps écoulé, cette barbe grise, presque inculte, cette figure amaigrie, au teint jaune, elle reconnaissait son mari.

Alors, ne doutant plus, son visage prit aussitôt une expression radieuse, et comme son fils allait enfin prendre la parole, elle lui saisit violemment le bras et s'écria :

— Henri, ton père, c'est ton père !

Voilà sans doute ce qu'attendait Frédéric Lapret, car au cri de sa femme il répondit par cet autre cri, qui sortit vibrant de sa poitrine :

— Ma femme ! mon fils !

Il n'eut que le temps d'ouvrir ses bras pour y recevoir les deux êtres adorés dont il avait été séparé pendant plus de dix-huit années.

Quel embrassement et quel délicieux tableau !

Rien ne saurait rendre ce qu'éprouvaient en ce moment ces trois victimes de la fatalité que Dieu, touché enfin de leurs longues souffrances, réunissait.

Ils se tenaient serrés, leurs bras s'entre-croisant comme des liens ; de leurs poitrines haletantes s'échappaient des soupirs, des exclamations, des sanglots, et au milieu de tout cela, un bruit ininterrompu de baisers donnés et rendus. Ils mêlaient leurs larmes ; ils n'avaient pas de paroles dans la voix, c'étaient leurs âmes seules qui parlaient.

Et, pendant un long instant, ils restèrent ainsi enlacés, la tête de la femme appuyée sur le sein de son mari, celle du fils appuyée sur l'épaule de son père, et les tenant ainsi serrés contre lui, ayant la tête plus élevée, l'ancien forçat, redevenu homme et chef de famille, avait sur le front comme une couronne lumineuse.

Enfin, les bras se détachèrent, et, après s'être embrassés, on se regarda.

Le père plaça son fils devant la fenêtre, en pleine lumière.

— Eh bien! trouves-tu qu'il te ressemble? demanda Marthe.

— A ce point, répondit-il en souriant, que je pourrais croire que c'est moi, si je n'avais pas vieilli et si tant de choses douloureuses ne s'étaient point passées.

— Mon père, dit Henri, nous saurons vous faire oublier, ma mère et moi, tout ce que vous avez souffert.

— J'en suis sûr d'avance, mon brave enfant; mais, va, entre ta mère et toi, je ne peux penser qu'au bonheur qui m'est donné et auquel j'étais loin de m'attendre il y a deux mois.

La porte de la chambre était restée ouverte, Lapret s'en aperçut, alla la fermer, revint près de sa femme et de son fils, les fit asseoir sur un canapé et se plaça entre eux. Alors les questions commencèrent.

— Comment te trouves-tu ici, à Versailles, sous le nom de Durocher? demanda Marthe.

— J'ai pris le nom de Durocher, parce que c'est ce nom que je dois porter jusqu'à ce qu'il me soit permis de reprendre le mien, et je suis à Versailles, dans cet hôtel, parce que j'ai reçu l'ordre de m'installer ici.

— Frédéric, est-ce que tu t'es évadé avec l'aide de quelqu'un? demanda Marthe, d'une voix hésitante.

— Quoi, ma chère femme, répondit Lapret, verrais-tu en moi un forçat évadé? Ah! sois vite détrompée, j'ai été l'objet d'une faveur toute particulière, je suis gracié.

— Gracié! mon père a sa grâce! exclama Henri.

— Et ne croyez pas que mon séjour à Versailles soit une des conditions de ma grâce. On m'a rendu ma liberté pleine et entière, et la police et la justice n'ont plus aucune surveillance à exercer sur moi.

Un jour, le directeur de la colonie pénitentiaire des îles du Salut me fit appeler à la direction.

— « Lapret, me dit-il, on s'est occupé de vous en haut lieu et le courrier de France, arrivé ce matin, m'a apporté votre grâce; vous êtes libre et, la nuit prochaine, vous pourrez prendre passage à bord d'un navire de l'Etat qui retourne directement en France. »

Alors le directeur m'apprit que vous existiez encore et que, dévoués l'un pour l'autre, vous viviez à Paris relativement heureux.

Ah! je n'ai pa sbesoin de vous dire avec quels transports de joie j'accueillis ces consolantes paroles!

— « Lapret, continua le directeur, je dois vous apprendre que vous avez un protecteur puissant. Dans une lettre particulière que j'ai reçue également ce matin, votre protecteur, dont je ne dois pas vous dire le nom, vous donne les ordres que voici :

Vous allez prendre le nom de Durocher que vous garderez jusqu'à ce que vous soyez autorisé à le quitter. Aussitôt arrivé en France, vous vous rendrez à Versailles et vous logerez à l'hôtel des Chantiers. Là. vous attendrez patiemment les ordres qu'on aura à vous donner; vous aurez certainement la satisfaction de revoir votre femme et votre fils, mais il vous est défendu de faire aucune démarche pour les retrouver.

Cela dit, le directeur me remit mille francs qu'il avait reçus pour moi, évidemment du protecteur mystérieux. Je n'ai pas beaucoup dépensé, et c'est à peine si j'ai déjà touché à ma petite fortune.

— Vous pouvez dépenser, mon père, ne rien vous

refuser, dit vivement Henri, ce n'est pas, Dieu merci, l'argent qui nous manque.

— Oui, mon brave et cher enfant, tu travailles, je le sais, tu es sur le chemin de la fortune, on me l'a dit là-bas. Mais quel est ton état? Que fais-tu?

— Frédéric, notre fils est architecte.

Lapret regarda sa femme et son fils avec une indicible expression de tendresse mêlée d'admiration.

— Es-tu content? demanda Marthe.

— Que veux-tu que je réponde? Je ne sais quoi dire; il me semble que je fais un beau rêve. Je ne peux que vous contempler et vous admirer tous deux dans le ravissement de mon âme. Ah! Marthe, ta tâche a été rude, mais tu l'as vaillamment et noblement accomplie! Oh! oui, va, je suis content, content de ma femme bien-aimée, content de mon cher enfant que je revois si digne de sa mère. Je n'espérais pas tant, c'est trop de bonheur. Marthe, Henri, soyez bénis!

Les mains s'étaient unies, et il y eut un nouvel échange de baisers.

Lapret reprit:

— On a compris que ce que je désirais le plus au monde était de vous revoir, et on n'a pas voulu me faire attendre trop longtemps cette joie immense. Enfin, vous êtes près de moi, je vous vois, je tiens vos mains, nous sommes réunis... Maintenant, nous nous verrons souvent, car vous reviendrez me voir, n'est-ce pas?

— Souvent, mon père.

— Moi, je ne pourrai pas aller vous voir, puisqu'il m'est défendu de quitter Versailles; il faut que j'attende ici les ordres qu'on aura à me donner. Je ne suis plus le condamné Lapret, on m'a gracié, j'ai été rendu à la liberté et, cependant, cette chambre est encore pour moi une sorte de prison. Mais qu'importe, je ne peux plus manquer de patience ; je vous ai retrouvés, je vous vois, nous nous verrons souvent ! Je ne dois pas demander plus. Ah ! mon protecteur, je vous rends grâce !

— Frédéric, dit Marthe, on t'a caché le nom de ce protecteur, mais ne l'as-tu pas deviné ?

— Je l'ai deviné, Marthe, si mon cœur ne se trompe pas quand il tressaille au souvenir de M. le marquis de Prémorin.

— Ton cœur ne se trompe pas. M. le marquis est ton protecteur, notre protecteur à tous et notre bienfaiteur. Il a obtenu la grâce du condamné, mais ce n'est pas assez pour lui ; ce qu'il veut, Frédéric, je vais te le dire : Il a découvert les preuves de ton innocence...

— Est-ce possible ? exclama Lapret.

— Il me l'a fait savoir et l'a dit lui-même à Henri ; ce que veut M. de Prémorin, Frédéric, c'est ta réhabilitation !

— Réhabilité ! je peux être réhabilité, moi, et avoir le droit d'être fier de ma femme et de mon fils, au grand jour, devant le monde entier ! Ah ! monsieur le marquis de Prémorin, si vous faites cela, vous serez mon Dieu !

— Il le fera, n'en doute pas ! Hier, je disais à Henri : Du moment que M. le marquis prend notre cause en ses mains, nous pouvons tout espérer et tout attendre !

Tu le vois, Henri, nous sommes venus à Versailles pour voir un M. Durocher qui devait nous donner des nouvelles de ton père, et c'est dans les bras de mon mari, de ton père, que M. de Prémorin nous poussait.

—Ah ! maintenant, s'écria Lapret, je comprends pourquoi le séjour de Versailles m'est imposé et pourquoi je dois rester caché sous le faux nom de Durocher. Oh ! la réhabilitation ! Sortir du néant pour rentrer dans la vie ! Après n'avoir été plus rien, redevenir quelqu'un ! Pouvoir tendre la main à d'anciens amis ! Pouvoir passer devant les honnêtes gens sans rougir de honte, sans courber la tête ! Pouvoir dire à tous, je suis Frédéric Lapret, l'ancien garde-chasse, condamné autrefois à perpétuité pour un crime dont je n'étais pas coupable, et voilà ma femme, Marthe Lapret, et voilà mon fils, Henri Lapret ! Reconquérir ses droits ! Reprendre sa place dans la famille, dans la société ! Enfin, redevenir un homme !

Dieu du ciel, Dieu de miséricorde et de justice, si vous faites cela pour les miens et pour moi, j'oublierai ce terrible passé, comme on oublie au réveil un mauvais rêve !

— Ah ! mon père, mon père ! s'écria Henri ne pouvant plus se contenir, si vous saviez comme je vous trouve beau et grand, et comme je suis fier d'être votre fils !

— Merci, mon brave enfant, à cet élan de ton cœur, je reconnais mon sang ! Mais c'est moi qui ai le droit de m'écrier : Je suis fier d'être ton père !

Viens, viens dans mes bras que je te presse encore contre ma poitrine !

Marthe, Marthe, tu l'as entendu, les paroles qu'il vient de prononcer sont déjà ma réhabilitation. Ah ! chère bien-aimée, tu as le droit, toi aussi, d'être fière de ton œuvre : je t'ai laissé un enfant et c'est un homme d'un grand cœur, à l'âme haute et noble que tu me rends aujourd'hui ! Viens, Marthe, viens aussi, que je t'embrasse encore !

De nouveau les larmes coulaient, larmes d'attendrissement, larmes de joie.

— Oui, oui, murmurait Lapret, c'est trop de bonheur.

Après un moment de silence, il reprit :

— Nous allons passer ensemble le reste de la journée, n'est-ce pas ?

— Oui, mon père.

— Alors, comme vous n'avez probablement pas déjeuné, nous allons manger ici.

Il ajouta gaiement :

— M. Durocher offre à déjeuner à madame Marthe Merson et à M. Henri Merson. Oh ! sois tranquille, mon fils, le cuisinier de l'hôtel en vaut un autre et nous serons convenablement servis.

Il agita le cordon d'une sonnette et continua :

— Je vais avoir bien des questions à vous adresser et vous avez beaucoup de choses à m'apprendre, car je tiens à tout savoir. Chère Marthe, tu me raconteras ton histoire et celle de notre fils, je t'écouterai avec recueillement et respect ; à mon tour, je vous dirai quelle a été ma misérable existence depuis notre cruelle séparation.

A ce moment, une jeune servante entra dans la chambre.

— Mademoiselle, lui dit le locataire, j'invite madame et monsieur à déjeuner avec moi, vous aurez donc à mettre trois couverts ; vous voudrez bien prier, tout d'abord, la patronne de nous faire préparer un petit festin qui ne laisse rien à désirer.

— Bien, monsieur. Quel vin faudra-t-il monter ?

— D'abord, une bouteille de vieux grave, car, pour commencer, nous mangerons des huîtres, trois douzaines de marennes ; ensuite du vieux bourgogne, bon choix.

— A quelle heure faudra-t-il servir monsieur?

— Mais le plus vite possible.

La servante se retira.

— Je prends mes repas dans ma chambre, reprit Lapret ; j'étais très affaibli à mon arrivée en France ; mais, grâce à l'influence de l'air natal, et à une nourriture saine et suffisante, je sens les forces me revenir peu à peu ; mais vous voir vaut encore mieux que tout. Pour me conformer aux instructions que j'ai reçues, je sortirai rarement, bien que je n'aie pas trop à craindre d'être reconnu. Mais, enfin, on ne sait pas... Comme je vous le disais tout à l'heure, cette chambre est encore un peu une prison.

— Nous viendrons l'égayer, mon père !

— Oui, mon fils ; mais vous êtes venus et avec vous la joie et l'espérance y sont entrées.

La servante vint mettre la table et peu de temps après on servit le déjeuner.

Nos trois personnages mangèrent gaiement et de bon appétit.

— Vraiment, dit Lapret, je me sens rajeunir et il me semble que tout ce qui m'est arrivé n'était qu'un songe. Vois donc, Marthe, nous voici comme autrefois dans la maison du garde ; Henri avait alors six ans et nous le placions toujours entre nous deux, comme le voilà, te souviens-tu?

— Oui, mon ami, je me souviens, et, en venant ici, je rappelais à notre fils le tableau de famille heureuse que tu viens de retracer.

— C'est vrai, mon père, dit le jeune homme, et je

me suis souvenu des caresses que vous me prodiguiez l'un et l'autre.

Quand la servante eut versé dans les tasses le café fumant et se fut retirée, Marthe fit à son mari le récit qu'il avait hâte d'entendre. Il écouta, comme il l'avait dit, avec recueillement et respect, sans interrompre ; mais les mouvements de sa physionomie disaient assez les impressions qu'il éprouvait.

Marthe ne parla point de l'amour réciproque d'Henri et de Geneviève ; pour le moment, c'était inutile, il fallait attendre ; mais elle ne crut pas devoir cacher à son mari le duel de son fils avec le baron de Septème.

Alors le père fut pris d'une sorte de tremblement nerveux, ses traits se contractèrent et un double éclair sillonna son regard. Et quand sa femme se tut, très agité encore, il lui dit :

— Marthe, ce baron de Septème est un grand misérable, et j'ai là, sous le front, une pensée qui y est toujours restée.

— Que veux-tu dire ?

— Ce baron de Septème était l'amant de cette femme que nous appelions madame la comtesse ; c'était connu de tout le monde à la Pomelière. Eh bien, Marthe, rien ne m'ôtera de l'idée que c'est lui, le baron de Septème, qui a tué notre maître !

— Oh ! fit Henri.

— Mon fils, dit Marthe, j'ai la même pensée que ton père !

Ces paroles furent suivies d'un profond silence.

— C'est bien, reprit le malheureux, qui avait porté la peine d'un crime commis par un autre, laissons les coupables ; s'ils ont pu se soustraire à la justice des hommes, ils n'échapperont pas à celle de Dieu.

— Mon père ! s'écria Henri d'une voix menaçante, ce que vous et ma mère avez souffert crie vengeance ! les victimes seront vengées !

A son tour, Frédéric Lapret raconta ses dix-huit années de martyre. Il expliqua pourquoi il n'avait jamais donné de ses nouvelles. Forçat, condamné à perpétuité, c'est-à-dire étant comme mort pour les siens, il avait voulu, dans l'intérêt même de sa femme et de son fils, qu'ils crussent qu'il avait réellement cessé de vivre.

Quand il termina son douloureux et lugubre récit, Marthe et Henri pleuraient, agenouillés devant lui.

Les heures passèrent rapidement. La nuit était venue depuis longtemps lorsque la mère et le fils rentrèrent à Paris.

X

EN AVANT!

Après avoir confié à un bureau de poste la lettre qu'il avait écrite et signée un ami, en ayant soin de déguiser son écriture, le baron de Verboise attendit quatre jours; alors, jugeant que le coup était porté, que la lettre avait dû produire l'effet qu'il en espérait, il pensa que le moment était venu de faire intervenir son alliée, la comtesse de Prémorin, et de l'intéresser à la réussite de ses projets.

Il alla la trouver et, enfermés tous deux dans le boudoir capitonné de Charlotte Letellier, ils eurent une longue et mystérieuse conversation.

Le baron, se montrant d'une générosité qui étonna quelque peu Charlotte, déclara qu'il épouserait mademoiselle Lionnet sans dot et renoncerait d'une façon absolue aux droits que Geneviève pourrait avoir plus tard sur la fortune du fabricant de meubles.

Donc, cette fortune tout entière reviendrait à Albert Lionnet. De plus, le baron s'engageait, aussitôt qu'il serait l'époux de Geneviève, à mettre tout en œuvre pour décider le mariage de son beau-frère avec Cécile.

En somme, il demandait un service avec promesse formelle d'en rendre un autre.

La comtesse fut convaincue que le baron s'était follement épris de Geneviève. Il fallait bien que cela fût pour qu'il renonçât aussi facilement aux avantages qu'il pouvait tirer de son mariage avec la fille du négociant millionnaire.

— Oui, pensait-elle, la passion seule, une passion insensée peut provoquer un aussi rare désintéressement.

Après tout, que lui importait? C'était parfait, au contraire ; elle y trouvait son compte, et n'en poursuivrait qu'avec plus d'acharnement son idée de se débarrasser de sa fille, qui devenait fort gênante, en la jetant dans les bras de ce jeune imbécile d'Albert Lionnet.

Le lendemain, à son lever, madame Lionnet reçut un billet contenant les lignes suivantes :

« Chère amie,

» Je me propose d'aller vous voir demain, vendredi. Je serai chez vous à trois heures. Faites-moi l'amitié » de m'attendre.

» Je vous embrasse.

» Comtesse de Prémorin. »

— Enfin, se dit madame Lionnet, dont la poitrine se gonflait de vanité et d'orgueil, elle se décide à venir au faubourg. Mais que peut-elle avoir à me dire?

A deux heures, la mère d'Albert était sous les armes, c'est-à-dire magnifiquement parée. Elle ne pouvait moins faire, en vérité. Pensez donc, pour la première fois, elle allait recevoir une comtesse ! Cela se saurait dans le quartier et ses amies, ces petites bourgeoises qu'elle daignait recevoir le samedi dans son salon, en attraperaient la jaunisse de dépit et de jalousie.

A trois heures précises, exacte comme l'aiguille de la pendule, la comtesse descendit de son coupé, qui s'était arrêté devant la maison Lionnet.

Madame Amélie reçut l'élégante comtesse à bras ouverts. Les deux chères amies s'embrassèrent avec effusion.

— Mais c'est charmant ici, dit la visiteuse en s'asseyant sur une ottomane, tout y est riant, coquet et d'un goût exquis. Richesse, élégance, rien ne manque ; des fleurs naturelles dans des vases de vieux Sèvres ; comme on voit que vous avez le sentiment du beau, ma chère ! Vous vous êtes fait un nid délicieux, et je connais plus d'une princesse qui vous l'envierait.

— Oh ! mon amie, toujours aussi bonne, aussi indulgente, vous me flattez !

— Mais non, mais non, les compliments que je vous fais sont grandement mérités.

Maintenant, nous allons causer ; oh ! mais là, sérieusement, car il s'agit de choses très sérieuses. Vous voyez en moi, chère amie, une ambassadrice. Le baron de Verboise n'ignore pas l'amitié que nous avons l'une pour l'autre et vous savez, ma chère, que M. de Verboise est aussi mon ami et que je l'ai en haute estime. Eh bien ! je viens parler de mon ami à mon amie.

Le baron est venu me voir hier ; le pauvre garçon était dans un état à faire pitié; il se meurt d'amour pour votre fille et j'ai grand'peur, si nous ne le guérissons pas de ce mal-là, qu'il n'en perde la vie ou la raison. Mais nous aurons pitié de lui et nous le sauverons.

Pendant plus d'une heure, il m'a parlé de mademoiselle Geneviève, c'est de la passion, c'est du délire, tout ce que vous voudrez, mais il adore votre fille, il en est fou ; enfin, je vous le répète, ma chère, il se meurt d'amour ! Je n'ai pas pu lui refuser, vous le comprenez, de faire une démarche auprès de vous, et me voici.

— Votre mission est délicate et difficile.

— Expliquez-vous.

— M. le baron de Verboise a demandé la main de Geneviève.

— Je le sais.

— Mon mari et moi lui avons répondu comme nous devions le faire, et Geneviève elle-même a fait comprendre à M. de Verboise qu'il n'avait rien à espérer.

— Je suis au courant de tout cela ; M. Lionnet avait pris certains engagements vis-à-vis d'un jeune homme que mademoiselle Geneviève aimait. Mais le jeune homme s'étant retiré, ou parce qu'il n'aime plus mademoiselle Geneviève ou pour tout autre motif, vous et M, Lionnet n'avez plus à tenir vos engagements, et votre fille ne peut s'obstiner à aimer plus longtemps un homme qui ne veut plus d'elle.

— Il est vrai que mon mari avait promis la main de Geneviève à M. Henri Merson, mais je n'ai rien promis, moi ; j'ai toujours été, au contraire, opposée à ce mariage.

— Oui, vous avez été contre M. Merson comme vous êtes maintenant contre M. de Verboise. Voyons, pourquoi avez-vous si mal accueilli sa demande ?

Madame Lionnet rougit jusqu'aux oreilles.

— Parce que Geneviève n'est pas la femme qui lui convient.

— A cela, le baron vous a répondu mieux que je ne pourrais le faire. Mais vous me cachez votre pensée ; la vérité est que vous ne voulez pas marier votre fille. Eh bien, laissez-moi vous le dire, vous avez là une idée bien étrange. Allons, allons, chère amie, il faut revenir à des sentiments naturels et de justice. Les filles sont faites pour être mariées et elles ne sont condamnées au célibat que quand elles ne trouvent pas de mari.

Mais pensez donc aux avantages que vous trouverez en donnant votre fille au baron de Verboise, indépendamment de l'honneur d'une pareille alliance ! Vous entrez de plain-pied dans le grand monde dont tous les salons vous sont ouverts, — une mère dont la fille est baronne ne peut plus être considérée comme une bourgeoise.

Le baron ne veut pas de dot, c'est sa toquade, et, en faveur de votre fils, il tient à ce que sa femme renonce à tous ses droits sur votre fortune présente et future. Est-ce du désintéressement ? Où trouverez-vous un homme aussi généreux, aussi grand que M. de Verboise ? Croyez-moi, chère amie, empressez-vous de lui donner votre Geneviève.

— C'est que... balbutia madame Lionnet très embarrassée.

— Eh bien, dites.

— Tout dépend de Geneviève.

— Si la demande que vous a faite le baron avait été favorablement accueillie par vous et par M. Lionnet, mademoiselle Geneviève aurait immédiatement changé d'attitude. Si vous lui aviez dit : M. le baron de Verboise est l'homme que nous désirons te donner pour époux, elle vous aurait répondu, après avoir demandé quelques jours pour réfléchir : J'accepte l'époux que vous m'avez choisi.

Elle n'aime pas le baron, me direz-vous ? Mais M. de Verboise est assez bien de sa personne et ses qualités sont assez nombreuses pour qu'il ait la prétention de se faire aimer. Quand l'amour n'existe pas avant le mariage, il vient après. L'amour de l'un fait naître l'amour de l'autre. Et, d'ailleurs, les mariages où l'amour est égal des deux côtés ne sont pas toujours les plus heureux.

Enfin, ma chère, toute la question, pour le moment, est de savoir si vous voulez être avec M. de Verboise ou contre lui.

— Dame, vous plaidez si chaleureusement sa cause...

— Alors elle est gagnée ?

— Auprès de moi, oui.

— C'est déjà beaucoup.

— Mais ce n'est pas tout.

— Laissez donc, je sais quel empire vous avez sur M. Lionnet, vous saurez lui faire entendre raison ; d'ailleurs le mari ne doit vouloir que ce que veut sa femme ; je m'en remets à votre éloquence et à votre savoir-faire.

Quant à mademoiselle Geneviève, vous lui parlerez comme il convient ; si peu ambitieuse qu'elle soit, quand elle saura comme elle est aimée, elle sera enchantée de devenir baronne. Elle est femme et a, comme toutes les femmes, ses petites faiblesses. Quelle jeune fille est dédaigneuse des hommages qui flattent son amour-propre et sa vanité ?

Le baron de Verboise a dans votre fils, devenu son ami, un auxiliaire sûr et dévoué; c'est une force sur laquelle vous pouvez compter; attaquez hardiment M. Lionnet, il ne pourra lutter longtemps contre sa femme et son fils unis pour obtenir son consentement à un mariage qui lui offre, au point de vue du bonheur de sa fille, toutes les garanties désirables. Alors nous triomphons, car le consentement de M. Lionnet sera suivi de celui de mademoiselle Geneviève.

— Tout cela est fort bien, mais j'ai peur de ne pas réussir.

La comtesse haussa les épaules.

— Ma chère, répliqua-t-elle assez sèchement, vous allez me faire croire que vous n'avez pas promis sérieusement, tout à l'heure, d'être favorable à M. de Verboise.

— Comtesse, je vous assure...

— Alors, pas de défaillance; vous réussirez, si vous en avez la volonté. Après tout, votre mari n'est pas un homme si terrible.

— Oh! s'il n'y avait que lui!

— Allez-vous me faire croire que c'est votre fille qui vous effraye?

— Vous ne la connaissez pas! C'est une nature indomptable.

— Allons donc! une mère a des moyens pour réduire une fille rebelle à l'obéissance.

Madame Lionnet eut un mauvais sourire.

— Vous avez raison, comtesse, dit-elle, et, s'il le faut, j'emploierai ces moyens.

— A la bonne heure, j'aime à vous entendre parler ainsi. Faisons donc vite ce mariage, chère amie, et, comme une chose heureuse en appelle une autre, un second mariage suivra de près le premier, puisque pas plus que moi vous n'avez renoncé au projet que nous avons formé d'unir nos deux enfants.

— Voir Albert l'époux de mademoiselle de Prémorin est ce que je souhaite le plus au monde. Il aime ardemment votre chère Cécile, mais il a des appréhensions que rien de justifie, et, quand je lui parle mariage, il se retranche derrière sa jeunesse. Je ne vous le cache pas, mon amie, Albert me cause de vives inquiétudes; depuis quelque temps il est bien changé : avide de plaisirs, il se livre facilement à tous les entraînements et je crains pour lui des fréquentations dangereuses.

— En vérité, chère amie, vous êtes trop facile à effrayer; laissez donc faire votre fils; est-ce qu'il ne faut pas que jeunesse s'amuse? Rassurez-vous, il en aura bientôt assez de ces plaisirs qu'il recherche aujourd'hui. D'ailleurs, le baron de Verboise veille sur lui et saura bien le détourner des fréquentations dangereuses que vous redoutez.

Mariez votre fille. Dès que M. Albert verra sa sœur mariée et qu'il aura pour beau-frère le baron de Verboise, il n'éprouvera plus aucun éloignement pour le mariage, et le moment sera venu pour Cécile de le ramener à ses pieds.

La comtesse resta avec madame Lionnet quelques instants encore, qu'elle employa à lui donner des conseils, à lui démontrer la nécessité d'agir sans retard, enfin à l'exciter, par des paroles insinuantes et des flatteries dont elle connaissait la puissance.

Elle quitta sa chère amie en lui annonçant que, dès le lendemain matin, probablement, elle aurait la visite du baron de Verboise.

Celui-ci venait d'arriver chez la comtesse quand elle rentra. Il avait hâte de connaître le résultat de la démarche de son alliée. Aussi apprit-il avec une vive satisfaction que madame Lionnet était gagnée à sa cause et qu'il pouvait absolument compter sur elle.

Il remercia la comtesse et lui renouvela solennellement la promesse qu'il lui avait faite la veille.

— Madame la comtesse, lui dit-il, ce que vous faites pour moi je dois le faire pour vous, comme le veulent nos conventions; donnant donnant : si, grâce à vous, j'ai Geneviève, grâce à moi, vous aurez Albert.

Le faux baron pouvait prendre cet engagement. Il avait su si bien s'emparer de l'esprit du jeune Lionnet, lui imposer ses volontés, que le malheureux Albert, nature faible, pâte molle, n'était plus qu'une espèce de pantin dont sa main tenait les fils.

Comme on le voit, tout en gardant leurs secrets, ne se disant que ce qu'ils voulaient dire, l'espion et l'espionne s'entendaient comme des larrons en foire.

Le lendemain, à dix heures du matin, le baron arrivait au faubourg Saint-Antoine. Madame Lionnet l'attendait, car elle ne le fit pas attendre. Elle le reçut dans son boudoir; c'était sa pièce, à elle, le lieu où, quand elle en avait besoin, elle cherchait la solitude et l'isolement; ni son mari, ni Geneviève, ni même Albert n'y entraient sans sa permission. C'était là qu'elle se livrait à ses rêves, et au milieu du silence de son isolement, Dieu sait le nombre des pensées folles ou mauvaises qui fermentaient dans son cerveau.

— Madame, lui dit le baron, j'ai vu madame la comtesse de Prémorin, hier soir, elle m'a fait connaître le résultat de la démarche qu'elle a bien voulu faire pour moi, et je n'ai pas cru devoir attendre pour venir vous remercier. Ainsi, chère madame, je peux compter sur votre concours ?

— Oui, monsieur le baron.

— Je mets en vous tout mon espoir.

— Je vous renouvelle la promesse que j'ai faite à la comtesse, je vous aiderai de tout mon pouvoir.

— Alors je considère ma cause comme gagnée.

— Je ferai tout ce qui dépendra de moi, monsieur le baron ; mais mon pouvoir n'est peut-être pas aussi grand que vous le croyez.

— C'est de la modestie, madame, on ne résiste pas à une femme comme vous.

— Je ne peux que vous répéter: Comptez sur moi.

— Je suis malheureux, madame, je souffre cruellement de cet amour qui s'est emparé de moi comme d'une proie; ah ! c'est de vous que j'attends l'apaisement, le bonheur inappréciable, immense, auquel j'aspire.

— Quant à présent, monsieur le baron, je ne peux que compatir à votre peine. Ah ! si je n'avais qu'à dire: Je veux !... Enfin, nous verrons ; prenez patience. Si, d'ici deux mois, Geneviève n'est pas votre femme, vous n'aurez aucun reproche à m'adresser, car ce ne sera pas ma faute.

— J'ai la plus entière confiance dans votre amitié, chère madame, et, vous le voyez, c'est vers vous que je tends les bras dans ma détresse. Ah ! sachez-le, si je devais renoncer à mademoiselle Geneviève, je mourrais ! Sauvez moi, rendez-moi la vie !

Il saisit une des mains de madame Lionnet et la porta à ses lèvres en soupirant. L'habile comédien avait des larmes dans les yeux.

La mère d'Albert parut très touchée.

— Allons, dit-elle, soyez calme ; vous, un homme du monde, un baron, être si faible... Sans doute vous avez raison d'avoir confiance en moi et j'en suis flattée; malheureusement Geneviève a un caractère difficile ; chez elle, jamais d'expansion, elle se tient à l'écart ; enfin, il n'y a pas entre elle et moi cette intimité qui permet à une fille de ne rien cacher à sa mère, à une mère de parler à sa fille comme elle le voudrait. Et puis une autre chose me gêne, une chose que je ne peux pas vous dire... Il faudra cependant qu'on vous la fasse connaître; mais c'est l'affaire de M. Lionnet. Je lui ai déjà parlé de vous.

— Ah ! Eh bien?

— Je savais que vous deviez venir ce matin, mais je n'ai pas attendu votre visite pour m'occuper de votre affaire ; vous voyez si j'ai à cœur de vous servir. Donc, hier soir, me trouvant seule avec mon mari, j'ai commencé l'attaque. Il m'a écouté silencieusement, gravement.

— Qu'a-t-il répondu?

— Que lui et Geneviève se trouvaient toujours dans la même situation vis-à-vis de M. Merson; qu'il ne dépendait pas encore de lui d'y rien changer; que vous deviez vous en tenir, quant à présent, à la réponse qu'il avait fait à votre demande.

D'après ce que m'a dit madame de Prémorin, je lui fis le tableau de votre tristesse, de votre accablement, des idées noires qui vous trottaient dans la tête.

— « Bast, fit-il en riant, un homme mourir d'amour, on verrait cela pour la première fois ! »

Et comme j'insistais sur la nécessité de marier promptement Geneviève, qui va avoir ses vingt-deux ans, il me répondit d'un ton très sérieux.

— « Tu as raison, Amélie, et, comme toi, je suis très désireux de voir Geneviève mariée. Si, dans un mois, Henri Merson ne s'est pas définivement prononcé, s'il ne s'est pas rapproché de nous et n'a pas fait amende honorable aux pieds de Geneviève, je me considérerai comme entièrement dégagé envers lui; Geneviève, de son côté, aura compris qu'elle ne doit plus penser à un jeune homme dont la conduite plus que singulière ne saurait s'expliquer autrement que par quelque terrible secret de famille que l'on tient à cacher. »

Ces paroles amenèrent un sourire sur les lèvres du baron.

Madame Lionnet reprit :

— « Alors, ajouta mon mari, si M. le baron de Verboise est toujours dans les mêmes idées, il pourra se présenter et nous l'accueillerons comme le futur époux de Geneviève.

Les yeux du baron étincelèrent.

— M. Lionnet a dit cela! exclama-t-il.

— Je répète exactement ses paroles.

— Ah! chère madame, vous avez réussi au delà de ce que je pouvais espérer! Vous m'ouvrez le ciel!

— Dame, du côté de mon mari, je crois que tout va assez bien.

— Oui, oui, tout va bien et je vous rends grâce!

— Soyez moins enthousiaste, monsieur le baron, et ne nous pressons pas de chanter victoire! il y a Geneviève.

— C'est vrai, madame, il y a mademoiselle Geneviève.

— Et c'est auprès d'elle surtout qu'il faut agir; mais réussirons-nous!

— Je veux l'espérer, madame.

— Elle a une volonté de fer, une énergie indomptable; elle ne fera pas ce que mon mari et moi voudrons, c'est mon mari qui fera ce qu'elle voudra. M. Lionnet ne voit que par ses yeux, n'entend que par ses oreilles; tout ce qu'elle fait est bien, tout ce qu'elle dit est bien dit. Enfin, monsieur le baron, ajouta-t-elle d'un ton amer, je n'ai pas à vous le cacher, elle est ici plus maîtresse que moi.

— Je veux croire, au contraire, madame, que mademoiselle Geneviève aime sa mère et respecte son autorité. L'accueil gracieux que mademoiselle Lionnet m'a fait jusqu'à présent indique que je ne lui déplais pas; c'est déjà quelque chose, et il faudrait que je fusse bien maladroit si, fort de votre appui, je ne parvenais pas à me faire aimer. Me sera-t-il permis de voir aujourd'hui mademoiselle Geneviève, madame?

— Mais rien ne s'y oppose, monsieur le baron.

Madame Lionnet se leva et sonna.

La femme de chambre se présenta aussitôt.

Madame Lionnet lui dit :

— Allez prier mademoiselle Geneviève de vouloir bien venir me trouver dans le petit salon.

XI

OU LE BARON TROUVE A QUI PARLER

La jeune fille ne tarda pas à paraître.

A la vue du baron, elle eut un mouvement de surprise mêlé d'inquiétude. Cependant elle lui fit un salut amical et, gracieusement, lui tendit la main.

— Geneviève, dit madame Lionnet d'une voix mielleuse qui contrastait avec son ton d'aigreur habituel, M. le baron de Verboise désire avoir avec toi un moment d'entretien; j'espère que vous allez causer gentiment, comme de bons amis. Pendant ce temps, je vais donner quelques ordres, je vous laisse, à tout à l'heure.

Elle adressa au baron un sourire encourageant et sortit du salon.

La jeune fille savait quel allait être le sujet de l'entretien, mais n'en était pas beaucoup effrayée.

Elle s'approcha d'un fauteuil et s'assit tranquillement.

Le baron resta un instant debout, dardant sur Geneviève un regard de feu. Assurément il la trouvait merveilleusement belle et très désirable; mais c'était moins à elle qu'aux millions de la grand'mère qu'il pensait.

Enfin, il avança un siège aussi près que possible de la jeune fille et s'assit en face d'elle.

Il commença par pousser un profond soupir, qui laissa la jeune fille parfaitement indifférente ; puis, de sa voix la plus douce :

— Mademoiselle Geneviève, dit-il, vous connaissez la nature des sentiments que vous m'avez inspirés, vous les avez devinés et d'ailleurs je n'ai pas su vous cacher le secret que je tenais enfermé dans mon cœur. Oui, je vous aime, mademoiselle, je vous aime d'un amour profond, exclusif, que rien ne pourra arracher de mon cœur et qui ne finira qu'avec ma vie. Si je vous aime ainsi, de toute mon âme, c'est que je n'avais pas encore aimé ; avant de vous connaître, toutes les jeunes filles, même les plus charmantes, les plus gracieuses, les plus dignes d'attirer l'attention, m'avaient été indifférentes ; mais je vous ai vue et aussitôt j'ai connu les suaves ivresses de l'amour. Vous êtes la première jeune fille que j'aie aimée, parce que vous étiez celle que je devais aimer, la seule que je pouvais aimer !

Mon amour est né de notre première entrevue, mademoiselle Geneviève, et, dès ce moment, la vie n'a plus été la même pour moi, et l'avenir m'est apparu sous un nouveau jour ; avant, dans cet avenir, je voyais des ombres, des points obscurs ; tout à coup il s'est rempli de clarté, plus rien de nuageux, de sombre, partout de la lumière, du soleil, des rayonnements !

Oh ! cette première rencontre !... Mais je ne veux pas évoquer de pénibles souvenirs, quand, pour votre tranquillité, votre bonheur, quand, pour vous épargner une douleur, je donnerais ma vie avec joie. Ah! mademoiselle Geneviève, si vous consentez à unir votre destinée à la mienne, vous serez, je vous le jure, la femme la plus adorée, la plus heureuse qu'il y ait au monde!

Il s'arrêta, et ses yeux noirs, brillants, fixés sur la jeune fille, sollicitaient une réponse.

Geneviève, devenue très pâle, était maintenant visiblement embarrassée et éprouvait un indéfinissable malaise.

— Monsieur le baron, balbutia-t-elle, je suis fort troublée et ne sais comment vous répondre.

— Pourtant, je vous parle à cœur ouvert, avec une franchise, une sincérité et une confiance qui ne devraient vous causer aucun embarras. Vous n'ignorez pas, mademoiselle Geneviève, que j'ai fait à vos parents le demande de votre main; ma demande n'a pas été repoussée; et si M. Lionnet m'a parlé d'un engagement pris antérieurement, il m'a dit aussi que, s'il devait renoncer à ses projets pour une cause ou pour une autre, il me serait alors entièrement favorable. Enfin il m'a permis d'espérer.

— Mon père ne connaît pas toutes mes pensées, monsieur le baron.

— Hier soir, mademoiselle, madame Lionnet a bien voulu parler en ma faveur à votre père, et, confirmant ses précédentes paroles, il a répondu à votre mère que si, d'ici à un mois, sa situation vis-à-vis de M. Henri Merson restait la même, il se considérerait comme n'étant plus engagé et que, dès lors, je serais accueilli ici comme votre futur époux.

— Ah ! c'est hier soir que mon père a dit cela à ma mère?

— Oui, mademoiselle, et c'est sur ces encourageantes paroles de M. Lionnet que j'ai cru devoir prier madame votre mère de me permettre de vous entretenir un instant. Je ne vous demande pas de me répondre immédiatement, mais seulement de me laisser l'espoir d'un bonheur que je ferai tout au monde pour mériter.

Et comme Geneviève, pensive, restait silencieuse, il poursuivit :

— Ce n'est pas seulement mon nom et ma fortune que je vous offre, c'est un amour aussi grand qu'il soit possible à une femme de l'inspirer, c'est un dévouement sans limite, c'est ma vie tout entière que je vous consacre, que je vous donne.

— Assurément, monsieur le baron, je dois croire que vous m'aimez, la demande que vous avez faite de ma main en est la preuve ; c'est un grand honneur pour ma famille et pour moi, un honneur dont je sens tout le prix et auquel, croyez-le, je ne suis pas insensible. Malheureusement, je ne peux rien accepter de ce que vous m'offrez. Je vous ai donné mon amitié, monsieur le baron, je ne puis que vous la conserver et vous être éternellement reconnaissante de ce que vous avez fait pour moi.

J'ai peut-être un caractère bizarre, des idées singulières, mais je suis ce que je suis et ne peux pas me changer. Le mariage est pour moi une chose sainte, et je ne le comprends pas sans l'amour réciproque, c'est-à-dire sans l'union de deux cœurs, de deux âmes.

— Je suis absolument de votre avis, mademoiselle; mais vous m'aimerez, car je saurai me faire aimer, et alors, ainsi que vous le comprenez, nos cœurs et nos âmes seront unis.

Elle secoua mélancoliquement la tête et reprit :

— Monsieur le baron, je ne peux pas vous aimer comme vous méritez de l'être, comme une femme doit aimer celui dont elle devient la compagne pour la vie. Il y a pour vous dans mon cœur de la reconnaissance et une amitié sincère ; mais un cœur ne peut donner plus qu'il ne peut.

La reconnaissance, monsieur le baron, c'est la récompense d'un service rendu ou d'un bienfait reçu, elle est un devoir et elle s'impose ; mais l'amour est un sentiment tout différent, il ne s'impose pas, lui !

Votre franchise appelle la mienne ; eh bien ! monsieur le baron, ne pensez plus à Geneviève Lionnet, renoncez à votre projet, je ne peux pas être votre femme.

— Oh ! mademoiselle, fit le fourbe d'un ton douloureux.

— Après tout, reprit la jeune fille, que suis-je pour vous ? Une pauvre petite bourgeoise.

— Mais je vous aime ! je vous aime !

— Dans votre monde, monsieur le baron, vous trouverez facilement et sans beaucoup chercher une belle jeune fille qui sera plus que moi digne de votre affection et qui, répondant à votre amour, sera heureuse et fière d'associer son existence à la vôtre.

— Ainsi, mademoiselle Geneviève, voilà votre réponse ?

— Je ne peux pas vous en faire une autre.

— Après ces paroles, mademoiselle, il semble que je devrais me retirer profondément découragé et la mort dans l'âme; mais, malgré tout, je veux encore espérer que vous changerez d'idée.

— Je vous en prie, monsieur le baron, n'ayez pas cette illusion ; je me connais : telle je suis aujourd'hui, telle je serai toujours.

Le baron eut un frémissement d'impatience et une lueur sombre jaillit de son regard.

— Mon cœur ne m'appartient plus, continua la jeune fille, et je ne suis pas de celles qui peuvent reprendre ce qu'elles ont une fois donné.

— Mademoiselle, répliqua le baron d'une voix où perçait l'ironie, j'admirerais une pareille fidélité, si je n'en étais pas la victime ; mais permettez-moi de vous le dire, plus encore que votre père, vous avez le droit de vous considérer comme dégagée de toute promesse envers M. Henri Merson.

— Votre manière de voir ne saurait être la mienne ; je vous l'ai dit, monsieur le baron, j'ai des idées singulières et ne suis probablement pas une jeune fille comme toutes les autres.

— En effet, car pas une autre jeune fille ne s'obstinerait à aimer un homme qui s'éloigne d'elle, l'accable de sa froideur, de son dédain, et lui fait comprendre ainsi qu'il reprend sa liberté en lui rendant la sienne.

— Ce n'est pas volontairement que M. Merson s'éloigne de moi, et je ne me plains ni de sa froideur ni de son dédain qui n'existent pas. M. Henri Merson m'aime toujours et il souffre d'un obstacle qui s'est placé entre lui et moi, mais qu'il espère pouvoir briser un jour.

— Il ne le brisera pas.

— Que voulez-vous dire, monsieur le baron? répliqua vivement Geneviève en se redressant et en regardant fixement son interlocuteur.

Elle surprit sur ses lèvres un sourire méchant et qui répondait à l'expression dure et haineuse du regard.

Alors, se souvenant des paroles du père Anselme, elle sentit comme un froid glacial pénétrer en elle et devina l'hypocrisie, la fausseté du baron cachées sous l'enveloppe de l'homme du monde distingué, franc et loyal.

— Je veux dire, mademoiselle, répondit-il, que vous ne serez jamais la femme de M. Henri Merson.

— Mais vous ne pouvez pas savoir cela, monsieur, car, pas plus que moi, vous ne connaissez les événements de l'avenir.

— Sans doute, mademoiselle, mais je juge d'après la conduite actuelle de M. Merson; il s'éloigne de vous parce que cet obstacle, dont vous parliez tout à l'heure, lui en fait un devoir; s'il ne s'explique pas nettement, vous pouvez croire qu'il a ses raisons pour garder le silence; enfin, il s'éloigne, il renonce à vous parce qu'il sait qu'il ne peut pas vous épouser.

La jeune fille devenait de plus en plus défiante, quelque chose lui disait que le baron lui cachait ses véritables intentions, et elle sentit qu'elle devait dissimuler ses impressions et ne plus laisser échapper de ses lèvres que ce qu'elle voudrait dire.

Elle parut frappée des dernières paroles du baron, poussa un soupir et baissa la tête.

— Comme vous le voyez, mademoiselle, reprit-il, votre cœur, que vous avez cru donner pour toujours, vous pouvez le reprendre. Mon amour vous entourera de tant de sollicitude et de tendresse, je vous ferai si heureuse, si grande, si honorée, que votre cœur, dont j'ambitionne la possession, rasséréné, réchauffé au contact du mien, viendra à moi par la force naturelle des choses.

Geneviève secoua tristement la tête.

Il rapprocha son siège et continua :

— Ecoutez-moi, mademoiselle Geneviève, je vous ai aimée dès les premiers instants où vos yeux adorables se sont fixés sur les miens ; mais mon amour a surtout grandi quand j'ai compris ce qui se passait ici. Je vous ai vue malheureuse, indignement traitée par votre mère, et j'ai souffert avec vous.

Il lui prit la main, mais elle la retira brusquement, ne pouvant se défendre d'un sentiment d'effroi.

Le regard du baron eut une nouvelle lueur sombre ; mais de sa voix toujours calme, il poursuivit :

— Non, vous n'êtes pas heureuse ici où vous devriez être, au contraire, choyée, adulée, adorée, car vous êtes l'ange du foyer. Votre mère ne vous aime pas ; jalouse de votre jeunesse, de votre beauté, de votre supériorité en tout, elle vous hait, et sans cesse vous avez à supporter des paroles de colère, d'inqualifiables duretés, aucune humiliation ne vous est épargnée ; vous êtes un souffre-douleur, une martyre ! Une pareille existence n'est plus possible ; mais vous avez un moyen sûr de vous y soustraire : le mariage.

— Si je vous répondais, monsieur le baron, que je ne souffre pas cruellement du peu d'affection que me témoigne ma mère, je mentirais ; mais je ne me plains à personne, je renferme en moi le secret de mes douleurs. J'ai depuis longtemps l'habitude de souffrir et j'y suis résignée.

— Oh ! la résignation ! C'est parfois une belle chose, on en fait une vertu ; mais, dans bien des cas, c'est une faiblesse, un manque d'énergie et de volonté. Encore une fois, mademoiselle, vous ne pouvez plus vivre ainsi ; laissez-vous convaincre, croyez en la sincérité de mon amour, et, puisque celui que vous aimez encore, malgré tout, ne peut pas vous épouser, confiez-moi sans crainte la douce mission de vous protéger, de vous défendre et de vous faire oublier tout ce que vous avez eu à souffrir en faisant de vous la plus heureuse des femmes.

— Je suis profondément touchée de vos bonnes intentions à mon égard, monsieur le baron, mais je vous ai répondu, et, en insistant, vous m'affligez.

Il ne put réprimer un mouvement d'impatience et de dépit ; une colère sourde grondait en lui.

— Ainsi, répliqua-t-il avec une certaine aigreur, vous gardez l'espoir que M. Merson se rapprochera de vous ?

— Oui, monsieur le baron.

— Eh bien ! vous avez tort, votre espoir est chimérique, entre vous et ce jeune homme tout est fini, bien fini. Il renonce à vous forcément, par devoir.

— Forcément, par devoir ! Je ne comprends pas.

— Il sait qu'il est indigne de vous.

— Oh ! fit Geneviève en jouant la surprise.

— Et, puisqu'il faut tout vous dire, continua le baron, qui sortait malgré lui de sa prudente réserve, ce jeune homme que vous aimez et qui ne méritait pas d'attirer votre attention, cet Henri Merson ne s'appelle pas Merson.

— Que dites-vous ! exclama la jeune fille en se redressant brusquement, une flamme dans le regard.

— Je dis qu'il ne s'appelle pas Merson, son véritable nom est Lapret, et son père a été condamné aux travaux forcés à perpétuité pour crime d'assassinat!

La jeune fille laissa échapper une plainte sourde, et, voulant donner le change au baron, elle resta un instant comme écrasée. Puis se dressant debout, pâle, frémissante :

— Comment savez-vous cela ? demanda-t-elle d'une voix étranglée.

Ses yeux étaient comme rivés sur ceux du baron.

Celui-ci répondit :

— Le duel de M. Merson, d'Henri Lapret, veux-je dire, avec le baron de Septème a fait un grand bruit ; l'adversaire du baron a attiré l'attention sur lui et des gens, qui font métier de fouiller dans la vie des autres, ont voulu savoir quel était le passé de ce jeune architecte dont tout Paris s'occupait, et ils ont découvert que la mère et le fils se cachaient sous un faux nom et quelle en était la raison.

Or, il y a quatre jours, dans une réunion de quelques hommes graves, on a parlé de cela devant moi ; d'abord, je ne voulais pas admettre que la chose fût réelle, mais on me mit des preuves sous les yeux ; je ne pouvais plus douter.

Alors, mademoiselle, comprenant que vous ne pouviez pas épouser le fils d'un condamné, dont le nom flétri, taché de sang est à jamais déshonoré, j'ai pris la résolution de solliciter de nouveau et sans retard l'honneur d'une alliance qui est toute mon ambition ; et voilà pourquoi, après avoir parlé à votre mère, j'ai tenu à avoir avec vous cet entretien duquel va dépendre notre destinée à tous deux.

Geneviève laissa tomber sa tête sur sa poitrine ; elle paraissait anéantie et n'avoir plus conscience de son être.

Mais, en écoutant le baron, elle avait étudié les mouvements de sa physionomie, l'expression étrange de son regard, et une clarté subite s'était faite en elle.

Et, pendant que le baron croyait l'avoir frappée au cœur, elle se disait :

— C'est lui qui a écrit à Henri cette lettre que mon père a lue, et qui est signée « un ami ». Et, se rappelant la scène du café qui avait amené le duel, elle en vint à se demander si le baron de Verboise, de connivence avec le baron de Septème, n'avait pas voulu tuer celui qu'elle aimait.

Le baron de Verboise l'aimait-il réellement ? Elle en doutait, disons le mot, elle ne le croyait pas ; car l'affection sincère, l'amour vrai, ont des accents auxquels le cœur ne se trompe pas. Mais alors, pourquoi voulait-il l'épouser ? Quel était donc le but mystérieux qu'il poursuivait ?

Elle avait toujours, présentes à la pensée, ces paroles, mystérieuses aussi, du commissionnaire :

« Quoi qu'il arrive, quoi qu'on dise et quoi qu'on fasse, n'épousez pas le baron de Verboise. »

Non, elle ne comprenait pas que le baron voulût l'épouser ; évidemment, il y avait là un mystère. Mais quel était ce mystère ?

— Eh bien, mademoiselle Geneviève, reprit le baron, dont la voix était redevenue douce et caressante, vous ne me dites rien, et, cependant, j'attends avec anxiété votre réponse.

Elle releva lentement la tête ; de grosses larmes roulaient dans ses yeux.

— Hélas ! monsieur le baron, soupira-t-elle, je ne

sais que vous dire, il me semble que tout vient de se briser en moi !

— Mademoiselle, consentez à faire mon bonheur, et je vous jure que je ferai le vôtre !

— Non, murmura-t-elle, c'est impossible !

— Alors, dites franchement, que vous ne voulez pas vous marier.

— Monsieur le baron, puisque, d'après la terrible révélation que vous venez de me faire, tout est fini entre M. Merson et moi, je ne me marierai jamais !

— Vous vous condamnerez à devenir une vieille fille!

— Oui, répondit-elle avec un sourire navrant.

— Et à souffrir dans cette maison ?

— Non, monsieur le baron, non, j'ai déjà pensé à trouver un refuge contre les douleurs et les amères déceptions de la vie ; je me ferai religieuse.

— Vous, dans un couvent ! exclama-t-il.

— Dans un couvent, dans un cloître ! Je trouverai la consolation dans la prière et me placerai sous la protection de Dieu.

— Mais c'est de la folie !

— Si vous le voulez, monsieur le baron. N'ayant plus rien à espérer sur la terre, je tourne mes regards vers le ciel.

Les lèvres du baron se crispèrent et intérieurement il rugit. Mais que faire ? Il ne pouvait laisser éclater sa colère, sa rage. Coûte que coûte, il devait se contraindre. Du reste, il ne voulait pas admettre que la partie fût définitivement perdue pour lui.

A ce moment, madame Lionnet entra dans le salon et lança à Geneviève un mauvais regard.

La jeune fille n'y fit pas attention ; elle n'avait plus rien à dire, elle salua le baron et sortit.

XII

LA COMMISSION DU COMMISSIONNAIRE

Madame Lionnet et le baron restèrent un moment silencieux et immobiles en face de l'un de l'autre.

Le baron avait l'air accablé et s'était donné une mine piteuse.

— Eh bien ? interrogea madame Lionnet.

— Vous voyez un homme désolé, madame, je n'ai rien obtenu, rien !

— Derrière la porte, avant de l'ouvrir, j'ai entendu la fin de votre conversation. Religieuse ! Elle parle maintenant de se faire religieuse !... Ah ! il y a longtemps qu'elle devrait s'être enfermée dans un couvent !

— Permettez, madame, permettez, dit froidement le baron, il vous conviendrait peut-être que mademoiselle Geneviève renonçât au monde et se condamnât à la vie du cloître, fermée à toutes les espérances en dehors de celles que Dieu promet à ses élus ; mais ce n'est pas ce que je veux, moi, et ce que vous venez de dire ne s'accorde guère avec les paroles que vous prononciez tout à l'heure, quand vous preniez l'engagement de m'aider de tout votre pouvoir dans mes projets. De grâce, madame, n'oubliez donc pas que j'aime, que j'adore mademoiselle votre fille et que je ferais tout au monde plutôt que de renoncer au bonheur d'être son époux.

— Je n'oublie pas cela, monsieur le baron, pas plus que je n'oublie que je vous ai promis mon concours.

— A la bonne heure ! Donc, je peux toujours compter sur vous ?

— Oui.

— Merci, chère madame, merci ! Oh ! j'attends tout de votre amitié.

— Votre cause est devenue la mienne.

— Mademoiselle Geneviève a besoin de certains ménagements ; prenez-la par la douceur.

— Oh ! la douceur !... Nous verrons, monsieur le baron, laissez-moi faire.

— Soit, chère madame, je m'en rapporte entièrement à vous. Alors, à bientôt !

— Oui, à bientôt !

Le baron se retira.

*
* *

Après le déjeuner, pendant qu'on prenait le café, M. Lionnet annonça qu'il avait reçu le matin une lettre de Bordeaux, qui l'appelait immédiatement dans cette ville. Il s'agissait d'une très importante commande : le palais d'un jeune souverain étranger à meubler entièrement ; le prince ne voulait avoir que des meubles français, c'était son idée.

— Je partirai ce soir, ajouta M. Lionnet.

— Est-ce que tu seras longtemps absent ? lui demanda sa femme.

— Pas plus de trois ou quatre jours.

— C'est bien, dit madame Lionnet.

Geneviève, dans l'après-midi, aurait facilement pu trouver le temps de causer avec son père et de lui apprendre ce qui s'était passé le matin entre elle et M. de Verboise. Mais à quoi bon lui parler du baron ? C'était, en effet, bien inutile. Elle comprenait très bien que si le mari avait répondu à sa femme : « Dans un mois je me considérerai comme libre de tout engagement et alors nous verrons », c'était pour couper court à une plaidoierie en faveur du baron et surtout pour ne pas avoir à révéler à madame Lionnet le secret de madame Merson et de son fils.

Et puis, Geneviève, toujours reconnaissante envers celui qui lui avait sauvé la vie, croyait-elle, tenait à garder pour elle seule les soupçons que l'attitude et les paroles du baron avaient fait naître dans son esprit.

Et comme, en réalité, elle n'avait guère que cela à dire à son père, elle prit, après réflexion, la résolution de se taire.

Vers quatre heures, ayant à faire quelques petits achats de mercerie, elle descendit.

Comme elle passait devant la porte vitrée de la loge, la concierge sortit précipitamment et la rejoignit avant qu'elle ne fût dans la rue.

— Mademoiselle sort, est-ce qu'elle va revenir bientôt ? demanda la femme.

— Mais tout de suite, répondit Geneviève, je vais seulement jusque chez la mercière.

— Alors je puis aller dire à M. Chéron de venir vous attendre dans la loge.

— M. Chéron ? fit la jeune fille étonnée.

— Il a, paraît-il, quelque chose de pressé à vous dire.

— Ah !... Eh bien, en revenant tout à l'heure, j'entrerai dans la loge.

Geneviève traversa la rue en courant, mais ralentit le pas en approchant de la boutique du marchand de vin à la porte duquel se tenait le vieux commissionnaire.

Elle voulait lui dire bonjour et même, si c'était possible, échanger quelques paroles avec lui. Mais elle éprouva un saisissement singulier ; quelque chose la serrait en même temps au cœur et à la gorge.

Le père Anselme n'était pas à sa place habituelle, et l'escabeau, le crochet, le bâton avaient disparu.

— Parti, il est parti ! murmura la jeune fille.

Et ses yeux se remplirent de larmes.

Ses achats faits elle revint très vite. L'ouvrier Chéron l'attendait dans la loge.

— Mademoiselle, lui dit-il, j'ai une petite commission à vous faire.

Gaiement, l'ébéniste ajouta :

— Je suis le commissionnaire d'un commissionnaire.

— Ah ! il s'agit du père Anselme, dites, monsieur Chéron, dites.

— D'abord, mademoiselle, il faut que vous sachiez que le père Anselme et moi nous sommes deux bons amis et que, s'il a confiance en moi j'ai aussi une entière confiance en lui. Donc, ce matin, comme je mangeais ma soupe avant de venir à l'atelier, je vois arriver le père Anselme, fort bien habillé, ma foi, botté et ayant la canne à la main comme un rentier.

— Monsieur Chéron, qu'il me dit, je me rends de ce pas

à la gare de Lyon où je vais prendre le train ; je vais faire une longue route et je ne sais pas au juste quand je reviendrai, peut-être pas avant quinze jours : ça dépendra de la chance que j'aurai.

Hier, toute la journée, j'ai guetté dans la rue ; j'aurais tant voulu voir mademoiselle Geneviève pour la prévenir de mon départ. Vous lui direz cela, monsieur Chéron, à elle seule, en trouvant dans la journée un moment pour la voir. Vous lui direz aussi que je ne cesserai pas de penser à elle et vous la prierez, en mon nom, de faire ce soir une petite prière pour que je fasse un heureux voyage.

En me disant cela, mademoiselle, il pleurait, le pauvre homme !

Je lui promis de faire ce qu'il me demandait, nous nous sommes serrés la main et il s'en alla. Maintenant, mademoiselle, la commission est faite.

— Merci, monsieur Chéron, dit Geneviève, qui s'efforçait de cacher son émotion, je savais que le père Anselme devait s'éloigner de Paris pour quelques jours, mais je ne pensais pas qu'il partirait si tôt. Vous a-t-il dit où il allait ?

— Je le lui ai demandé, mademoiselle ; mais il n'a pas répondu à ma question.

— N'importe, souhaitons-lui un bon voyage ; je n'oublierai pas, ce soir, la petite prière qu'il me demande.

Geneviève tendit sa main à l'ouvrier, qui la toucha avec respect, puis elle sortit de la loge.

— Aussi bonne que belle ! murmura Chéron ; quel cœur ! Aussi, voilà, tout le monde l'aime !

M. Lionnet devait prendre le train à neuf heures, et sa femme et son fils s'étaient préparés pour l'accompagner à la gare. Comme d'habitude, on laissait Geneviève à la maison.

Tout de suite après le dîner, la jeune fille s'était retirée dans sa chambre. Elle était plus triste encore qu'à l'ordinaire, elle avait comme le pressentiment d'un malheur et éprouvait le besoin de pleurer. D'ailleurs, elle pensait bien que son père, avant de partir, l'appellerait pour l'embrasser.

Mais M. Lionnet ne l'appela point ; sachant qu'elle était dans sa chambre, il alla l'y trouver.

Elle se jeta dans ses bras en éclatant en sanglots.

— Mais qu'as-tu donc ? s'écria-t-il ; pourquoi ces larmes ?

— Je ne sais pas, je n'ai rien, et, malgré moi, je pleure.

Il la tenait serrée contre son cœur, couvrait son beau front de baisers et, doucement, avec son mouchoir, il essuyait ses yeux.

La porte était ouverte et, debout au milieu de la pièce voisine, madame Lionnet les regardait ayant peine à contenir sa fureur jalouse.

Elle faisait cette remarque que jamais son mari, même dans les premiers temps de leur mariage, ne l'avait embrassée comme il embrassait Geneviève. Une pareille tendresse pour une fille qui n'était pas la sienne, une étrangère, n'était-ce pas monstrueux !...

— Faites un bon voyage, mon père, dit Geneviève, et revenez bien vite ; si vous saviez comme je me sens isolée quand vous êtes loin de moi ; vous allez partir et il me semble que, tout à coup, tout va me manquer. Je suis folle d'être ainsi, n'est-ce pas ? Mais c'est plus fort que moi, chaque fois que vous vous absentez, un effroi contre lequel je ne puis me défendre, envahit tout mon être.

— Chère petite ! Allons, calme-toi, rassure-toi, tu n'as rien à craindre ; tu sais bien que de loin, comme de près, je veille sur toi !

Madame Lionnet était exaspérée, elle piétinait, serrait ses poings crispés, se sentait prête à suffoquer.

— Ah çà ! voyons, s'écria-t-elle de sa voix aigre qui ressemblait assez au bruit de la crécelle, est-ce que vous n'allez pas bientôt en finir avec ces embrassades ridicules ?

Après tout, continua-t-elle, s'adressant directement à son mari, si tu veux manquer le train, tu n'as qu'à le dire.

Geneviève eut un tressaillement nerveux, et, par un mouvement brusque en arrière, se dégagea des bras de M. Lionnet.

Celui-ci, sans répondre à sa femme, se contenta comme toujours de froncer les sourcils et de hausser les épaules. En agissant ainsi, le négociant n'était ni faible ni craintif; depuis longtemps il avait pris le parti de laisser dire sa femme et de ne lui répondre que par un silence dédaigneux afin d'éviter des discussions inutiles et de sottes querelles. Il fallait vraiment que sa femme le poussât à bout pour qu'il lui fît sentir durement qu'il n'y avait qu'un maître dans la maison et que ce maître c'était lui.

— Au revoir, Geneviève, dit-il.

— Au revoir, mon père.

Il s'éloigna et suivit sa femme, qui mâchait entre ses dents des paroles de colère. Albert, déjà descendu, les attendait sur le trottoir près de la voiture.

Geneviève s'était affaissée sur un siège et pleurait,

tenant sa tête dans ses mains. Son père partait pour quatre jours et elle savait d'avance ce qu'elle aurait à endurer pendant son absence; et personne pour la défendre, car, hélas! ne pensant qu'à ses plaisirs et, dédaigneux maintenant des conseils de sa sœur, Albert ne pouvait être pour elle un défenseur.

M. Lionnet, nous le savons, s'absentait de temps à autre, mais jamais la jeune fille ne s'était sentie aussi inquiète, elle avait toutes sortes de noires appréhensions.

— Enfin, murmura-t-elle, il faut boire le calice jusqu'à la dernière goutte.

Elle essuya ses yeux, parvint peu à peu à se calmer et à éloigner de son esprit les pensées sombres en se rappelant la dernière conversation qu'elle avait eue avec Henri Merson, et en souriant à l'image du jeune homme, qui s'offrait à ses yeux et semblait lui dire :

— « Ne craignez rien, chère Geneviève, ne craignez rien, car je vous aime ! »

Comme il était encore de bonne heure, elle reprit son ouvrage pour continuer sa veillée.

A dix heures, elle entendit rentrer madame Lionnet et son fils. Après avoir conduit le négociant à la gare, ils avaient dû faire une heure de promenade dans la ville. Presque aussitôt, Albert quitta sa mère. Il avait promis à quelques amis, dit-il, de les rejoindre dans un café du boulevard.

Madame Lionnet le laissa aller, mais en lui recommandant bien de ne pas rentrer plus tard que minuit et demie ou une heure.

Madame Lionnet avait résolu de parler le soir même, et sérieusement, à Geneviève, en faveur du baron de Verboise, et, comme elle s'attendait à une résistance énergique, à un refus nettement et froidement exprimé, décidée à n'user d'aucun ménagement envers la jeune fille, elle était enchantée de ne pas avoir à redouter l'intervention d'Albert, qui, pas plus que son père, ne permettait à sa mère de maltraiter Geneviève.

La jeune fille avait l'habitude de se coucher vers onze heures, et toujours, avant de se déshabiller pour se mettre au lit, elle faisait sa prière. Ce soir-là, à sa prière ordinaire, elle ajouta une autre prière où elle demandait à Dieu d'accompagner le commissionnaire dans son voyage, de diriger ses pas, de le préserver des accidents et d'exaucer ses vœux.

Elle était encore à genoux et faisait le signe de la croix, lorsque madame Lionnet entra dans sa chambre. La mère d'Albert n'avait pris que le temps de remplacer sa robe de ville par un peignoir de cachemire et de mettre ses pieds dans des pantoufles.

En voyant paraître sa mère, Geneviève avait pâli et s'était dressée comme par un ressort; cependant, madame Lionnet paraissait très calme; rien sur sa physionomie n'annonçait un orage prochain.

Après avoir refermé la porte et jeté dans la chambre un coup d'œil investigateur, elle dit à Geneviève :

— Vous alliez vous coucher, mais il n'est pas encore tard et vous voudrez bien, je pense, me faire le sacrifice d'une heure de sommeil; j'aurais pu remettre à demain cet entretien, mais j'ai préféré que la question dont il s'agit soit vidée ce soir même. Asseyez-vous.

La jeune fille obéit et, à son tour, madame Lionnet prit place dans un fauteuil.

Après un court silence, elle reprit :

— Ce matin, vous avez causé longuement avec M. le baron de Verboise, mais il s'en est allé peu satisfait de vos réponses et de vous-même. En vérité, vous êtes une singulière personne. Comment ! voilà un homme, un baron, qui veut bien vous épouser, qui vous offre son nom et sa fortune, une situation dans le monde magnifique, enviable entre toutes, et vous n'êtes pas enchantée ! Loin de là, mademoiselle fait la difficile. Est-ce que vous trouvez qu'un baron n'est pas assez pour vous ? Auriez-vous rêvé, par hasard, que vous seriez un jour la femme d'un prince ?

— Pourquoi me dites-vous cela, ma mère ? répondit la jeune fille avec douceur ; vous connaissez la simplicité de mes goûts, vous savez que je n'ai pas la moindre ambition et que je ne chercherai jamais à m'élever au-dessus de ma position.

— Je ne suis pas aussi convaincue de cela que vous le croyez.

— Pourtant, ma mère...

— C'est bien, nous n'avons pas à discuter sur ce sujet, il s'agit d'une autre question à résoudre. Nous sommes maintenant décidés, M. Lionnet et moi, à vous marier. Or, un parti superbe se présente ; pour être baronne, vous n'avez qu'un mot à dire et vous ne le dites pas ; bien au contraire, vous répondez par un refus à la demande dont vous êtes l'objet. Voyons, qu'est-ce que cela signifie ?

— Mais, ma mère, vous n'ignorez pas...

— Oui, vous voulez parler de M. Henri Merson ; ce jeune homme ne veut plus de vous et vous êtes assez aveugle pour ne pas le voir ; s'il vous a aimée, ce dont il est permis de douter, il ne vous aime plus.

M. Merson ressemble à beaucoup de ses pareils; il calcule, c'est son métier, d'ailleurs, et il cherche avant tout son intérêt. Il sait que vous n'avez pas de dot et nous devons supposer qu'il n'est pas décidé encore à se marier ou qu'il a jeté les yeux sur une autre jeune fille qui lui convient mieux que vous.

Geneviève baissa la tête.

— Comme elle se trompe ! se dit-elle.

— Mais, poursuivit madame Lionnet, nous n'avons plus à nous occuper de M. Henri Merson, c'est de M. le baron de Verboise qu'il s'agit. Nous voulons vous marier, et le plus vite possible; M. de Verboise se présente et nous ne laisserons certainement pas échapper une aussi belle occasion de vous établir. Jamais, mon mari et moi, n'avions osé espérer pour vous un aussi brillant mariage. Vous voyez, Geneviève, combien je suis, malgré tout, soucieuse de votre avenir.

— Je vous remercie sincèrement, ma mère, de cette marque d'intérêt; mais pourquoi me parler de M. le baron de Verboise et d'un mariage auquel je ne puis consentir?

— Et pourquoi ne consentiriez-vous pas à ce mariage?

— M. le baron a dû vous dire ce que je lui ai répondu.

— Il ne s'agit pas de ce que vous avez répondu à M. de Verboise, répliqua sèchement madame Lionnet, mais de ce vous allez me répondre, à moi. Vous ne pouvez longtemps encore rester ici où vous êtes un perpétuel sujet de discorde entre mon mari et moi.

— Hélas ! soupira Geneviève.

— Au moins, vous le reconnaissez. Eh bien, il faut

que cela ait une fin, il faut que l'une cède la place à l'autre; est-ce vous ou moi qui doit partir?

— Oh! ma mère! fit Geneviève d'une voix plaintive.

— Il paraît, d'après ce que vous avez dit à M. de Verboise, que vous prendriez assez facilement la résolution de vous retirer dans un couvent; il y a quelques mois j'aurais trouvé bien que vous vous fissiez religieuse, mais il n'en est plus de même aujourd'hui, car j'ai promis à M. de Verboise que vous seriez sa femme.

La jeune fille se redressa toute frémissante.

— Vous avez fait cette promesse à M. de Verboise! exclama-t-elle.

— Oui.

— Eh bien, ma mère, vous avez eu tort.

— Pourquoi ai-je eu tort?

— Parce que, quels que soient l'autorité des parents sur leurs enfants, l'obéissance et le respect que doivent les enfants à leurs parents, ceux-ci n'ont, dans aucun cas, le droit de disposer de leurs enfants sans leur consentement.

— Est-ce une leçon que vous prétendez me donner?

— Non, ma mère, mes paroles n'expriment qu'un douloureux étonnement.

— Nous savons très bien, M. Lionnet et moi, que nous ne pouvons pas vous marier malgré vous; aussi viens-je vous demander de consentir à épouser M. le baron de Verboise.

— Je ne consens pas, ma mère, répondit Geneviève d'une voix ferme.

— Il faut me donner une raison.

— Je n'aime pas M. le baron de Verboise.

— Vous l'aimerez plus tard.

— Jamais ! Et si vous voulez que je vous dise toute ma pensée, loin de savoir gré à M. le baron de Verboise de l'honneur qu'il croit me faire en voulant m'épouser, plus on me parle de lui et plus je le vois, plus j'éprouve de l'éloignement pour sa personne.

— Dites tout de suite que vous le haïssez.

— On peut me déplaire, ma mère, mais je suis incapable de haïr.

— Enfin, vous répondez à sa demande par un refus ?

— Oui, ma mère.

— Un refus absolu ?

— Oui, ma mère.

Madame Lionnet bondit sur ses jambes et fit deux ou trois fois le tour de la chambre, marchant d'un pas saccadé, fiévreux. Son visage était livide, et de fauves éclairs jaillissaient de ses prunelles. Sa rage, trop longtemps contenue, allait faire explosion.

La jeune fille le comprit, car elle courba la tête et se mit à trembler.

Tout à coup, madame Lionnet fit entendre une sorte de grognement rauque, puis se plaça en face de Geneviève, les poings sur les hanches. Ses traits horriblement contractés et la fureur qui étincelait dans ses yeux injectés de sang et chargés de haine lui donnaient un aspect épouvantable. Ce n'était plus une femme, mais une furie.

XIII

PAUVRE FILLE

Il y eut un instant de profond silence comme celui qui, parfois, précède le déchaînement de la tempête.

Geneviève sentait peser sur elle le regard farouche de madame Lionnet et était traversée par un frisson.

Enfin d'une voix terrible, qui éclata comme un coup de tonnerre, l'affreuse mégère s'écria :

— Tu es une misérable!

La jeune fille releva la tête.

— De grâce, prononça-t-elle avec un accent déchirant, ayez pitié de moi!

— Tu es une misérable! répéta madame Lionnet, avec plus de violence encore.

Elle fit de nouveau le tour de la chambre, marquant chacun de ses pas par le mot misérable qui s'échappait entre ses dents serrées, pareil à un sifflement; puis revint se camper devant la pauvre jeune fille terrifiée.

— Ah! ah! dit-elle, tu me demandes d'avoir pitié de toi! Non, non, je veux être sans pitié!... De la pitié pour une créature de ton espèce, allons donc!

Elle continua en ricanant :

— Toi qui es si instruite, toi qui sais tout, toi qui n'as pas sa pareille, tu connais certainement l'aventure de ce brave homme dont parle le fabuliste : il trouve sur son chemin un serpent engourdi par le froid, mourant ; il le prend, le réchauffe, lui rend la vie, et, pour sa récompense, il est mordu par l'horrible bête. Eh bien ! tu es, toi aussi, une vipère que j'ai eu le malheur de réchauffer dans mon sein.

— Hélas ! répondit tristement Geneviève, je sais bien, et depuis longtemps, que j'ai eu tort de venir au monde ; mais ai-je donc mérité les paroles cruelles que vous m'adressez ? Suis-je donc véritablement une fille ingrate et sans cœur ?... J'ai fait tout ce que j'ai pu pour m'attirer votre affection ou plutôt pour que vous me la rendiez, car autrefois vous m'avez aimée ; est-ce ma faute, si je n'ai pas réussi ?

— Tu te trompes, répliqua durement madame Lionnet, je ne t'ai jamais aimée !

— Pourtant je me rappelle un temps où vous me parliez avec bonté ; alors vous ne me repoussiez pas quand je demandais à vous embrasser.

— En ce temps-là, tu n'étais pas la misérable fille que tu es aujourd'hui. Mais c'est parce que j'ai été autrefois trop bonne pour toi que tu es devenue un monstre d'ingratitude. Je ne veux pas me souvenir de ce temps où j'ai eu des bontés pour toi, et, je te le répète, je ne t'ai jamais aimée. Maintenant, sache-le bien, je te déteste, je te hais !

— Vous ne me l'apprenez pas, je le sais depuis longtemps ; mais qu'ai-je fait, dites, qu'ai-je fait pour mériter votre haine ?

— Tout, tout, répondit madame Lionnet avec fureur : tu as jeté le désordre dans cette maison, tu n'as pas seulement capté la confiance de mon mari, tu as su, par tes manœuvres, l'éloigner de moi, tu m'as volé son affection !

— Oh ! ma mère, ma mère !

— Je te défends de m'appeler ta mère !

— Hélas ! votre haine me le défend plus encore que vos paroles !

Elle laissa échapper un gémissement, et appuyant fortement sa main sur son cœur :

— Mon Dieu, mon Dieu, comme je souffre ! murmura-t-elle.

Après un bout de silence elle reprit :

— Vous me faites des reproches que je n'ai point mérités, car je n'ai jamais rien dit et rien fait qui ait pu amener entre vous et mon père cette discorde dont vous parlez. Ah ! j'en prends le ciel à témoin, j'ai toujours été pour vous une fille respectueuse et je ne me suis jamais plainte auprès de mon père de la façon... odieuse dont vous me traitez. Il ignore encore que, souvent, sans raison, vous m'avez frappée ! Je vous pardonne ces violences dues à des mouvements de colère dont vous n'étiez pas maîtresse, je vous pardonne tout !... Si mon père a connu le secret de mes souffrances, c'est qu'il ne m'a pas toujours été possible de cacher mes larmes. Devez-vous donc m'en vouloir de ce qu'il m'a si souvent consolée et rassurée ? N'ayant pas votre affection, que serais-je devenue, mon Dieu ! si je n'avais pas eu la tendresse de mon père ?

Vous ne savez pas ce dont j'ai le plus horriblement souffert ; eh bien, je vais vous le dire : J'aurais voulu avoir pour vous cette tendresse, cette vénération que toute fille doit avoir pour sa mère ; j'aurais voulu que rien n'altérât ce culte dont l'enfant pauvre comme l'enfant riche doit entourer celle qui lui a donné le jour. Oui, voilà les sentiments dont j'aurais voulu être animée, et ne les sentant pas en moi, je me traitais avec une extrême sévérité, je me maudissais et me reprochais comme un crime de ne pas trouver dans mon cœur cette tendresse, cette vénération que d'autres jeunes filles ont pour leur mère.

— Ah! vraiment? fit madame Lionnet avec ironie.

— Allez, continua Geneviève, je me suis bien souvent adressé l'épithète de malheureuse et aussi celle de misérable dont vous vous êtes servie tout à l'heure. De cela, Dieu seul sait ce que j'ai souffert et ce que je souffre encore.

Autrefois pourtant, je vous aimais, oui je vous ai aimée d'une affection sans bornes, et si cette affection s'est peu à peu affaiblie, puis éteinte, c'est que vous m'avez repoussée et trop cruellement fait sentir que vous me haïssiez. Ah! croyez-le, c'est avec effroi, avec épouvante, après avoir soumis mes sentiments à une enquête sévère, que j'ai constaté que j'avais cessé de vous aimer!

C'est affreux ce que je viens de vous dire, et j'en suis effrayée... Ah! je souhaite que vous trouviez, dans cet aveu douloureux, la justification de vos duretés envers moi, de la haine que je vous inspire.

Il ne dépend plus de moi de dominer les mouvements de mon cœur ni d'étouffer les réflexions cruelles qui viennent constamment m'assaillir. Mais il est un devoir que je veux m'imposer toujours et quand même. Ce devoir est de continuer à souffrir avec patience, avec résignation, sans me plaindre, et, par mes paroles et ma conduite, ne jamais sortir du respect que je vous dois.

Un rire sec, aigu, narquois, éclata entre les lèvres de madame Lionnet.

La jeune fille la regarda tristement, avec une sorte de pitié, puis reprit :

— Oui, vous me verrez toujours respectueuse, et, autant que je le pourrai, soumise à vos volontés. Mais, je vous en prie, je vous en supplie, ne me demandez pas l'impossible.

Voyons, pourquoi venez-vous de vous mettre en colère contre moi? Réfléchissez, avez-vous eu raison de vous emporter ainsi?

— Oui, j'ai eu raison, mille fois raison !

— Je n'aime pas M. le baron de Verboise; est-ce donc un crime à vos yeux de refuser d'épouser un homme qu'on n'aime pas?

— Assez, assez! s'écria madame Lionnet, redevenant subitement furieuse, tu réponds aujourd'hui par un refus à la demande du baron de Verboise, comme tu refuserais demain d'épouser Henri Merson; tu n'aimes pas plus ce dernier que le baron. Va, je vois clair dans ton jeu et ne peux plus être dupe de ton hypocrisie; assez de comédie! Cela a trop duré, il y faut mettre fin!... Avec ta voix doucereuse et tes airs de candeur, tu parviens à tromper les autres ; moi, je ne me laisse pas tromper ; je te connais et je sais ce que tu vaux. Pourquoi, dis, pourquoi refuses-tu d'épouser M. de Verboise? Ose donc l'avouer! Mais non. Si effrontée et si audacieuse que tu sois, tu aurais honte, devant moi, de faire cet aveu.

La vérité est que tu ne veux pas te marier, ni avec celui-ci, ni avec celui-là, ni avec un autre. Et pourquoi ne veux-tu pas te marier? Je le sais et je vais te le dire : tu ne veux pas te marier, misérable que tu es, parce que tu es la maîtresse de mon mari !

Geneviève fit un bond sur son siège. Mais l'accusation était si inattendue, si étrange, si folle, si brutalement absurde, que la jeune fille resta un long moment sans voix, hébétée, regardant la furie avec l'effarement de la stupeur.

Enfin elle se redressa, et avec indignation, mais plus encore de douleur et de pitié :

— Mon Dieu, s'écria-t-elle, que dites-vous ?

— Est-ce que tu n'as pas entendu? Je dis que tu es la maîtresse de mon mari !

— Mais vous êtes folle, folle !... Que vous m'insultiez, que vous me frappiez, que vous me jetiez à la face toutes les injures, je le comprends, vous me haïssez ! mais pour avoir seulement conçu le soupçon que la fille est la maîtresse de son père, pour que les paroles insensées, monstrueuses que vous venez de prononcer aient pu sortir de vos lèvres, il faut que la fureur qui vous est montée au cerveau vous ait fait perdre complètement la raison.

Ah ! je n'aurais jamais voulu penser que votre jalousie haineuse pût ainsi dépasser toutes les bornes ! Je suis frappée d'épouvante, vous me faites peur !... Et si encore l'accusation infâme ne tombait que sur moi; mais mon père, votre époux, l'homme le plus honnête et le meilleur qu'il y ait au monde !... Et c'est une mère, c'est une épouse qui souille d'une façon odieuse, abominable, l'honneur de son mari, de sa fille et le sien !

Dieu du ciel ! mais de quel horrible démon êtes-vous donc possédée ! Je vous le dis encore, vous me faites peur, et c'est pour vous que j'ai peur et que je tremble ! Oh ! ma mère ! ma mère !

— Je t'ai déjà défendu, répliqua sourdement madame Lionnet, de m'appeler ta mère ; tu n'as pas le droit de me donner ce nom, je ne suis pas ta mère, tu n'es pas ma fille, Dieu merci !

— Vous n'êtes pas ma mère, je ne suis pas votre fille ! exclama Geneviève au comble de la stupéfaction.

— Ne fais donc pas l'étonnée; encore une fois, assez de comédie ! Tu le sais bien que je ne suis pas ta mère, que tu es une étrangère dans cette maison. Avant de faire de toi sa maîtresse, M. Lionnet n'a pas manqué de te dire que nous n'étions pas tes parents, que tu ne nous appartenais par aucun lien de famille !

Avec ton hypocrisie habituelle, tu t'écries, feignant l'indignation, la douleur, que je porte faussement contre toi une accusation monstrueuse, que je suis folle... Non, non, je ne suis pas folle, tu n'as pas besoin de trembler pour moi, je garde toute ma raison pour te maudire, vipère que j'ai réchauffée dans mon sein !

Trompe les autres si tu peux, mais, je te le répète, je ne suis plus dupe de ton hypocrisie ; je sais ce que je sais; ne t'ai-je pas vu, maintes fois et aujourd'hui encore, à demi pâmée dans les bras de mon mari ?

Geneviève restait immobile, comme pétrifiée, ses yeux hagards fixés sur madame Lionnet; insensible maintenant aux injures, elle n'écoutait plus les divagations de l'horrible femme; mais en elle se faisait peu à peu un grand apaisement; en même temps que sa conscience se tranquillisait, la sérénité rentrait dans son âme, son cœur se dilatait, et il lui semblait qu'elle venait d'être subitement débarrassée d'un poids énorme qui pesait sur sa poitrine.

Quel soulagement, en effet, de savoir que cette femme, qui la haïssait, qui l'avait martyrisée, n'était pas sa mère! Quel soulagement de ne plus avoir à se reprocher comme un crime d'avoir cessé complètement d'aimer cette femme! Enfin, elle comprenait, tout lui était expliqué : madame Lionnet n'était pas sa mère!

Une sorte de joie mystérieuse pénétrait en elle et elle se répétait constamment dans son cœur :

— Je ne suis pas sa fille, elle n'est pas ma mère!

Comme si elle eût deviné la pensée de Geneviève, madame Lionnet reprit de sa voix dure :

— Oui, je ne suis pas ta mère, la honte d'avoir une fille telle que toi m'a été épargnée. Comprends-tu bien, maintenant, pourquoi je te hais? Mais non, tu ne comprends pas : je te hais parce que tu as occupé chez moi une place qui ne t'appartient pas; parce que mon mari m'a forcée à jouer près de toi le rôle de mère et a voulu que tu passes pour la sœur de mon fils et que tu sois considérée comme ayant ici, toi une étrangère, les mêmes droits qu'Albert; je te hais parce que tout ce qui est dépensé pour toi, jusqu'au pain que tu manges, est un tort fait à mon fils!

N'ouvre donc pas ainsi tes grands yeux ahuris, continua madame Lionnet, qui se laissait aller sans contrainte à son infernale méchanceté, je tiens à te le répéter, ta présence dans ma maison m'a été imposée et je t'ai élevée par charité, par commisération.

Voilà ce que tu es et ce que tu vaux! Vois si tu avais le droit de savourer, ainsi que tu le faisais, les hommages qu'on rendait à ta beauté, de te complaire aux éloges qu'on adressait à tes soi-disant belles qualités, à tes vertus hypocrites.

Geneviève se dressa de toute sa hauteur, elle était blanche comme un lys et toute frémissante; mais quelque chose de rayonnant succédait à l'effarement de son regard et elle était superbe de fierté.

D'une voix douce et tranquille, ni humble ni hautaine, mais avec une dignité pleine de noblesse et de grandeur, elle répondit :

— Ainsi, vous n'êtes pas ma mère, je suis une étrangère dans votre maison. Comment ne l'ai-je pas deviné à votre haine, aux tortures que vous m'avez fait endurer et à mes propres sentiments? Je ne voulais pas écouter les avertissements de mon cœur. Ah! maintenant, vous pouvez m'insulter tant qu'il vous plaira; aucune de vos injures ne peut plus m'atteindre; vous n'êtes pas ma mère, je ne suis pas votre fille!

Vous n'êtes pas ma mère! Je vous remercie de m'avoir fait enfin cette révélation... Je ne me sens plus écrasée sous le poids de la malédiction divine, je rentre en paix avec moi-même!

Vous n'êtes pas ma mère! Si la honte d'avoir une fille telle que moi vous a été épargnée, je rends grâce à Dieu de ne pas avoir été mise au monde par vous!

Oh! bonheur! Une joie immense me pénètre, elle inonde mon cœur, et mon âme s'élève, libre et fière ce n'est pas une mère qui haïssait sa fille; ce n'est pas une fille qui n'aimait pas sa mère!

Ce que vous avez fait pour moi, madame, je ne vous l'ai pas demandé; je dois croire que je suis depuis longtemps une étrangère dans votre maison, puisque je ne me rappelle pas comment j'y suis entrée. Si j'étais riche, je me ferais un devoir de vous rembourser l'argent que vous avez dépensé pour moi, de vous payer le pain que j'ai mangé chez vous et que vous me reprochez. Malheureusement, je n'ai rien et ne peux rien! Si, je peux quelque chose et je n'y veux pas manquer : je vous remercie, madame, d'avoir bien voulu m'élever par charité.

Le calme et l'ironie mordante de Geneviève achevèrent d'exaspérer madame Lionnet, et elle leva la main sur la pauvre enfant.

— Oh! frappez-moi si vous voulez, dit la jeune fille avec une sorte de défi, je n'en éprouverai ni honte, ni chagrin : vous n'êtes pas ma mère!

Le bras de la terrible femme retomba à son côté et elle fit entendre comme un grognement de bête fauve. Ses yeux enflammés, pleins d'éclairs, restaient braqués sur Geneviève comme si elle eût voulu la foudroyer.

Après un court silence, la jeune fille reprit :

— Madame Lionnet veut-elle avoir la bonté de m'apprendre maintenant comment la pauvre petite Geneviève est entrée dans sa maison, comment et par suite de quelles circonstances la tâche de m'élever par charité et commisération lui a été imposée?

Un sourire méchant, hideux, glissa sur les lèvres de madame Lionnet.

La jeune fille, qu'elle avait voulu humilier, réduire au silence en la frappant au cœur, la jeune fille lui tenait tête; mieux que cela, Geneviève lui faisait cruellement sentir que, dans cette lutte affreuse, ce n'était pas elle qui avait le beau rôle. Mais elle allait pouvoir écraser la fière jeune fille.

— Oui, certes, je vais te l'apprendre, répondit-elle ; et tu n'auras pas à te glorifier de ton origine.

— Je vous écoute, madame.

— Un jour, avant de recourir au suicide pour en finir avec sa misérable existence, ta mère t'a jetée dans mes bras, en me disant, ainsi qu'à M. Lionnet : « Prenez ma fille, je vous la donne ! » Pour me débarrasser de toi, j'aurais dû te porter tout de suite dans un hospice d'enfants trouvés; mon mari ne l'a pas voulu ; Albert n'était pas né alors, et j'eus la faiblesse de consentir à te garder.

— Quel âge avais-je?

— A peu près deux ans.

— Comment s'appelait ma malheureuse mère?

— Ni mon mari ni moi ne le savons.

— Alors, je n'ai pas de nom de famille, je m'appelle seulement Geneviève.

— Je ne sais même pas si tu as un état civil, car il peut bien se faire que ta naissance n'ait pas été déclarée...

— Oh! fit Geneviève.

— Ton père, continua madame Lionnet, — mais était-ce cet homme ou un autre qui était ton père, — était une espèce de bandit qui fut tué dans une rixe par d'autres bandits, ni plus ni moins misérables que lui. Ces sortes de gens ne se gênent guère pour s'assassiner entre eux.

La jeune fille laissa échapper un sourd gémissement.

Les yeux brillants de madame Lionnet exprimaient une satisfaction sauvage. Elle poursuivit :

— Nous n'avons jamais su comment s'appelait celui qui passait pour être ton père. Les misérables se cachent le jour et ne se montrent que la nuit pour commettre leurs crimes; ils n'ont pas de nom, car ils en changent à volonté afin de se soustraire aux recherches de la justice.

— Mais ma mère, ma mère! s'écria Geneviève haletante et d'une voix étranglée, que savez-vous de ma mère?

— Ta mère, répondit madame Lionnet avec une sorte d'emportement brutal, ta mère était une aventurière qui, très probablement, n'a jamais été mariée; c'était une femme de rien, une de ces gourgandines, une de ces vagabondes qui courent les champs et les rues et, sans aucun doute, tu es née des suites de quelque dégoûtante aventure.

La jeune fille fit entendre un nouveau gémissement et laissa tomber sa tête sur son sein. Elle se sentait frissonner jusque dans ses veines.

— Voilà ce que tu voulais savoir, reprit la mégère de sa voix criarde, sifflante, et, si cela te convient, tu peux être fière de ton honorable origine.

Du reste, tu as tenu ce qu'elle promettait, ton origine, car tu es la digne fille de ceux à qui tu dois la vie.

Lentement, Geneviève releva sa belle tête, lourde de pensées douloureuses.

— Ceux qui m'ont donné la vie n'existent plus, dit-elle avec un accent de tristesse profonde, et me voilà seule au monde. N'ayant point connu ma mère et mon père, ne sachant ni ce qu'ils faisaient ni ce qu'ils étaient, je souffre de ne pouvoir rendre un pieux hommage à leur mémoire en prenant leur défense contre vous.

Vos paroles ont été cruelles, madame, mais je n'ai

pas à en être surprise. Je veux croire que vous m'avez dit ce que vous savez; si mon père et ma mère étaient tels que vous me les faites voir, je n'en suis que plus malheureuse.

Cependant, madame, continua-t-elle en appuyant la main sur son cœur, permettez-moi de vous dire que ce que vous savez concernant mes parents n'est peut-être pas la vérité. Là, dans mon cœur, j'entends une voix et cette voix me crie : Non, non, ce que l'on te dit n'est pas exact; ta mère a pu souffrir, être malheureuse, mais elle n'était pas une misérable ! Garde pieusement le souvenir de sa mémoire !

Madame Lionnet eut un nouvel accès de rage.

— Alors, je suis une menteuse ! exclama-t-elle.

— Je n'ai pas dit cela, madame.

— Moi, je te répète que ton père était un bandit, ta mère une femme de rien, sans feu ni lieu, une aventurière, et que tu es leur digne fille ! Tu devais ressembler à ta mère, c'était fatal !

Ecoute bien ceci : En te haïssant comme le frelon introduit dans la ruche, je te haïssais d'instinct, comme si j'eusse deviné quelle serait un jour ton ignoble conduite, deviné que tu deviendrais fatalement une misérable et vile créature !

Maintenant, te voilà renseignée au sujet de ton père et de ta mère, et tu sais ce que je pense de toi; s'il te reste encore un peu de cœur et de fierté, tu n'as plus qu'une chose à faire : c'est de t'en aller loin, très loin, afin qu'on n'entende plus parler de toi, et de te cacher si bien qu'on ne puisse jamais te retrouver.

— Ainsi, vous me chassez ?

— Oui, oui, je te chasse !

— C'est bien, madame. Du reste, je n'ai pas à vous le cacher, j'avais déjà pris la résolution de m'éloigner de cette maison où j'ai été abreuvée de toutes les amertumes, où j'ai connu toutes les souffrances.

— Eh bien! va-t'en donc! hurla madame Lionnet, qui avait les yeux hors de la tête et la bouche écumante, il faut en finir; il y a assez longtemps que ta présence m'est odieuse, que je ne peux plus te voir devant mes yeux; va-t'en, va-t'en!

Sur ces mots, l'horrible femme s'élança hors de la chambre avec un bond de panthère, et s'éloigna en jetant les dernières baves de sa rage dans des cris et des rugissements rauques.

XIV

QUE DEVIENDRA-T-ELLE?

Geneviève poussa une plainte douloureuse et, brisée, anéantie, n'ayant plus, pour ainsi dire, conscience de son être, s'affaissa sur un siège comme une masse. Elle resta inerte, les yeux grands ouverts, secs, brillants, fixés devant elle sur une gravure représentant Madeleine et Marie agenouillées au pied de la croix.

Elle avait la tête brûlante, la gorge desséchée, et, à chaque instant, une sorte de tremblement nerveux la secouait violemment.

L'épouvantable scène avait troublé son esprit, la pensée lui échappait. Maintenant un profond silence régnait autour d'elle, et, pendant un long moment, elle crut qu'elle avait été le jouet d'une hallucination ou que ce qui venait de se passer n'était qu'un horrible cauchemar. Mais, peu à peu, en se ranimant, elle revint à ce qui était la douloureuse et effrayante réalité. Le trouble de son esprit se dissipa et il y eut dans son cerveau un choc terrible de pensées tumultueuses.

C'était madame Lionnet avec son regard farouche,

sa voix dure, haineuse; c'était M. Lionnet, qui avait toujours été bon pour elle, qui l'avait tendrement aimée; c'étaient ce bandit et cette femme de rien, cette aventurière qu'on lui avait dit être son père et sa mère; puis aussi Henri Merson et sa mère, et enfin le baron de Verboise qui, tour à tour, les uns après les autres, se présentaient à sa pensée, passaient et repassaient successivement comme enveloppés dans un tourbillon vertigineux.

En se rappelant les outrageantes paroles de madame Lionnet, elle frémissait dans tout son être.

C'était épouvantable, horrible!

Mais elle avait pris une résolution, elle allait partir. Où irait-elle et que deviendrait-elle? Elle n'y songeait même pas; que lui importait? Sans famille, sans nom, elle n'était plus rien, elle tombait dans le néant, elle n'avait plus rien à attendre de la vie... Oh! la vie, comme elle en faisait peu de cas, maintenant.

En un instant, tout s'était écroulé autour d'elle et elle était ensevelie, écrasée, broyée sous les décombres. Tout, tout était détruit, ses rêves d'avenir, de bonheur! Plus d'espérance!... Avec quelle joie elle aurait ouvert ses bras à la mort et comme il lui aurait semblé doux de mourir!

Oui, elle allait partir, il le fallait; elle ne pouvait plus rester dans cette maison où tout lui était reproché, jusqu'au morceau de pain qu'elle mangeait. Elle n'aurait plus à répondre à d'odieuses accusations; elle ne courberait plus la tête sous les injures, les outrages sans raison d'une femme dominée par une haine sauvage et vomis avec une méchanceté infernale. Elle s'en irait loin, oui, bien loin, n'importe où; c'était ce que madame Lionnet demandait, elle le voulait aussi. Elle disparaîtrait, on n'entendrait plus parler d'elle.

Puisque ce qu'elle avait déjà souffert ne comptait pour rien, puisqu'elle était condamnée à être malheureuse toute sa vie, eh bien, elle serait malheureuse, voilà tout! Elle était sans puissance contre la terrible fatalité qui la poursuivait depuis sa naissance; elle devait se résigner à subir sa douloureuse destinée.

Sa mère avait dû horriblement souffrir puisqu'elle avait cherché dans la mort sa délivrance; sa pauvre mère lui avait laissé, en se suicidant, un héritage de peines et de malheurs, elle acceptait ce triste héritage, et, si ses parents avaient commis des fautes, des crimes, elle serait la victime expiatoire.

En pensant à Henri, sa poitrine se gonfla, il lui sembla qu'une main de fer tordait son cœur, un sanglot lui monta à la gorge et elle se mit à pleurer.

— Je ne le verrai plus, murmura-t-elle, cette fois, tout est fini, bien fini entre nous... Hélas! quand il se trouvait indigne de moi, c'était moi qui n'étais pas digne de lui! Noblement, il faisait le sacrifice de son amour; vaillamment, il renonçait à toutes ses espérances! C'est bien; comme lui, je renonce à tout, je le dois, c'est le devoir. Oh! je souffrirai, mais Dieu me donnera la force d'accomplir tous les sacrifices.

Cher Henri, que pensera-t-il, que dira-t-il, quand il apprendra?... Mais il a une mère, lui, pour le consoler... Je le connais, il me plaindra, puis après... après, n'entendant plus parler de la pauvre Geneviève, ignorant ce que je serai devenue, comprenant qu'il ne doit plus penser à une malheureuse dont la destinée est maudite, il m'oubliera et il fera bien. Moi, je ne l'oublierai pas, et, au milieu des nouvelles et cruelles épreuves qui m'attendent, son souvenir soutiendra mon courage.

Ses larmes redoublèrent à la pensée qu'elle allait aussi s'éloigner de M. Lionnet, qui avait toujours eu pour elle la tendresse d'un véritable père, et que, comme Henri, elle ne le reverrait plus.

Soudain le timbre de la pendule la fit sursauter. Elle jeta les yeux sur le cadran; c'étaient onze heures qui sonnaient.

— Onze heures! murmura-t-elle.

Et, de nouveau, sa tête s'inclina pensive...

Devait-elle, à une heure aussi avancée de la nuit, quitter cette maison dont on venait de la chasser, ou attendre au lendemain?

Elle eut un moment d'hésitation. Mais à l'idée seule de se trouver encore en face de madame Lionnet, elle se sentit traversée par un frisson. Elle se dressa debout, effarée, en s'écriant :

— Non, non, tout de suite!

Mais elle ne pouvait pas partir sans adresser quelques lignes d'adieu à l'homme bon et généreux qui lui avait servi de père, sans le remercier de tout ce qu'il avait fait pour elle, sans lui exprimer les sentiments d'affection et de reconnaissance qu'elle garderait éternellement dans son cœur.

Elle s'assit devant un petit bureau, orné d'incrustations d'ivoire, qui était un des jolis meubles de sa chambre de jeune fille, prit une plume et écrivit ce qui suit :

« Mon père,

» Madame Lionnet vient de m'apprendre que je ne
» suis pas votre fille, que je suis une étrangère dans

» votre maison, une pauvre orpheline que vous avez
» recueillie par pitié il y a vingt ans et élevée par
» charité.

» Vous n'êtes pas mon père, et cependant je ne
» peux pas vous appeler autrement que mon père et
» mon bienfaiteur. C'est que vous m'avez toujours
» aimée comme un père et que mon affection pour
» vous est celle d'une fille respectueuse et reconnais-
» sante.

» Enfin, je sais pourquoi madame Lionnet me hais-
» sait, pourquoi je ne l'aimais pas comme une fille
» doit aimer sa mère. Étrangères l'une à l'autre, nous
» ne pouvions pas nous aimer, et la place que j'occu-
» pais dans votre maison, près de vous et de votre fils,
» justifie pleinement la haine que j'ai eu le malheur
» d'inspirer à madame Lionnet.

» Ah! mon père, j'ai beaucoup souffert des duretés
» de madame Lionnet, mais plus horriblement encore
» de l'espèce de répulsion que j'éprouvais pour elle et
» que sa conduite envers moi avait fait naître; je me
» croyais une fille sans cœur, je me reprochais cruel-
» lement et sans cesse de ne pas aimer ma mère,
» je me maudissais, je me considérais comme un
» monstre!

» Ah! mon père, mon père! si j'avais eu le cou-
» rage de vous parler de mes terreurs, de mes épou-
» vantes, vous n'auriez pas hésité à m'apprendre
» vous-même la vérité.

» Enfin, je sais : madame Lionnet n'est pas ma
» mère, et maintenant, réconciliée avec moi-même,
» j'éprouve un grand soulagement. Je ne suis pas un
» monstre, je n'ai plus à me maudire!

» Hélas! ce que je peux maudire aujourd'hui, c'est » mon affreuse destinée !

» Mon père, je vais quitter votre maison où j'oc» cupe une place qui ne m'appartient pas, où j'ai été » trop longtemps un sujet de discorde. Je vais partir. » Pour aller où? Je n'en sais rien. Sans famille, seule » au monde, je me mets sous la protection de Dieu; » il ne m'abandonnera point, il conduira mes » pas.

» Ah! mon père, avec quel sentiment de profonde » gratitude je vous remercie en ce moment de l'ins» truction que vous m'avez fait donner; grâce à cette » instruction, dont plus que jamais je sais tout le » prix, je pourrai, j'espère, gagner ma vie.

» Merci, mon père, merci de l'affection que vous » m'avez toujours témoignée et de toutes les bontés » que vous avez eues pour moi.

» Mes larmes coulent et je sens mon cœur se briser; » hélas! nous allons être séparés pour toujours, je ne » vous verrai plus! Je vous en prie, je vous en sup» plie, ne faites rien pour savoir ce que je serai de» venue, rien pour me retrouver; je vais quitter votre » maison pour n'y revenir jamais!

» Vous penserez à moi, comme la pauvre Geneviève » pensera à vous; mais vous vous consolerez en vous » occupant uniquement de l'avenir de votre fils, vous » lui donnerez toute votre tendresse que vous avez » partagée jusqu'à ce jour entre lui et moi. Ah! dites » à Albert, dites-lui que celle qu'il croyait sa sœur ne » l'oubliera pas et qu'elle lui souhaite, avec le bon» heur, de porter dignement le nom que vous avez » honoré.

» Quelle que soit la destinée que le ciel me ré-

» serve, mon père, votre souvenir et celui de vos » bontés me suivront partout. Votre souvenir me sou- » tiendra dans les épreuves qui m'attendent, il m'ai- » dera à triompher des obstacles que je rencontrerai » sur ma route.

» Vous êtes bon, je serai bonne ; comme vous, je » vivrai pour le bien ; je serai patiente, résignée, dé- » vouée, courageuse ; toujours vous serez mon exemple » et je m'efforcerai à vous imiter. Je ne m'écarterai » jamais des principes d'honneur que vous m'avez en- » seignés ; je les garderai en moi comme un précieux » héritage.

» En ce moment, mon père, en évoquant le souve- » nir des leçons que vous m'avez données, quelque » chose me dit que ma destinée ne sera pas aussi af- » freuse que je la vois, et il me semble entendre une » voix lointaine qui me crie : — Courage, courage, » pauvre Geneviève ; tu dois abandonner le toit qui, » jusqu'à présent, t'a abritée, fais ton devoir ; mais » marche sans crainte ; marche, marche !... Dieu » veille sur toi, il conduira tes pas où tu dois aller ! »

» Je vous embrasse, mon père, de tout mon cœur, » de toute mon âme.

» Adieu, mon père, adieu !

» GENEVIÈVE. »

Elle pleurait à chaudes larmes.

Elle plia sa lettre et la mit dans une enveloppe, sur laquelle elle écrivit :

Personnelle.

Monsieur

CHARLES LIONNET, négociant.

Cela fait, elle déposa sur le marbre de la cheminée sa montre avec la chaîne, ses boutons d'oreilles, sa broche et deux bagues qu'elle avait à ses doigts.

Ensuite, elle entra dans son cabinet de toilette, jeta un manteau sur ses épaules, puis se coiffa d'un chapeau de velours défraîchi, qu'elle ne mettait plus depuis longtemps.

Elle rentra dans sa chambre, promena son regard triste sur les meubles, les tableaux, les mignons objets qui garnissaient une étagère, autant de vieux amis qu'elle allait quitter, et un long soupir s'échappa de sa poitrine oppressée.

— Adieu, mon père ! Adieu Henri ! Adieu Albert ! s'écria-t-elle d'une voix déchirante.

Elle disait ainsi adieu à toutes ses espérances, à toutes ses joies, à tout ce qu'elle aimait et avait aimé !

Tenant dans sa main gauche un bougeoir et la lettre qu'elle venait d'écrire elle sortit de sa chambre, n'emportant que les vêtements et le linge qui étaient sur elle.

Sans faire de bruit, retenant ses larmes, étouffant ses sanglots, elle traversa plusieurs pièces de l'appartement et arriva à la porte du cabinet de M. Lionnet. Son intention était de déposer la lettre sur le bureau de celui qu'elle appelait toujours son père. A son retour de Bordeaux, il la trouverait.

Mais comme elle allait ouvrir la porte du cabinet, une pensée lui vint et elle s'arrêta.

Madame Lionnet pouvait entrer dans le cabinet, voir la lettre et, sans se soucier du mot « personnelle » s'en emparer et la détruire après l'avoir lue et même sans avoir eu la curiosité de la lire.

La jeune fille resta un instant très perplexe.

Comment faire ?

Elle pouvait remettre sa lettre à la concierge, mais elle n'avait en cette femme, dévouée à madame Lionnet, qu'une médiocre confiance.

Soudain elle pensa à l'ouvrier ébéniste Chéron.

— Oui, à lui, se dit-elle.

Le sort de sa lettre ne l'inquiétait plus, l'ouvrier la remettrait fidèlement à M. Lionnet.

Elle sortit de l'appartement sans que personne l'eût entendue, descendit l'escalier, souffla la bougie, déposa le bougeoir sur une marche et demanda à la concierge de lui ouvrir, en se servant des mots habituels :

— Cordon, s'il vous plaît.

La concierge était dans son premier sommeil ; à demi réveillée, elle ne reconnut point la voix de Geneviève et, machinalement, elle tira le cordon et la jeune fille s'élança hors de la maison.

Le grand faubourg, si animé, si remuant, si tumultueux dans la journée, était à cette heure silencieux et désert. Mais un bruit sourd, incessant, celui des voitures roulant sur le pavé, et montant du centre de Paris, arrivait jusqu'à Geneviève. Dans le lointain, du côté de Vincennes, elle entendait un chant d'ivrogne auquel des chiens répondaient en aboyant.

C'était la première fois qu'elle se trouvait seule dans la rue, la nuit, elle ne put se défendre d'un mouvement d'effroi.

— Ce n'est que le commencement, murmura-t-elle, allons, pauvre Geneviève, courage !

D'un pas rapide elle monta le faubourg jusqu'à la maison où demeurait Chéron. Elle sonna, la porte s'ouvrit et elle pénétra dans une étroite allée au fond de laquelle se trouvait l'escalier. Mais elle était dans l'obscurité. Les concierges s'étaient couchés, après avoir éteint le gaz, les locataires étaient probablement tous rentrés.

Grâce à la porte d'entrée qu'elle avait laissée ouverte, Geneviève put voir la porte vitrée de la loge. Elle frappa à un carreau.

— Quoi ? Qu'est-ce que c'est ? demanda la voix endormie d'un homme.

— Monsieur, répondit Geneviève, je désire voir M. Chéron, qui demeure dans votre maison.

— Chéron, Chéron, pourquoi faire ?

— J'ai quelque chose à lui remettre.

— Il est couché, il dort, revenez demain.

— C'est très pressé, monsieur.

— Si c'est si pressé, il fallait venir plus tôt ; mais d'abord, qui êtes-vous ?

— Je suis mademoiselle Geneviève.

— Hein, Geneviève, quelle Geneviève ?

Après avoir hésité, elle répondit :

— Geneviève Lionnet.

— Mademoiselle Lionnet ! exclama la femme du concierge, vite, vite, mon homme, lève-toi !

Il sauta à bas du lit, alluma une bougie et eut bientôt mis son pantalon et glissé ses pieds dans des chaussons. Alors il prit sa lumière, ouvrit la porte de la loge et dit :

— Mademoiselle, je suis à vous maintenant, je vais vous conduire.

— Mais non, monsieur, je n'exige pas cela ; indiquez-moi seulement l'étage et la porte à laquelle je dois sonner.

— Par exemple, mademoiselle, est-ce que je puis

vous laisser aller seule ? Avec votre permission, je vais vous accompagner et vous éclairer. Et puis, mademoiselle, je vous demande bien pardon de ne pas m'être levé tout de suite, je ne savais pas que vous étiez mademoiselle Geneviève.

— Vous n'avez pas à vous excuser, monsieur; c'est moi, au contraire, qui vous prie de me pardonner d'être venue vous déranger à une pareille heure.

— Oh! mademoiselle ! Mais vous savez bien que tout le monde vous aime dans le faubourg, et ma femme et moi nous sommes de ceux qui ferions tout pour vous.

— Merci, merci, dit Geneviève avec émotion.

Ils montèrent au deuxième étage et le concierge sonna à la porte de l'ouvrier.

Chéron, qui venait seulement de se coucher et ne dormait pas encore, se leva aussitôt. Mais, avant d'ouvrir, il demanda ce qu'on lui voulait.

— Monsieur Chéron, répondit la jeune fille, c'est moi, Geneviève, qui viens vous trouver si tard.

Au son de cette voix douce que tous les ouvriers de la maison Lionnet connaissaient et aimaient à entendre, la porte s'ouvrit toute grande.

— Vous, mademoiselle, vous ! dit Chéron éperdu de surprise ; mais comment cela se fait-il ?... Que se passe-t-il? Est-ce qu'on a besoin de moi à l'atelier?

— C'est moi qui ai besoin de vous, monsieur Chéron.

— Oh ! dites, mademoiselle, dites ; que dois-je faire? Mais, de grâce, ne restez pas à la porte, entrez, mademoiselle, entrez, venez vous asseoir.

— Non, monsieur Chéron, merci, c'est inutile ; je

n'ai que quelques mots à vous dire et cette lettre à vous remettre.

— Cette lettre ? fit l'ouvrier, prenant la missive.

— Elle est, vous le voyez, adressée à M. Lionnet.

— Oui, mademoiselle.

— M. Lionnet est parti ce soir pour Bordeaux, et il ne reviendra que dans trois ou quatre jours. Je vous prie de ne dire à personne que vous avez cette lettre, et vous voudrez bien la remettre à M. Lionnet à son retour.

— Je vous le promets, mademoiselle.

— Merci !

Et Geneviève tendit la main à l'ouvrier.

Chéron s'aperçut alors que la jeune fille était pâle, tremblante, et que ses yeux brillaient d'un éclat singulier.

— Mon Dieu, mais qu'avez-vous donc ? s'écria-t-il.

— Je n'ai rien, monsieur Chéron.

— Si, si, vous avez quelque chose ; votre figure est toute décomposée et je vois bien que vous avez pleuré ; ah ! je devine... mais ce sera donc toujours la même chose ! Nom de nom, c'est trop fort, et si j'étais le patron !... Enfin, suffit, on sait ce qu'on sait et on pense ce que l'on pense.

— Monsieur Chéron, reprit Geneviève d'une voix oppressée, quand le bon père Anselme reviendra de son voyage, vous lui direz que j'ai fait pour lui la prière qu'il m'a demandée.

Maintenant, continua-t-elle, je vous quitte, je ne veux pas vous empêcher plus longtemps de prendre le repos dont vous avez besoin ; adieu, monsieur Chéron, je vous recommande ma lettre.

Et laissant l'ouvrier tout ahuri, elle descendit précipitamment l'escalier, éclairée par le concierge. Dans l'allée, elle remercia vivement le brave homme, que le froid avait saisi, car il grelottait; puis, franchissant la porte d'un bond, elle se retrouva dans la rue.

Elle respira bruyamment, à pleins poumons, et prit sa course, descendant le faubourg avec la rapidité d'une flèche. Elle passa devant les magasins et la maison Lionnet sans jeter un regard sur les fenêtres; mais, un peu plus loin, elle s'arrêta brusquement devant la boutique fermée d'un marchand de vin. C'était là, dans un enfoncement occupé autrefois par un marchand de marrons, qu'elle avait vu souvent le vieux commissionnaire assis sur son escabeau.

Pendant quelques instants elle resta immobile, songeuse, la tête penchée en avant.

A ce moment, quelles pouvaient être ses pensées?

Elle se redressa, quitta le trottoir, se plaça au milieu de la rue et plongea son regard dans la longue et large coulée montante du faubourg. Elle disait adieu pour toujours au grand quartier du travail et à son peuple d'ouvriers au milieu desquels elle avait si longtemps vécu et qu'elle aimait.

Elle soupira, passa à plusieurs reprises sa main sur son front, hocha la tête, puis s'écria :

— Maintenant, à la grâce de Dieu !

Elle reprit sa marche rapide, se dirigeant vers la place de la Bastille.

Pauvre Geneviève ! L'inconnu était devant elle !

XV

PREMIER JOUR A MARSEILLE

En train omnibus, on met vingt-quatre heures pour se rendre de Paris à Marseille. Le père Anselme, qui était parti de Paris le vendredi matin à six heures trente, arriva à Marseille le lendemain à six heures du matin. Il faisait grand jour.

Le vieillard se sentait à peine fatigué du long trajet qu'il venait de faire. Il est vrai qu'il avait l'habitude de ne pas avoir toutes ses aises. Et puis, pendant un bon tiers de la route, seul dans son compartiment, il avait pu s'allonger sur une banquette, se reposer et dormir.

Ce n'était certainement pas la première fois qu'il venait à Marseille et il devait connaître parfaitement la ville, car sans se faire renseigner par personne, d'un pas lourd, mais agile, un pas de commissionnaire, il se dirigea en ligne droite vers la Cannebière, le beau et opulent quartier de Marseille.

Sa valise de voyage, qu'il portait à la main, n'était pas lourde; elle ne contenait qu'un peu de linge; mais le bon vieux avait sur lui, en or et en billets de banque, toutes ses économies, à peu près un millier de francs.

Le dépôt de meubles de la maison Lionnet, constamment et richement approvisionné par les expéditions de la maison de Paris, se trouvait dans une des rues qui avoisinent le port.

Le père Anselme s'enfonça dans cette rue avec l'espoir d'y découvrir un hôtel où il pourrait se loger pendant son séjour dans la ville. Malgré l'heure matinale, la rue était déjà pleine d'une foule de gens pressés allant à leur travail ou à leurs affaires. Mais le vieillard ne faisait nullement attention à ce va-et-vient, à ce fourmillement d'hommes, de femmes et d'enfants, qui donnaient en petit le spectacle que présente, à Paris, le faubourg Saint-Antoine à l'heure de l'ouverture des ateliers; il portait ses regards à droite et à gauche, sur les maisons, cherchant la lanterne d'un hôtel.

Tout à coup, ses yeux tombèrent sur une enseigne en grandes lettres dorées, et il lut :

Maison Lionnet, de Paris

MEUBLES

Deux garçons de magasin, dont l'un pouvait bien avoir soixante ans, achevaient d'enlever les volets qui, pendant la nuit, fermaient la devanture du vaste magasin.

— Ma foi, se dit le commissionnaire, je vais commencer, à tout hasard, par faire connaissance avec ce vieux ; il a une bonne figure et me fait l'effet d'être un brave homme.

Traversant la rue aussitôt, il aborda le garçon de magasin.

— Monsieur, lui dit-il avec beaucoup de politesse, j'arrive à Marseille, où je ne connais personne, et je suis à la recherche d'un hôtel ; ne pourriez-vous pas m'en indiquer un où je serai bien, sans cependant payer trop cher, car je ne suis pas riche.

— Vraiment, mon brave homme, vous avez bien fait de vous adresser à moi, répondit le garçon ; il n'y a pas d'hôtel dans cette rue-ci ; mais dans la première rue à droite, la quatrième maison est un hôtel tenu par une de mes nièces. Allez là, dites à ma nièce que vous lui êtes recommandé par son oncle, le père Brazier, et vous serez reçu comme un ami.

— Oh ! mille fois merci ! Tout de même c'est une bonne pensée que j'ai eue de m'adresser à vous. Je suis de Paris...

— Ah ! vous êtes de la capitale !

— Oui, mon brave, et si vous y veniez un jour, je serais heureux de faire pour vous, à Paris, ce que vous faites aujourd'hui pour moi à Marseille.

— Paris, Paris, je suis trop vieux maintenant pour y aller ; mais je le connais, Paris.

— Ah ! vous y avez demeuré ?

— Oui, un mois. J'aurais pu y rester, mais le mal du pays m'a pris et je suis revenu à Marseille.

— Dans quel quartier habitiez-vous ?

— Faubourg Saint-Antoine.

— Ah ! comme ça se trouve, je demeure au faubourg Saint-Antoine.

— Vraiment, vraiment ?

— Vous étiez sans doute chez des parents au faubourg ?

— Je n'ai pas de parents à Paris ; mais c'est là qu'est notre grande maison ; voyez notre enseigne.

— Maison Lionnet ! Il faudrait que je ne fusse pas du faubourg Antoine pour ne point connaître la maison Lionnet ; je puis même vous dire que je connais M. Lionnet, madame Lionnet, M. Albert Lionnet et mademoiselle Geneviève Lionnet.

— Mais alors nous sommes tout à fait en pays de connaissance ! s'écria joyeusement le garçon de magasin.

— Dame, vous voyez.

— Eh bien, mon cher monsieur, il faut que vous sachiez que c'est M. Lionnet qui m'avait fait venir à Paris, il y a de cela une dizaine d'années, pour me confier le poste de gardien en chef des magasins ; mais comme je vous l'ai dit, j'ai eu la bêtise de ne pas me plaire là-bas.

— J'ai dans un des ateliers de M. Lionnet un bon camarade que vous connaissez peut-être.

— Vous l'appelez ?

— Chéron.

— Mais je le connais très bien, M. Chéron ; quel brave homme ! C'est un des meilleurs et des plus anciens ouvriers de la maison. Il y était déjà du temps de M. Gautrain.

— C'est vrai. Est-ce que vous apparteniez aussi à la maison en ce temps-là, monsieur Brazier ?

— Oui, car je suis fier d'avoir pu rendre, à cette époque, des services à M. Lionnet.

— C'est bien, c'est très bien, dit le père Anselme.

Il pensait à part lui :

— Voilà l'homme qui me donnera les renseignements que je suis venu chercher ici.

Mais jugeant qu'il devait agir avec une certaine prudence, il remit ses questions à un autre moment. Il tendit la main au garçon de magasin en disant :

— Cher monsieur Brazier, j'espère que nous nous reverrons.

— Avec plaisir, monsieur.

— Madame votre nièce donne-t-elle à manger ?

— Certainement, monsieur.

— Voulez-vous me faire l'amitié de venir dîner ce soir avec moi ?

Le garçon hésitait.

— Nous parlerons de mon ami Chéron, de M. Lionnet et de sa famille, ajouta le père Anselme.

— Eh bien, oui, monsieur, j'accepte.

— A la bonne heure. Donc, à ce soir !

— A ce soir, monsieur.

Le père Anselme s'éloigna. Il avait la joie au cœur.

— Je débute on ne peut plus heureusement, se disait-il ; ah ! Dieu a entendu la prière que mademoiselle Geneviève lui a adressée pour le vieux commissionnaire.

La maîtresse de l'hôtel des Trois-Marins accueillit très gracieusement le voyageur qui lui était envoyé par son oncle. Elle n'avait plus que quatre chambres disponibles ; l'une d'elles, heureusement, était très convenable et M. Anselme y serait admirablement. Elle y conduisit elle-même son nouveau client. Celui-ci déclara que la chambre était fort belle et qu'il s'y trouverait à merveille pendant les quelques jours qu'il passerait à Marseille, où il était venu, dit-il, afin de remplir certaines formalités au sujet d'un petit héritage laissé par une vieille parente.

Il annonça à la dame qu'il avait l'intention de prendre ses repas à l'hôtel et que le soir même il aurait pour convive son oncle, M. Brazier.

— Si vous le désirez, monsieur, dit l'hôtesse, vous serez servi dans votre chambre.

— Mais c'est parfait, répondit-il enchanté; oui, je prendrai mes repas dans ma chambre.

Resté seul, le père Anselme se jeta tout habillé sur le lit et pendant trois heures dormit d'un bon sommeil. En se réveillant il sentit qu'il avait faim; il sonna le garçon, se fit servir deux œufs sur le plat, plus un morceau de veau froid, et quand il se fut restauré, il s'en alla flâner à travers la ville jusqu'à six heures. Il rentra, demanda si l'on pensait à son petit dîner et monta dans sa chambre où, à sept heures, Brazier vint le rejoindre.

La table était mise; presque aussitôt le garçon apporta le potage, et les deux amis se mirent en devoir de bien faire.

Le garçon de magasin remarqua, non sans surprise, que son compagnon mangeait peu et buvait encore moins; seulement de l'eau légèrement rougie. Une pareille sobriété était singulière, surtout aux yeux d'un Marseillais.

— Mon cher Brazier, dit le père Anselme, ne faites pas attention à moi, un peu de vin dans de l'eau, voilà ma boisson ordinaire; j'ai très bien déjeuné ce matin, car j'avais grand'faim, et je n'ai pas ce soir le même appétit; mais vous, mon brave, faites honneur à la cuisine de madame votre nièce, qui est vraiment excellente.

Et, constamment, il remplissait le verre de son hôte. Le vin était bon, du vieux vin cacheté, le meilleur qu'il y eût dans l'hôtel.

Brazier s'animait, s'échauffait, parlait beaucoup, et disait en riant, mais sans oublier de vider son verre :

— Monsieur, vous allez me griser !

— Allons donc, répondait gaiement le père Anselme, un vrai Marseillais comme vous ne se grise jamais.

Le garçon servit le café et les liqueurs.

Nouvel étonnement de Brazier quand il vit que le père Anselme ne touchait ni à l'eau-de-vie, ni au rhum, ni à la chartreuse.

— Je ne bois jamais de liqueurs fortes, dit le vieillard en souriant.

— Pas même dans votre café ?

— Pas même ainsi.

— C'est drôle. Mais vous êtes donc un homme comme il n'y en a plus ?

— Affaire d'habitude, voilà tout, mon cher Brazier; mais, encore une fois, ne faites pas attention à moi. Avez-vous goûté à ce rhum ?

— Deux fois.

— Eh bien, un verre de chartreuse, maintenant.

— Volontiers ; crâne liqueur !

— Est-ce que vous ne fumez pas ?

— Mais si, et avec votre permission...

— Tenez, voilà des cigares.

— Si ça ne vous fait rien, monsieur Anselme, je préfère ma pipe.

— Ne vous gênez pas, mon ami, fumez votre pipe.

Le garçon de magasin tira de sa poche sa blague à tabac, sa vieille pipe marseillaise, superbement culottée, la bourra, l'alluma et se mit à fumer avec délices, lançant vers le plafond des colonnes de fumée âcre et épaisse.

De son côté, le père Anselme alluma un cigare qu'il fit semblant de fumer.

— Tout de même, on est bien, dit Brazier; j'ai mangé comme quatre, bu comme dix... Et quand je pense que nous nous connaissons seulement depuis ce matin! Vrai, monsieur Anselme, vous êtes un bon zig. On peut vous appeler un ami, vous, à la bonne heure! Touchez là, monsieur Anselme.

Les deux hommes se serrèrent la main.

Et laissant aller sa tête en arrière, sur le dossier de sa chaise, Brazier poussa un soupir de satisfaction et d'homme repu. Il n'était pas ivre, mais passablement gris.

— Dites-moi, mon cher Brazier, êtes-vous content de votre situation?

— Autant qu'un vieux comme moi peut l'être; je ne gagne pas des mille et des cents, mais je n'ai qu'à moi à penser, et je vis sans rien demander et sans rien devoir à personne. J'aurais pu être plus heureux; mais bast, à quoi bon me plaindre, quand j'en vois tant qui sont encore moins heureux que moi? Vous voyez ma vieille pipe, elle est ma consolation. Avec deux sous de tabac, je peux me passer de dîner. J'ai soixante-deux ans, monsieur; je n'ai plus la force d'autrefois, mais je resterai au magasin tant que je pourrai me tenir debout, M. Lionnet, — oh! quel bon maître, — ne veut pas qu'on me renvoie, et quand je ne pourrai plus aller, la maison me fera une petite pension. Pourvu que je puisse fumer ma pipe jusqu'à la mort, je serai content.

— Allons, vous n'êtes guère exigeant. Quand vous me parlez de ce que M. Lionnet fait et veut faire pour vous, je reconnais bien là l'excellent patron, qui est l'ami, le père de tous ceux qui travaillent pour lui. Vous aurez une pension, vous pouvez y compter ; c'est bien le moins qu'on puisse faire pour vous, qui êtes un des vieux serviteurs de la maison Lionnet.

— Vingt-deux ans de service, monsieur Anselme.

— Oui, puisque vous êtes entré dans la maison de Marseille lors de sa création, en 1865. Tenez, j'ai l'occasion de voir assez souvent mademoiselle Geneviève Lionnet, je lui parlerai de vous.

— Vous êtes bien bon, monsieur Anselme. Mademoiselle Geneviève! Une charmante jeune fille! Elle est aujourd'hui une grande demoiselle et doit être bien belle.

— Elle est belle, gracieuse, adorable, elle a tout pour elle!

— Toute petite, elle était déjà gentille et mignonne comme un petit ange.

— Au fait, c'est vrai, vous l'avez vue quand elle était toute petite.

— Oui, monsieur, et je l'ai portée dans mes bras jusqu'au bateau le jour où M. et madame Lionnet se sont embarqués pour l'Algérie.

— Quel âge avait-elle, alors?

— A peine deux ans.

— Elle est née à Marseille?

— C'est à croire.

— Comment, vous n'en êtes pas sûr?

— Je ne l'ai pas vue venir au monde; et puis, monsieur Anselme, je vas vous dire, il y a là un mystère.

— Un mystère! Vous me faites rire, mon cher Brazier.

Le garçon de magasin lâcha une trombe de fumée qui remplit toute la chambre, rapprocha son siège et s'accoudant sur la table.

— Pour moi, dit-il, baissant la voix et prenant un air mystérieux, mademoiselle Geneviève n'est pas la fille du patron de Paris.

Le commissionnaire s'attendait à cette révélation; néanmoins il éprouva un saisissement tel que la respiration lui manqua; ses yeux s'inondèrent de clarté et son cœur se mit à battre avec violence. Mais, devenant bien vite maître de son émotion :

— Voyons, voyons, mon cher Brazier, dit-il, ce que vous me comptez là est bien étrange, M. Lionnet ne s'est-il pas marié en 1863?

— Oui, à Bordeaux.

— Dix-huit mois ou deux ans après, madame Lionnet n'a-t-elle pas mis au monde une petite fille?

— Vraiment oui, et cette petite fille est née à Bordeaux; je l'ai vue dans son berceau, car les patrons l'ont amenée avec eux à Marseille. Mais quelques mois plus tard elle est morte du croup. Pauvre petite, elle n'avait pas encore un an.

— Brazier, mon ami, êtes-vous bien sûr de la mort de cette enfant?

— Absolument sûr, monsieur Anselme, c'est moi qui l'ai mise dans son petit cercueil et j'ai assisté à son enterrement.

— Oh! alors, je ne doute plus. Maintenant, parlez-moi de la petite Geneviève.

— Je ne sais pas grand'chose.

— N'importe, dites toujours.

— Les patrons eurent un grand chagrin de la perte de la petite, et peu de temps après, M. Lionnet, ne voulant plus rester dans l'appartement qu'il avait loué au centre de la ville, parce qu'il lui rappelait trop cruellement le souvenir de la morte, il le quitta pour aller demeurer à l'extrémité du faubourg, tout près des Catalans, dans une maison très plaisante, entourée d'un beau jardin et à une faible distance de la mer.

— Alors, mon cher Brazier, alors? interrogea le père Anselme d'une voix anxieuse.

— Eh bien! monsieur, quand je n'avais plus rien à faire au magasin, tous les jours j'allais chez le patron; je l'aidais à cultiver le jardin, je faisais les commissions de madame Lionnet, je frottais les chambres, etc...

— Enfin, vous étiez tout à fait de la maison.

— Mon Dieu, oui.

— Continuez, mon ami, continuez.

— La veille du départ de M. Lionnet pour Alger, je passai la moitié de la journée chez lui, attendant la voiture que j'avais commandée pour enlever les malles. Elle arriva vers une heure de l'après-midi, et, comme je devais aller jusqu'au bureau des messageries pour faire enregistrer les colis, le patron me dit :

— « Brazier, il est inutile que vous reveniez ce soir, mais soyez ici demain matin à six heures avec une voiture, vous nous accompagnerez jusqu'au quai d'embarquement.

Le lendemain, à six heures moins un quart, j'étais avec la voiture devant la maison de M. Lionnet.

Jugez si je fus étonné, monsieur Anselme, en voyant un enfant dans les bras de la patronne. Qu'est-ce que c'était que cet enfant que je n'avais jamais vu, dont je n'avais jamais entendu parler? D'où venait-il? Ça, je ne l'ai jamais su.

Je devais avoir un drôle d'air, un air tout bête, car M. Lionnet me dit en riant :

— « Je comprends votre surprise, Brazier, vous ne vous attendiez pas à nous trouver trois ce matin; cet enfant est une petite fille, elle est jolie, n'est-ce pas? Elle nous est tombée du ciel la nuit dernière; c'est Dieu qui nous l'a donnée pour nous consoler de la perte de l'autre.

Le commissionnaire écoutait haletant, en proie à une agitation fébrile et ayant peine à se contenir.

Sans s'apercevoir de l'effet que produisaient ses paroles, le garçon de magasin continua :

— Les patrons montèrent dans la voiture et moi je grimpai à côté du cocher. Mais voilà qu'en arrivant près du port, nous fûmes pris dans un embarras de voitures.

« — Eh bien ! dit M. Lionnet, nous n'avons plus qu'un bout de chemin à faire, allons à pied. »

Avant de descendre de la voiture, madame Lionnet me tendit la fillette ; je la pris dans mes bras, et voilà, monsieur Anselme, comment j'ai eu l'honneur de porter celle qu'on appelle aujourd'hui mademoiselle Geneviève jusqu'à la passerelle du bâtiment qui allait partir pour Alger.

— En quelle année M. Lionnet est-il parti pour l'Algérie? demanda le père Anselme.

— En 1867, répondit Brazier sans hésiter.

— Vous souvenez-vous du mois?

— Hum, hum, c'est qu'il y a longtemps de cela.

— Vous avez une excellente mémoire, tâchez de vous souvenir.

Le garçon de magasin réfléchit un instant et répondit :

— C'était au commencement de l'année, au mois de mars, je crois bien.

— Ah ! au mois de mars, fit le commissionnaire, dont le regard flamboyait. Allons, mon ami, encore un effort de mémoire : quel jour M. Lionnet s'est-il embarqué ?

— Oh ! quant à ça, vous m'en demandez trop !...

— Puis aussitôt se frappant le front :

— Mais si, mais si, je peux vous le dire ; oh ! que je suis bête !... Ce jour-là, à titre de gratification, M. Lionnet m'a mis cent francs dans la main. Attendez, je vais voir.

Il sortit d'une de ses poches un vieux portefeuille crasseux, fortement rongé aux quatre coins.

— C'est mon livre de comptes, dit-il en riant.

Pendant un instant, il chercha sur les premiers feuillets. Le commissionnaire, les yeux arrondis, frémissant d'impatience, ne perdait pas un mouvement du garçon de magasin.

— Voilà, voilà, s'écria celui-ci, j'ai trouvé !

Et il lut :

— Reçu de M. Lionnet, le 11 mars, cent francs.

Le père Anselme se dressa comme par un ressort, une joie immense éclatait dans son regard. Ce n'était plus le même homme ; son corps s'était redressé comme par enchantement et il paraissait rajeuni de vingt ans.

— Onze mars, onze mars ! s'écria-t-il, plus de doute, c'est elle !... Dieu du ciel, je te remercie !

Et ne pouvant plus maîtriser son émotion, il se prit à sangloter.

Le garçon de magasin restait tout hébété, se demandant ce que pouvaient signifier les sanglots de son hôte et les paroles qu'il venait de prononcer.

Au bout d'un instant, subitement dégrisé, il comprit qu'il venait de commettre une indiscrétion pouvant avoir les plus fâcheuses conséquences.

— Monsieur Anselme, dit-il, c'est mal ce que vous avez fait.

— Quoi, qu'est-ce qui est mal ? fit le commissionnaire.

— Vous m'avez invité à dîner pour me faire parler, et moi, imbécile que je suis, je n'ai pas su tenir ma langue.

— Regretteriez-vous de m'avoir appris que mademoiselle Geneviève n'est pas la fille de M. et de madame Lionnet?

— Oui, je le regrette.

— Vous avez tort, mon ami; ne regrettez aucune de vos paroles, ne regrettez rien, et, au sujet de M. Lionnet et de mademoiselle Geneviève, soyez complètement rassuré; quant à vous, mon brave, il ne vous arrivera rien de désagréable, je vous le jure; votre indiscrétion n'aura point les conséquences que vous pouvez redouter; il en résultera, au contraire, beaucoup de choses heureuses. Je ne vous dis que cela aujourd'hui, mais vous saurez plus tard quel immense service vous venez de rendre à mademoiselle Geneviève.

Sachez-le, mon cher Brazier, car je n'ai pas à vous le cacher, je suis venu à Marseille exprès pour avoir les renseignements que vous venez de me fournir, et je n'hésite pas à dire que c'est la Providence qui vous a, ce matin, placé sur mon chemin.

Ecoutez, mon ami, je savais que mademoiselle Geneviève n'était pas la fille de M. Lionnet et ce que vous venez de m'apprendre, je l'avais en partie deviné. Mais il me restait un doute, ce doute je ne l'ai plus, merci de m'avoir dit ce que vous saviez, merci ! Ah ! vous ne savez pas, vous ne pouvez pas savoir comme vous me rendez heureux !

Vous êtes témoin de ma joie, je voudrais pouvoir la crier dans toutes les rues de Marseille, l'annoncer au monde entier !... Brazier, mon ami, il faut que je vous embrasse !

Et le commissionnaire donna une chaude accolade au garçon de magasin.

— Mais qui donc êtes-vous, monsieur ! s'écria le Marseillais, pénétré d'un sentiment de respect et d'admiration.

D'une voix lente et grave et le front irradié, le père Anselme répondit :

— Je suis l'ami le plus sincère et le plus dévoué de mademoiselle Geneviève.

XVI

UNE VIEILLE DETTE

Le lendemain matin, après s'être promené pendant une heure dans les rues populeuses de la ville, le père Anselme se rendit au bureau de la douane.

S'adressant à un employé qui pouvait avoir cinquante ans, il lui dit :

— Monsieur, voudriez-vous avoir l'obligeance de me donner un renseignement ?

— Volontiers, monsieur, si je le peux ; de quoi s'agit-il ?

— Autrefois, il y avait, à Marseille, un douanier appelé Jean Quévec.

— Parfaitement, Jean Quévec, un Breton...

— Existe-t-il encore ?

— Oui, mais il n'est plus douanier ; il a été mis à la retraite depuis une dizaine d'années.

— Est-ce qu'il a quitté Marseille ?

— Non pas, il aime bien trop la mer pour s'en éloigner ; il est vrai qu'il aurait pu retourner en Bretagne ; mais ce n'est pas l'Océan, c'est la Méditerranée qu'il aime.

— Je suis enchanté que Jean Quévec soit toujours à Marseille ; je suis de passage dans votre ville, monsieur, et une personne de ma connaissance m'a prié de m'informer du vieux Breton et de le voir, si c'était possible. Je vous serai reconnaissant, si vous le pouvez, de vouloir bien m'indiquer sa demeure.

— C'est facile, monsieur ; vous allez traverser la Joliette, suivre le faubourg jusqu'à l'extrémité de la ville ; vous ferez encore deux ou trois cents pas et vous arriverez à quelques petites maisons près de la côte et qui bordent la route ; c'est dans une de ces maisons que demeure Jean Quévec.

— Je vous remercie infiniment de votre obligeance, monsieur.

Le père Anselme salua l'employé et sortit du bâtiment de la douane.

Il s'engagea dans le faubourg indiqué, et au bout de vingt minutes, se trouva hors de la ville.

— Je ne puis pas me tromper, se dit-il, car, en dehors des sentiers, je ne vois que ce chemin conduisant à la côte.

Le temps était superbe, pas un nuage, le soleil brillait dans tout son éclat. Le père Anselme marchait sur un chemin poussiérieux, sans ombrage. Il avait à sa droite une vaste plaine accidentée, lande aride, sans végétation, tâchée seulement çà et là de maigres buissons au feuillage desséché.

A sa gauche, il avait la mer ; il entendait le murmure des petites vagues qui venaient doucement se briser sur la grève. Au large, l'immense nappe d'eau, légèrement irisée, paraissait unie comme un lac. Le soleil l'inondait de ses rayons et la rayait de longues lignes lumineuses au-dessus desquelles semblaient voltiger des paillettes de feu. Mais le père Anselme ne donnait pas un regard à ce spectable magnifique et grandiose qui sollicitait son admiration. Sombre et pensif, tenant ses yeux tournés vers la plaine inculte et déserte, où il n'avait rien à contempler, on aurait dit que la belle Méditerranée l'effrayait ou lui faisait horreur.

Il arriva au petit hameau qu'on lui avait indiqué.

Assis sur une pierre, près de la porte d'une des maisonnettes, un homme, un vieillard promenait ses regards sur la mer tout en se chauffant au soleil. Il avait le dos très vouté, la tête chauve et la figure couverte d'une barbe blanche. Son costume n'annonçait pas l'opulence ; il se composait d'un gilet de laine, d'une vieille vareuse, présentant toutes les nuances du jaune fané, et d'un pantalon usé jusqu'à la corde, portant encore la bande affectée à l'uniforme des douaniers.

— Voilà probablement mon homme, se dit le père Anselme.

Et il s'avança vers le vieillard.

Celui-ci, entendant un bruit de pas tout près de lui, releva la tête et s'empressa d'ôter son bonnet de coton pour répondre au salut de l'étranger.

— Monsieur, dit le père Anselme, ne seriez-vous pas l'ancien douanier Jean Quévec?

Le vieillard parut très surpris de s'entendre appeler par son nom par un homme qu'il ne connaissait pas ; mais il répondit aussitôt :

— Vous ne vous trompez pas, monsieur, c'est bien moi qui suis le vieux Jean Quévec. Qu'y a-t-il pour votre service ?

— Je désire causer un instant avec vous.

— Vous venez exprès de la ville pour causer avec le vieux Quévec ?

— Oui, monsieur, et aussi pour vous donner des nouvelles d'un homme à qui vous avez sauvé la vie il y a une vingtaine d'années et qui, comme vous le voyez, loin de vous avoir oublié, vous garde une éternelle reconnaissance.

— Ça, c'est bien, dit le vieillard en se levant, je sais de qui vous me parlez. Ainsi M. Féraud est toujours de ce monde ?

— Oui.

— Et il va bien ?

— Il jouit d'une excellente santé.

— Allons, tant mieux. Où est-il ? Que fait-il ?

— Il habite Paris où il est employé dans une maison de commerce.

— C'est très bien. Je ne vous le cache pas, monsieur, ça me fait grand plaisir d'avoir des nouvelles de M. Féraud. Mais je vous en prie, monsieur, donnez-vous la peine d'entrer dans ma pauvre demeure ; s'il y manque beaucoup de choses, vous y trouverez au moins un siège pour vous asseoir.

Les deux hommes entrèrent dans l'unique pièce du rez-de-chaussée, qui était en même temps une cuisine et une salle à manger. Les murs décrépits, noircis par la poussière et la fumée, étaient en si mauvais état qu'on ne voyait plus qu'ils avaient été jadis blanchis à la chaux.

Une vieille armoire, un bahut non moins âgé, une petite table carrée en bois blanc, quatre chaises et quelques ustensiles de cuisine meublaient la pièce.

L'ancien douanier et le commissionnaire s'assirent en face l'un de l'autre, près de la porte ouverte.

— Quand je ne m'asseois pas à l'endroit où vous m'avez vu tout à l'heure, dit le vieillard, voici ma place habituelle ; j'ai la mer sous les yeux, et, de très loin, je vois apparaître les navires.

— Et vous vous rappelez le temps où vous étiez en guerre avec les fraudeurs et les contrebandiers ?

— C'était le bon temps pour moi.

— Est-ce que vous le regrettez ?

— Quelquefois ; mais l'on ne peut pas être et avoir été ; on devient vieux, on a fini son temps, on cède la place aux jeunes. Le métier était rude, monsieur, mais il avait ses agréments. Entre douaniers et fraudeurs, c'est une lutte continuelle de ruses et de finesse, on y prend goût, et, quand on parvient à découvrir le stratagème habilement imaginé par les malins, on est tout joyeux. Avec les contrebandiers, c'est bien autre chose, c'est l'image de la guerre avec ses émotions et ses dangers.

— Ah oui ! les embuscades, la nuit, les poursuites sur la mer, sur les routes, c'est charmant, mais quelquefois on y laisse sa vie...

— Que voulez-vous, il faut gagner ses appointements.

— C'est vrai.

— Monsieur Féraud, qui vous a prié de venir me voir, est sans doute un de vos amis ?

— Mon meilleur ami, monsieur Quévec. J'habite aussi Paris, et quand Féraud apprit que j'allais me rendre à Marseille où j'ai un petit héritage à recueillir, il me pria de m'informer de vous, et si vous viviez encore, de vous faire une visite.

— « Anselme, m'a-t-il dit, je dois la vie au bon douanier Jean Quévec, et j'ai contracté envers lui une dette de reconnaissance dont je ne pourrai jamais m'acquitter. Mais il a fait autre chose, il m'est venu en aide, m'a donné des soins, a dépensé de l'argent pour moi, c'est une autre dette dont je peux m'acquitter aujourd'hui.

Alors, monsieur Quévec, mon ami Féraud me remit pour vous trois billets de banque de cent francs.

— Hein, trois cents francs pour moi ! exclama l'ancien douanier.

— Oui, monsieur Quévec, et voici cette petite somme, répondit le commissionnaire en mettant les trois billets dans la main de l'ancien douanier.

— Mais, monsieur, fit le vieillard, qui hésitait à accepter, je n'ai pas rendu quelques services à M. Féraud pour en être payé ; d'ailleurs, je n'ai jamais dépensé pour lui une pareille somme.

— Je ne sais pas, répliqua le père Anselme en souriant, mais j'ai cette somme à vous remettre, et vous ne pouvez pas, je crois, la refuser. Vous ne devez pas avoir fait beaucoup d'économies pendant vos années de service et votre pension de retraite n'est certainement pas bien grosse.

— J'ai huit cents francs, c'est tout ce qu'il me faut.

— Eh bien, monsieur Quévec, avec ces trois cents francs, vous vous procurerez quelques douceurs, qui ne sont pas de luxe, à votre âge.

— Ainsi, monsieur, vous croyez que je dois accepter ?

— Absolument.

— Soit, mais vous direz à M. Féraud qu'il ne me devait rien, mais rien du tout.

Le vieillard se leva, alla serrer les billets dans l'armoire et revint s'asseoir près du commissionnaire.

— Est-ce que M. Féraud vous a raconté comment j'ai eu le bonheur de lui sauver la vie? demanda-t-il.

— Je sais quelque chose de cela, mais pas tout, probablement.

— C'était la nuit, entre onze heures et minuit, Féraud se promenait tranquillement au bord de la mer. Tout à coup, il tomba au milieu d'une douzaine de contrebandiers qui attendaient l'arrivée d'un navire chargé de marchandises de contrebande. Ces misérables, le prenant pour un espion de la douane, l'entourèrent; l'un lui porta un coup de poignard en pleine poitrine, après quoi, ils le jetèrent dans la mer.

A ce moment, j'étais dans une barque avec deux de mes camarades, et nous avions avec nous deux forts rameurs. Nous occupions un poste d'observation dans une petite anse, creusée entre des rochers qui surplombaient au-dessus de nos têtes. Nous étions bien cachés, et il était impossible que les contrebandiers soupçonnassent la présence de notre barque.

Au large, les douaniers, en nombre et en force, s'emparaient du navire contrebandier.

Mais je reviens à M. Féraud : nous entendîmes le cri terrible qu'il poussa quand la lame de l'assassin pénetra dans sa poitrine, et presque aussitôt nous le vîmes tomber et s'enfoncer dans la mer ; par bonheur, l'eau était profonde à cet endroit, elle amortit la chute ; le corps reparut à la surface, mais nous pensions que ce n'était plus qu'un cadavre.

— Repêchons-le, dis-je à mes camarades.

Quelques coups d'avirons firent glisser la barque à portée du pauvre diable, que je parvins à saisir par un bras ; il était temps, car il allait disparaître et c'était fait de lui. Les camarades m'aidèrent à le hisser dans la barque et nous constatâmes avec joie qu'il respirait encore. En même temps, je reconnus dans ce malheureux M. Féraud, que j'avais vu souvent sur le port alors qu'il était employé à la compagnie des Messageries maritimes. Je ne pensai plus qu'à l'empêcher de mourir, si c'était possible.

Notre barque était rentrée dans la petite anse, nous nous mîmes à donner des soins au noyé, je pansai de mon mieux sa blessure qui, heureusement, n'était pas mortelle ; il avait dû déjà perdre beaucoup de sang, mais il ne coulait plus, c'était une bonne chose.

Le blessé commençait à revenir à lui, quand un signal nous avertit que nous pouvions quitter notre poste d'observation et regagner le port, ce que nous fîmes avec empressement.

M. Féraud respirait, il avait les yeux ouverts et nous faisait comprendre, par l'expression de son regard et de sa physionomie, qu'il entendait ce que nous lui disions ; mais il était dans un tel état de faiblesse qu'il ne pouvait faire un mouvement, ni prononcer une parole.

Qu'allais-je faire de lui ? J'étais fort embarrassé, ne sachant pas où il demeurait. Mes camarades étaient d'avis de le porter à l'hôpital. Mais l'hôpital était éloigné du port et moi je demeurais tout près.

— « Savez-vous, dis-je aux amis, je vais lui donner l'hospitalité pour cette nuit. Demain, s'il ne peut pas me dire lui-même où il demeure, je le saurai d'une autre manière et je le ferai transporter à son domicile. »

Les camarades trouvèrent que j'avais bien parlé, nous portâmes le blessé chez moi et je le confiai à ma femme et à ma nièce.

— Votre récit m'intéresse beaucoup, monsieur Quévec, et je vous demande pardon de vous interrompre. Mon ami Féraud m'avait aussi chargé d'être l'interprète de ses sentiments de reconnaissance auprès de madame Quévec et de votre nièce ; mais vous trouvant seul ici j'ai compris que vous aviez perdu votre chère femme.

— Hélas! oui, monsieur, elle est morte il y a douze ans.

— Et votre nièce?

— Morte aussi, monsieur.

— Oh!

— Ma nièce est morte quinze jours après ma femme et de la même maladie ; une de ces mauvaises fièvres qui, de temps à autre, passent à Marseille et font de nombreuses victimes. Maintenant, voilà, je n'ai plus personne, je vis seul avec mes souvenirs.

Le vieillard s'était ému, furtivement il essuya deux larmes.

Après un moment de silence, il reprit :

— Je comprends que M. Féraud ait gardé un bon souvenir de ma femme et de ma nièce, car elles l'ont soigné avec un grand dévouement. Puisque ce que je vous raconte vous intéresse, monsieur, avec votre permission je continue.

— Oui, oui, continuez.

— Dès que M. Féraud fut chez moi, mes amis m'aidèrent à lui ôter ses vêtements mouillés, nous lui mîmes une chemise à moi et nous le couchâmes dans le lit de ma nièce. Celle-ci, qui s'était levée comme sa tante à notre arrivée, était déjà partie pour aller chercher un médecin de la marine, excellent chirurgien que nous connaissions. Il vint tout de suite. Il examina le blessé, le pansa comme il fallait et nous dit simplement :

— « En le soignant bien, nous le sauverons. »

Le lendemain, le malade fut saisi par une fièvre violente et, pendant quatre jours et cinq nuits, il eut constamment le délire; il était incapable de répondre aux questions qu'on lui adressait.

Cependant, en interrogeant les uns et les autres, j'étais parvenu à savoir que M. Féraud demeurait depuis quelque temps déjà dans une maison isolée, au bord de la mer, du côté des Catalans, et qu'on appelait la maison de la plage.

Je connaissais madame Féraud, ayant eu l'occasion de la rencontrer deux fois en compagnie de son mari. Il fallait lui apprendre ce qui était arrivé à M. Féraud et, en même temps, la rassurer, car j'avais tout lieu de supposer qu'elle devait être dans une inquiétude mortelle.

Je me rendis à la maison de la plage; elle était déserte, plus personne. Qu'est-ce que cela voulait dire? Je m'informai aux Catalans et j'appris que, dans la nuit même où les contrebandiers avaient tenté d'assassiner M. Féraud, sa femme s'était enfuie de sa demeure, et, désespérée, folle de douleur, s'était précipitée dans la mer avec son enfant.

Dix, quinze personnes me racontèrent la même chose. Des hommes et des femmes avaient entendu les cris déchirants poussés par la malheureuse avant de se jeter à l'eau; un jeune Italien du nom de Paolo, un vagabond, un petit gueux de la pire espèce qui, la nuit et le jour, rôdait constamment le long du rivage, avait vu la pauvre jeune femme se noyer avec son enfant.

— Monsieur Quévec, mon ami Féraud m'a conté cela un jour en pleurant; le malheureux est convaincu que sa femme n'existe plus; mais il ne peut admettre que la mère se soit noyée avec son enfant. D'ailleurs, d'après ce qu'il m'a dit, les cadavres n'ont pas été retrouvés.

— C'est vrai, monsieur. Je vous dirai tout à l'heure ce que je pense à ce sujet.

J'avais amené M. Féraud chez moi, pensant ne le garder qu'un jour ou deux, il y resta six semaines, c'est-à-dire jusqu'au jour où, complètement guéri, il nous quitta. Dès que la fièvre eût cessé, j'aurais pu le faire porter à l'hôpital, mais ma femme et ma nièce ne voulurent pas entendre parler de cela; il était leur malade, elles tenaient à le garder, à le soigner, à le guérir.

Comme je vous l'ai dit, M. Féraud resta cinq jours sans avoir conscience de rien; enfin, il reprit possession de lui-même; la mémoire lui revint, il retrouva la faculté de penser, de réfléchir et put parler. Il s'étonna de ne pas voir sa femme près de lui, il voulait l'embrasser ainsi que sa chère petite fille; on lui dit que madame Féraud était souffrante, qu'elle ne pouvait pas venir; enfin nous répondions le mieux qu'il nous était possible aux nombreuses questions qu'il nous adressait. Une forte émotion aurait pu le tuer et, naturellement, nous devions attendre qu'il fût tout à fait hors de danger pour lui faire connaître l'affreuse vérité.

Ce ne fut qu'au bout d'un mois, quand il commença à aller tout à fait bien et pour le retenir, l'empêcher de courir à la maison de la plage, que ma femme et ma nièce eurent le courage de lui apprendre la terrible chose.

Ah ! le pauvre garçon ! Pendant trois jours, il fut comme fou et nous craignîmes de nouveau pour sa vie. Jamais je n'ai vu une pareille douleur, c'était épouvantable.

A partir de ce moment, il devint sombre et taciturne ; il restait concentré en lui-même, ne parlait plus. A certaines heures, la nuit surtout, il avait des crises d'un effrayant désespoir ; il se tordait sur son lit comme un damné, se frappait la tête et la poitrine, s'arrachait les cheveux, et plus d'une fois ma femme et ma nièce l'entendirent s'écrier :

— « Je suis le plus grand misérable que la terre ait porté ! Dieu m'a maudit ! »

Bref, un matin, après nous avoir beaucoup remercié, il nous embrassa en pleurant et nous quitta en nous disant :

— « Je suis le plus malheureux des hommes, plaignez-moi ! »

Depuis, monsieur, et jusqu'à ce jour, je n'avais plus entendu parler de M. Férand, et, bien des fois, je me suis demandé ce qu'il pouvait être devenu, ce qu'il faisait.

— En quelques mots je vais satisfaire votre légitime curiosité : Pendant des années, le pauvre Férand a traîné un peu partout sa malheureuse existence, travaillant n'importe à quoi quand on voulait bien l'occuper; il a connu toutes les souffrances, toutes les misères; il a été des jours sans pain et a dû mendier pour apaiser sa faim ; souvent sans gîte, il a passé des nuits à la belle étoile, couché dans l'herbe des champs ou dans les fossés au bord des routes.

Et cette vie aventureuse et vagabonde, cette vie de paria a duré jusqu'au jour où, arrivé à Paris, il a trouvé une occupation qui l'a mis enfin à l'abri du besoin.

Il est resté longtemps, très longtemps, dans le midi de la France, allant d'un village à un autre, s'arrêtant aussi dans tous les hameaux, toutes les fermes; il n'est pas une ville des départements du midi, entre Marseille et Lyon, Montpellier et Bordeaux, qu'il n'ait visitée et pour ainsi dire fouillée dans tous les coins.

Quelque chose lui disait que sa femme ne s'était point noyée avec son enfant, il les cherchait.

— Et il ne les a pas retrouvés?

— Hélas!

— Monsieur, je vous ai promis de vous dire quelle était ma pensée au sujet de madame Féraud; eh bien, moi aussi, je suis convaincu qu'elle ne s'est pas jetée dans la mer.

Le père Anselme saisit une des mains de l'ancien douanier, et, la serrant fortement :

— Je lis dans vos yeux, s'écria-t-il d'une voix vibrante d'émotion, vous savez quelque chose!

— Oui, monsieur, et ce que je sais, je vais vous le dire, afin que vous puissiez le répéter à M. Féraud.

— Ah! parlez, parlez, monsieur Quévec!

XVII

LA MAISON DES FOLLES

Après avoir réfléchi quelques instants, comme s'il eût eu besoin de consulter sa mémoire, le vieux Jean Quévec reprit la parole.

— Monsieur, dit-il, pendant trois mois je crus, comme beaucoup d'autres, que la pauvre madame Féraud, dans un moment de désespoir et d'égarement, s'était précipitée dans la mer, tenant sa petite serrée dans ses bras.

Cependant je m'étonnais que les cadavres n'eussent pas été repêchés, car il n'y a ni crocodiles, ni requins le long de notre côte marseillaise; et, à vous dire vrai, monsieur, ça me taquinait.

Un jour, je fus invité à un déjeuner de camarades. Nous étions cinq ou six douaniers et un vieil agent de police de la ville se trouvait parmi nous. Tout à coup, en causant, je ne me souviens pas à propos de quoi on se mit à parler de la pauvre jeune femme qui s'était noyée avec son enfant et dont on n'avait pas retrouvé les cadavres. Chacun disait son idée; moi, j'écoutais les autres, tranquillement.

— « Quand le malheur dont vous parlez est-il arrivé ? demanda l'agent de police...

Les camarades ne se se souvenaient plus ; ce fut moi qui répondis :

— « Dans la nuit du dix au onze mars dernier. »

— « Ce doit être cela, murmura l'agent. »

Il tira son calepin de sa poche, le consulta et reprit :

— « Oui, c'est bien cela, et il y a là, tout au moins, une coïncidence singulière. Le onze mars dernier, continua-t-il, vers neuf heures du matin, je rencontrai et arrêtai dans une rue de la ville une jeune femme d'une beauté remarquable. Tout d'abord je crus avoir affaire à une vagabonde ; mais, à ses yeux hagards, à ses paroles incohérentes, je reconnus bien vite que cette jeune femme était une pauvre folle.

Elle était pauvrement vêtue, des souliers troués chaussaient ses pieds ; sa robe, déchirée en plusieurs endroits, était couverte de poussière et de taches de boue comme si elle se fût roulée dans un ruisseau. Ses magnifiques cheveux châtains foncés, très longs, emmêlés et souillés comme le vêtement, couvraient ses épaules, retombaient sur les hanches et la poitrine et encadraient son visage livide, dont l'expression douloureuse était navrante.

Le père Anselme écoutait avidement, les yeux démesurément ouverts et la main appuyée sur son cœur comme pour en comprimer les battements précipités. Il était très pâle et son regard brillait d'un éclat fiévreux...

Mais l'ancien douanier n'avait plus ses bons yeux d'autrefois, il ne remarqua point l'état d'agitation de son interlocuteur. Il poursuivit :

— L'agent nous fit si bien le portrait de la pauvre femme, que je crus reconnaître madame Féraud; mais comme je n'étais pas absolument certain que ce fût elle, je gardai pour moi ce que je pensais. Toutefois, monsieur, je n'ai pas besoin de vous dire que si j'avais su où était M. Féraud, je me serais empressé de le prévenir.

— Je vous crois, monsieur Quévec; mais que fit-on de la malheureuse? Le savez-vous?

— L'agent la conduisit au bureau de police. Là, on l'interrogea, mais on ne put obtenir d'elle aucune parole intelligible, elle paraissait encore sous le coup d'une grande terreur. On fit une enquête ou un semblant d'enquête, et, comme personne ne vint la réclamer ou dire qu'il la connaissait, elle resta inconnue et on la conduisit comme telle à l'asile des aliénées du Bon-Pasteur.

Le père Anselme se leva brusquement, il ne pouvait plus tenir en place.

— Monsieur Quévec, dit-il, je ne manquerai pas de répéter fidèlement vos paroles à mon ami Féraud, et, en son nom, je vous remercie. Ainsi vous croyez que la malheureuse dont vous venez de me parler était madame Féraud?

— J'ai pensé que ce pouvait bien être elle, monsieur, mais je ne peux pas l'affirmer.

— Croyez-vous qu'elle soit toujours à l'asile du Bon-Pasteur?

— Dame, je ne ne peux pas dire... Il y a vingt ans de cela, monsieur, et elle peut bien être morte!

Le père Anselme éprouva une commotion violente qui le fit chanceler. Mais, se remettant aussitôt :

— Non non, se dit-il, en se redressant, une fl...

dans le regard, Dieu qui a veillé sur l'enfant a conservé les jours de la mère!

Vous avez raison, monsieur Quévec, reprit-il à haute voix, depuis vingt ans, la mort a fait de nombreuses victimes; quand elle a frappé votre femme, votre nièce, elle n'avait aucune raison pour épargner une pauvre folle.

— Ah! la mort, monsieur, la mort! Elle est cruelle, elle fauche à tort et à travers sans choisir ceux qu'elle prend! Le plus souvent, ce sont ceux qu'elle devrait jeter dans la tombe qu'elle laisse vivre.

— Hélas! oui, monsieur Quévec.

— C'est comme ça, la vie, prononça philosophiquement le vieux Breton.

— Maintenant, monsieur Quévec, je vais vous quitter, merci de votre bonne hospitalité, merci encore de ce que vous venez de m'apprendre.

— Monsieur, dites bien à M. Féraud...

— Soyez tranquille, je n'oublierai rien, et d'ici peu vous recevrez une lettre de lui.

— Oh! cela me fera bien plaisir.

Le père Anselme serra la main de l'ancien douanier et, d'un pas pressé, reprit le chemin de la ville.

Il avait la tête pleine de pensées et il essayait vainement de se rendre maître de son émotion; il tremblait, sa poitrine se gonflait et des larmes roulaient dans ses yeux.

A un moment il s'arrêta, jeta les yeux sur la mer, tressaillit, puis levant son regard et ses mains vers le ciel :

— Mon Dieu, s'écria-t-il, mon Dieu, si c'était elle!

Il passa sa main sur son front brûlant comme s'il avait la fièvre et, reprenant sa marche rapide :

— Allons, soyons calme et n'espérons pas trop, se dit-il, Dieu est le maître de tout, que sa volonté soit faite !

Il rentra à son hôtel, déjeuna très vite, donna un coup de brosse à son vêtement, sortit et s'enfonça dans les rues tortueuses du vieux Marseille, se dirigeant vers l'asile du Bon-Pasteur.

Il arriva devant le bâtiment municipal et resta un long instant triste et pensif, les yeux fixés sur la porte de cet hospice ouvert aux plus navrantes des misères humaines.

L'image de la folle qu'il allait voir, si elle vivait encore, s'offrait d'avance à sa vue. Quel douloureux spectacle ! Il lui semblait que tout se brisait en lui, et il lui fallut un suprême effort de volonté pour retenir ses larmes et ne pas éclater en sanglots.

Folle, folle !... Mais était-ce elle ? Etait-ce bien Gabrielle de Saulieu, la mère de Geneviève ?

Il ne voulait pas en douter; mais folle, folle !... Hélas ! n'eût-il pas été préférable qu'elle se fût noyée, comme on l'avait prétendu, que d'être réduite à cet état lamentable de l'être humain dans l'intelligence duquel la dernière lueur, la dernière étincelle s'est éteinte pour toujours, et qui n'est plus que l'objet d'une douloureuse pitié qu'il ne comprend même pas ?

Et il songeait aux caractères divers que prend l'aliénation mentale, depuis la manie douce jusqu'à la folie furieuse; il les envisageait les uns après les autres, et se demandait en frissonnant quel était le genre de folie de la malheureuse dans laquelle le vieux Jean Quévec avait cru reconnaître madame Féraud.

Les scènes douloureuses et variées à l'infini dont les malheureux frappés du terrible fléau sont les acteurs se présentèrent à son imagination surexcitée, dans un défilé fantastique et tumultueux. Alors il lui sembla que sa propre raison s'ébranlait et qu'il était capable de devenir fou lui-même.

Pour échapper à l'hallucination, il se secoua violemment; l'affreuse vision s'effaça subitement; il poussa un soupir de soulagement et, ayant repris possession de lui-même, il sonna à la porte de l'hospice.

Derrière un guichet, qui s'ouvrit peu après, une voix d'homme demanda :

— Que voulez-vous ?

— Je désire voir M. le directeur de l'hospice, répondit le père Anselme.

Il entendit un grincement de fer, la porte lui fut ouverte et il entra. Un garçon de service le conduisit dans un parloir et le pria d'attendre. Le directeur était, en ce moment, en conférence avec plusieurs personnes.

L'établissement du Bon-Pasteur se composait d'un corps principal affecté à l'administration, et d'une série de pavillons aux toits de briques, séparés par des cours et des jardins. Tout avait été aménagé pour que les malades fussent dans les meilleures conditions d'hygiène et de bien-être possible. L'air circulait librement, les arbres étaient nombreux; on avait voulu que, pendant la belle saison, les regards fussent récréés par la verdure.

Mais ce n'en était pas moins une prison, et le cœur du commissionnaire se serrait à la pensée des sombres mystères enfermés dans ces murs.

Les voix des folles, qui se promenaient dans les cours, arrivaient jusqu'à lui et le faisaient tressaillir.

Il attendait depuis environ vingt minutes et commençait à trouver le temps bien long, lorsqu'une porte s'ouvrit sans bruit et il vit paraître une religieuse. C'était une femme âgée, mais très alerte encore. Son œil noir exprimait en même temps la douceur et l'énergie. Cette vieille religieuse était la surveillante principale de la section des femmes; sa mission réclamait un ensemble de qualités qui se trouvent rarement réunies dans la même personne, et on l'avait évidemment choisie, parce qu'elle était une femme d'un mérite exceptionnel.

— C'est vous, monsieur, dit-elle en s'avançant vers le père Anselme, qui avez demandé à voir le médecin directeur de la maison ?

— Oui, madame.

— M. le directeur est très occupé, et peut-être pour longtemps encore; comme il ne voudrait pas vous faire trop attendre, il m'a chargée de voir ce que vous désiriez et de vous répondre, si cela m'est possible. Voulez-vous me dire, monsieur, quel est l'objet de votre visite ?

Tout en parlant, son regard scrutateur était resté fixé sur le visage du visiteur, qui ne parvenait à cacher ni son émotion ni son agitation intérieure.

— Madame, répondit-il d'une voix tremblante, je suis à la recherche d'une malheureuse aliénée qui, d'après ce qu'on m'a dit, aurait été amenée au Bon-Pasteur, il y a vingt ans, le 11 mars de l'année 1867. Elle était jeune alors, car elle n'a aujourd'hui que quarante-quatre ans. Madame, cette pauvre femme est-elle toujours dans cette maison ?

— Quel est son nom ?

— Elle a été trouvée errante dans les rues de Marseille et reçue ici comme inconnue.

— Nous n'avons que quatre femmes inconnues dont deux sont italiennes.

La religieuse réfléchit un instant et murmura :

— Il y a vingt ans... elle a quarante-quatre ans...

Elle reprit à haute voix :

— J'ai une bonne mémoire, monsieur; cependant je ne puis vous répondre qu'en consultant le registre des entrées. Si vous voulez bien me suivre...

La religieuse et le père Anselme sortirent du parloir, montèrent au premier étage et entrèrent dans une grande pièce où se trouvaient, dans des armoires vitrées, les archives de l'hospice.

— Madame, dit le père Anselme, y a-t-il longtemps que vous êtes dans cette maison?

— J'entre dans ma trente-sixième année de service au Bon-Pasteur.

— Oh! alors, vous devez avoir connu la pauvre femme dont je viens d'avoir l'honneur de vous parler.

— Assurément, si l'on ne vous a pas trompé en vous disant qu'elle a été une des pensionnaires de l'établissement. J'ai un souvenir, mais attendons, le registre va m'éclairer complètement.

Elle ouvrit une armoire, prit un livre relié, épais comme la main, le plaça sur une table, l'ouvrit, chercha l'année 1867, puis le mois de mars.

— C'est cela, dit-elle, comme se parlant à elle-même, je ne me trompais pas, c'est bien elle!

— Eh bien, madame, eh bien? interrogea le commissionnaire d'une voix oppressée.

— On vous a exactement renseigné, monsieur, le 11 mars 1867, à deux heures de relevée, une jeune femme inconnue, pouvant avoir, dit le livre, vingt-cinq ou vingt-six ans, a été amenée ici. Interrogée, elle n'a pu dire ni d'où elle venait ni qui elle était; l'infortunée avait tout oublié et perdu complètement le sentiment de sa personnalité.

Elle fut l'objet d'une longue et savante consultation de nos médecins, qui déclarèrent que sa folie n'était pas incurable.

— Ah!

— Les meilleurs soins lui furent donnés; on obtint successivement de légères améliorations; mais on ne parvint pas à la guérir. Impossible de lui faire retrouver la mémoire, toujours la pensée absente.

— Hélas! soupira le père Anselme.

Aussitôt, avec une sorte d'impatience fiévreuse:

— Ah! s'écria-t-il, je ne puis rester plus longtemps dans l'incertitude; ma sœur, il faut que je voie cette malheureuse, mettez-moi en sa présence!

— Vous me demandez une chose impossible.

— Impossible! Ah! je comprends, elle est morte!

Il courba la tête, comme écrasé, et la religieuse vit tomber deux larmes sur ses joues.

Elle répondit d'une voix douce, pleine d'intérêt et de compassion:

— Je ne vous dis pas qu'elle est morte, attendu que je l'ignore. Il y a dix ans que l'infortunée n'est plus ici.

— Mais où est-elle, mon Dieu, où est-elle?

— Dieu seul le sait.

— Ainsi, murmura-t-il avec un accent de douleur profonde, je ne saurai pas, je ne peux pas savoir...

— Voyons, dit la religieuse, vous venez de parler de l'incertitude où vous êtes, de quoi voudriez-vous être certain?

— Hélas ! c'est inutile maintenant.

— Enfin, dites toujours.

— Eh bien, madame, je suis venu ici sans être absolument sûr que la pauvre jeune femme qui y a été amenée le 11 mars de l'année 1867 est bien la personne que je cherche.

— Cette personne que vous cherchez, l'avez-vous connue?

— Oh ! oui, je l'ai connue.

— Alors, vous la reconnaîtriez à son signalement ?

— Tout de suite, madame.

— Eh bien, écoutez.

Et la religieuse lut :

« Taille au-dessus de la moyenne, cheveux châtain foncé très longs, visage ovale, menton rond, nez aquilin, bouche petite, très belles dents, sourcils bien marqués, yeux bleus avec longs cils, teint pâle, joues amaigries, mains blanches aux doigts effilés, petits pieds. »

— Je ne doute plus, exclama le père Anselme, c'est elle, ma sœur, c'est bien elle !

— Il y a encore ceci, monsieur :

« Linge de fine toile, marque d'un G.

Puis cette observation :

« Doit appartenir à une riche famille. »

Un sanglot s'échappa de la poitrine du commissionnaire.

— Hélas ! dit-il avec des larmes dans la voix, pourquoi n'est-elle plus ici? Je suis venu, espérant la retrouver, et elle est perdue, perdue pour toujours !

— Permettez-moi une question, monsieur : Y a-t-il longtemps que vous cherchez cette femme ?

— Je l'ai cherchée pendant seize ans, toujours

soutenu par l'espoir de la retrouver; puis, découragé, j'avais fini par croire qu'elle n'existait plus.

— Quand avez-vous appris qu'elle avait été amenée dans cette maison?

— Ce matin même.

— Reconnaissez donc l'intervention de Dieu; c'est lui qui, aujourd'hui, vous a mis enfin sur les traces de celle que vous avez vainement cherchée pendant tant d'années. Reconnaissez cela, monsieur, et demandez-vous si vous avez le droit de douter de la divine Providence. C'est elle, croyez-le, qui dirige vos pas; laissez-vous conduire, et, par des chemins qu'elle seule connaît, car ses vues sont impénétrables, elle vous conduira vers celle que vous cherchez.

— Vous avez raison, ma sœur; oh! c'est le Dieu de bonté et de justice qui vous a inspiré les consolantes paroles que vous venez de me faire entendre. Eh bien, oui, je veux espérer encore et tout attendre de la Providence.

— A la bonne heure.

— Mais, ma sœur, demanda-t-il d'une voix hésitante, ne puis-je savoir?...

— Quoi? Interrogez-moi sans crainte.

— Pourquoi n'est-elle plus ici? Comment se fait-il que vous ignoriez ce qu'elle est devenue?

— Je vais vous le dire : Elle était d'une douceur et d'une bonté angéliques; tout le monde, ici, s'intéressait à elle, l'aimait, et moi, particulièrement, j'avais une grande affection pour ma pauvre G., — nous l'appelions ainsi par la lettre dont son linge était marqué; — tout à fait inoffensive, elle n'était soumise à aucune surveillance et on la laissait aller et venir tranquillement; enfin elle jouissait d'une grande liberté.

Nous pouvions laisser les portes ouvertes toutes grandes sans craindre que l'idée lui vînt d'en franchir le seuil; nous en avions fait souvent l'expérience.

Un jour, cependant, elle s'échappa par la porte extérieure du jardin réservé, laquelle donne sur la campagne. Cette porte se trouvait ouverte pour donner passage à un paysan qui apportait de l'engrais destiné aux fleurs et aux légumes du jardin; cela arrivait assez souvent.

Il pouvait être trois heures de l'après-midi, et, malheureusement, on ne s'aperçut de la disparition de ma pauvre G., qu'après le coucher du soleil, quand l'heure de la rentrée eut sonné.

— Et on ne l'a pas recherchée?

— On a fait pour la retrouver tout ce qu'il était possible de faire. Tout le personnel de l'établissement se mit aussitôt en campagne; on espérait qu'elle ne s'était pas éloignée. Des cultivateurs l'avaient vue passer à travers champs, allant dans la direction d'un bois de sapins qui se trouve à une demi-lieue d'ici. Tout le reste de la soirée, jusqu'à la nuit noire, on explora inutilement les environs. Le lendemain, dès la première heure, les recherches recommencèrent; on fouilla le bois, rien. On alla à plus de cinq lieues dans toutes les directions qu'elle avait pu prendre, impossible de se mettre sur ses traces.

Nous dûmes supposer alors qu'elle avait constamment marché et fait peut-être huit ou dix lieues sans s'arrêter.

Le père Anselme poussa un long soupir.

— Dieu est le maître de toutes les destinées, monsieur, reprit la religieuse; croyez-le, si la malheureuse femme que vous cherchez est partie de cette maison, c'est que Dieu l'a voulu et probablement parce qu'il fallait qu'il en fût ainsi. Je vous le dis encore une fois, les vues du Tout-Puissant sont impénétrables et tout ce qu'il fait est bien fait; ne cessez pas d'espérer en lui et de compter sur sa Providence ; oui, oui, elle vous conduira vers celle que vous cherchez.

Le père Anselme secoua tristement la tête.

— Monsieur, ajouta gravement la religieuse, l'avenir donnera raison à mes paroles. Je vois que vous avez souffert, beaucoup souffert.

— Oui, beaucoup.

— Depuis longtemps?

— Oui.

— Croyez-vous avoir mérité une récompense?

— Oh! si je le crois!

— Eh bien, il y a toujours dans le ciel des récompenses réservées à ceux qui les ont méritées.

— Oui, ma sœur, Dieu est bon, car il a déjà fait beaucoup pour moi. Ah! je ne suis pas ingrat envers lui, je le remercie de toute mon âme!

— Cependant, il ne vous a pas encore accordé tout ce que vous lui avez demandé.

— Hélas!

— Allons, mon ami, courage, patience et espoir.

— J'espère, ma sœur, j'espère.

Après un court silence, la religieuse reprit :

— Avez-vous encore quelques questions à m'adresser, monsieur ?

— Vous m'avez dit, ma sœur, que les médecins aliénistes de la maison avaient déclaré que sa folie n'était pas incurable ?

— Ils en étaient convaincus.

— Cependant ils n'ont obtenu que de légères améliorations dans son état ?

— Comme je vous l'ai dit, monsieur, elle avait complètement perdu la mémoire et le sentiment de sa personnalité. Pour la guérir, il eut fallu réveiller en elle les souvenirs éteints du passé, la mettre en présence d'une ou de plusieurs personnes qu'elle avait intimement connues ; une mère, un père, un époux, un frère, une sœur; cela était impossible, puisque nous ignorions qui elle était et d'où elle venait, puisque nous ne pouvions l'appeler que par la lettre initiale G.

Il aurait été utile aussi de savoir par suite de quelle commotion violente elle avait perdu la raison.

Nous avons, à plusieurs reprises, prononcé devant elle tous les noms du calendrier qui commencent par un G; elle les a entendus sans qu'aucun d'entre eux parût évoquer en elle un souvenir.

— Son prénom, ma sœur, est Gabrielle.

— Ah ! elle s'appelle Gabrielle ; elle était mariée?

— Oui, mariée et mère.

— Et c'est sans doute par suite de la mort de son mari ou de son enfant qu'elle a été atteinte de la terrible maladie?

Le commissionnaire baissa la tête sans répondre.

La religieuse comprit qu'elle était en présence d'un secret douloureux qu'elle devait respecter.

— Peut-être aurais-je le droit de vous interroger, dit-elle, le droit de vous demander tout au moins qui vous êtes et qui était cette infortunée jeune femme que vous avez connue et que vous cherchez ; mais je sais qu'il existe des plaies auxquelles il ne faut jamais toucher. D'ailleurs, celle que vous appelez Gabrielle n'étant plus ici, nous n'avons plus à recueillir de renseignements sur elle.

Je viens de vous dire pourquoi, malgré tous les soins dont elle a été l'objet, nos savants médecins n'ont pu lui rendre la raison. Ah! si l'on avait pu lui parler de son passé, de sa famille, de ceux qu'elle avait aimés, faire vibrer les cordes de son cœur, la sortir enfin de son insensibilité!

N'ayant plus conscience de son être, les paroles qu'elle prononçait semblaient toujours s'appliquer à une autre personne. Parfois, il lui arrivait de dire : — « Sa mère l'a maudite, c'est pour cela qu'elle a toujours été malheureuse!

L'intonation de la voix, toujours la même, ne révélait ni regrets, ni tristesse; cependant, nous avons toujours pensé que ces mots : « sa mère l'a maudite » étaient l'écho d'un souvenir douloureux.

— Hélas! vous ne vous trompiez pas! murmura le père Anselme.

— Toutefois, continua la religieuse, un sentiment avait survécu en elle.

— Lequel, ma sœur?

— L'amour maternel.

— Pauvre Gabrielle!

— Le troisième ou quatrième jour après son arrivée ici, elle ramassa dans le préau un morceau de bois informe, le serra contre sa poitrine et se mit à lui adresser les paroles les plus douces, les plus tendres.

Nous pensâmes alors qu'elle avait pu perdre la raison par suite d'un violent chagrin causé par la mort de son enfant.

Elle n'aurait pas été la première mère que la perte d'un enfant eût conduite à la folie.

Une dame très riche, qui venait de temps à autre visiter nos pensionnaires, s'était intéressée à notre pauvre G. ; un jour, elle lui apporta une de ces grandes et belles poupées comme on en donne aux petites filles dans les familles opulentes ; elle la saisit d'une main fiévreuse, et depuis ce moment, ne la quitta plus. Quand on feignait de vouloir la lui prendre, ses yeux devenaient hagards, elle poussait des cris douloureux, et, après avoir supplié du regard, elle prenait une attitude menaçante. On l'aurait tuée, monsieur, plutôt que de lui enlever son idole.

Oui, oui, c'était bien chez elle le cœur de la mère qui avait été atteint; tout nous démontrait que c'était surtout dans son enfant que la malheureuse avait été frappée.

— Oui, dans son enfant, prononça sourdement le commissionnaire, car, épouse d'un homme indigne, d'un misérable, elle avait reporté sur sa fille toute sa tendresse, tout son amour. Ah ! la pauvre mère, elle a été abreuvée de toutes les amertumes, elle a connu toutes les souffrances, toutes les douleurs de la vie !

— Pendant plusieurs années, sa chère poupée lui procura toutes les joies qu'elle pouvait éprouver; elle passait de longues heures à contempler ce spectre de son enfant ; elle lui adressait des paroles incohérentes sans suite, auxquelles nous ne pouvions rien comprendre.

Parfois, la berçant dans ses bras, elle lui chantait un de ces airs à l'aide desquels une mère endort son enfant; mais elle ne comprenait pas ce qu'elle chantait, c'était une réminiscence qui lui revenait. Sa voix avait une douceur pénétrante qui remuait jusqu'au fond de l'âme. Elle avait dû être excellente musicienne. Souvent, pour l'entendre chanter, nous faisions cercle autour d'elle.

J'ai vu bien souvent les yeux des surveillantes se mouiller de larmes en la regardant; moi-même, je ne pouvais m'empêcher de pleurer. Pourtant le spectacle de toutes les misères que nous avons constamment sous les yeux aurait dû nous garantir de l'attendrissement. Mais nous tous qui l'approchions, nous l'aimions. Elle était si douce! Jamais un murmure, jamais une plainte.

J'ai remarqué que la folie, loin de changer le caractère et l'humeur, de détruire les penchants et les défauts, les traduit au contraire, les uns et les autres, avec exagération. Ainsi les personnes irascibles deviennent violentes, les parcimonieux deviennent avares, les caractères mélancoliques deviennent moroses, farouches.

Gabrielle avait été, certainement, d'une excessive bonté, car bien que n'ayant plus conscience de ses actes et de ses paroles, elle restait fidèle aux habitudes d'une nature douce, bienveillante et affectueuse, qui, avant son malheur, avait dû lui concilier toutes les sympathies. De plus elle avait toujours grand air, les manières distinguées, et il était facile de deviner qu'elle appartenait à une classe élevée de la société.

— Ah! vous avez deviné cela?

— Il suffisait de la voir pour en être convaincu. C'était l'opinion de nos médecins, celle surtout du bon docteur Sécaud qui, lui aussi, s'était pris d'un vif intérêt pour elle.

XVIII

OU LE COMMISSIONNAIRE SE FAIT CONNAITRE

Le docteur Sécaud, continua la religieuse, était habituellement un peu bourru et avait la voix assez rude; mais, quand il parlait à notre chère malade, sa voix devenait douce et avait des accents attendris et respectueux. Il lui consacrait plus de temps qu'à toutes les autres, il lui prenait les mains et s'ingéniait à trouver des paroles susceptibles de faire jaillir une étincelle de cette intelligence éteinte.

Hélas! tentatives inutiles, jamais une réponse à ses questions, jamais un symptôme qui trahît l'existence de la pensée. Et toujours revenait ce triste refrain :

— « Sa mère l'a maudite, c'est pour cela qu'elle a toujours été malheureuse !

Le docteur se tournait vers moi, et, avec une émotion qu'il s'efforçait en vain de cacher, il me disait :

— C'est là qu'est le secret, le point de départ de cette existence à jamais brisée. La pauvre femme a dû cruellement souffrir; je soupçonne quelque lamentable histoire dans laquelle elle a joué le rôle de victime innocente et résignée jusqu'au jour où la force lui a manqué.

— Hélas ! ma sœur, dit tristement le père Anselme, le docteur ne se trompait pas.

— Et cependant, monsieur, jamais de récriminations, jamais elle n'accusait ceux qui l'avaient fait souffrir, ceux qui, peut-être, avaient été ses bourreaux.

Le père Anselme laissa échapper une plainte sourde.

La religieuse étudiait les mouvements de la physionomie du vieillard, l'expression de son regard et se demandait :

— Ne serait-ce pas lui l'époux indigne, le misérable dont il parlait tout à l'heure ?

— Ma sœur, reprit le père Anselme, je vous remercie des renseignements que vous avez bien voulu me donner et aussi des paroles réconfortantes que vous m'avez fait entendre. Après ce que Dieu a déjà fait pour moi, je dois avoir l'espoir de retrouver un jour la malheureuse que je venais chercher dans cette maison ; oui, je la retrouverai et la raison lui sera rendue. Ah ! ma sœur, c'est elle, c'est elle, surtout, qui a droit aux récompenses que Dieu réserve à ceux qui les ont méritées !

Je ne veux pas abuser de vos instants plus longtemps, mais avant de vous quitter, je vous demande, ma sœur, de prier pour la pauvre Gabrielle ; Dieu entendra vos prières, et il rendra la victime innocente à sa famille, à sa mère, à sa fille, à son mari.

— Monsieur, répondit la religieuse avec émotion, je prierai pour elle et aussi pour vous, je vous le promets.

— Merci, ma sœur, merci !

Puis les mains jointes et les yeux tournés vers le ciel :

— Mon Dieu, prononça-t-il d'une voix suppliante, ne laissez pas votre œuvre inachevée ; après vingt longues années de souffrances, vous vous êtes laissé toucher par mon repentir et avez eu pitié de moi ; vous m'avez fait retrouver l'enfant, faites-moi donc retrouver la mère !

— Amen, répondit la religieuse en faisant le signe de la croix.

Le père Anselme s'inclina respectueusement devant la vieille sœur de charité.

— Encore une fois, merci, dit-il.

Et il se retira.

— Je ne doute plus, se dit la religieuse, cet homme est le mari.

Le soleil était couché et la nuit commençait à venir quand le père Anselme sortit de l'hospice du Bon-Pasteur. Il se dirigea d'un pas rapide vers la ville, car il ne lui fallait pas moins d'une bonne heure pour y arriver...

Cependant, si robuste et si vaillant qu'il fût, il avait les jambes fatiguées et éprouvait dans toutes les parties du corps une grande lassitude ; mais qu'était-ce que cela pour cet homme d'une énergie extraordinaire, dur pour lui-même, depuis longtemps habitué à l'existence de peine et de privations qu'il s'était faite ?

Il avait un but à atteindre, il marchait vers ce but, rien ne pouvait l'arrêter. Le malheur l'avait frappé de ses coups les plus terribles sans l'écraser. Comme le chêne superbe, il avait résisté à toutes les tempêtes.

— L'espoir est en moi, se disait-il ; ah ! comme c'est bon d'espérer ! Voilà pourquoi je n'ai jamais eu que de courts instants de défaillance et de doute. Mais depuis vingt ans je n'ai vécu que d'espoir ! l'espoir a été mon unique consolateur, lui seul m'a soutenu au milieu des rudes épreuves par lesquelles j'ai passé, c'est lui qui me donne la force et le courage !

Rentré à son hôtel, le père Anselme mangea seulement un potage et, tout de suite après, se mit au lit ; mais, très agité, ayant la tête pleine de toutes sortes de pensées, il ne parvint à s'endormir qu'à une heure avancée de la nuit. Il dormit d'un bon sommeil et ne se réveilla qu'à neuf heures du matin.

Le temps était superbe, depuis longtemps les rayons du soleil frappaient aux carreaux de la fenêtre.

C'était la première fois, depuis bien des années, que le père Anselme faisait ainsi la grasse matinée. Mais il s'était reposé et ne sentait plus rien de sa lassitude de la veille.

— Tout de même, dit-il, j'avais besoin de me refaire un peu.

Il se leva, s'habilla, ouvrit la fenêtre, regarda un instant dans la rue, puis il sonna le garçon qui lui apporta, sur sa demande, une tasse de café au lait et un petit pain.

Ayant déjeuné et se trouvant suffisamment restauré, bien qu'il n'eût pas soupé la veille, il se disposa à sortir.

— Vous allez faire une petite promenade ? lui dit gracieusement la maîtresse de l'hôtel à qui il souhaitait le bonjour.

— Oh ! fit-il, une promenade si l'on veut.

— Vous rentrerez pour midi ?

— Oui, si le notaire que je vais voir ne me retient pas trop longtemps, répondit-il en souriant.

Et il s'éloigna d'un pas tranquille. Mais, quand il eut tourné l'angle de la rue, il se mit à marcher rapidement. Comme il ne voulait pas s'aventurer dans les rues qui avoisinent le port, il dut faire un assez long détour pour sortir de la ville. Cependant, dix heures venaient seulement de sonner quand, arrivé au bord de la mer, il s'engagea dans un sentier qui le conduisit à une vieille masure devant laquelle il s'arrêta, saisi d'une émotion subite.

Cette masure s'était appelée autrefois la maison de la Plage; c'est là que Féraud, sa femme et leur enfant avaient demeuré. Mais la maison de la Plage, considérée comme une demeure maudite, n'avait plus été habitée par personne depuis la nuit sinistre, où frissonnante d'horreur et folle d'épouvante, Gabrielle s'en était enfuie, emportant sa fille qu'elle serrait fiévreusement contre son cœur. Ne pouvant plus tirer aucun profit de son immeuble, le propriétaire le laissait tomber en ruine et l'abandonnait aux rats, aux oiseaux nocturnes, aux vagabonds et aux rôdeurs de nuit qui venaient y chercher un abri contre la pluie et le mistral.

Que de souvenirs douloureux et navrants évoquait cette maison devenue inhabitable !

Les murs avaient de profondes lézardes et menaçaient de s'écrouler; la destruction complète du bâtiment n'était plus qu'une affaire de quelques années.

Il n'y avait plus une seule vitre aux croisées; les volets arrachés par des coups de vent, disloqués, brisés, gisaient au pied de la bâtisse, où ils achevaient de pourrir; les cheminées, renversées par quelque tempête, avaient, en s'abattant, enfoncé une partie de la toiture; il n'existait plus qu'une moitié de la porte qui ne tournait plus sur ses gonds rouillés et presque entièrement descellés.

Le père Anselme contemplait d'un œil morne cette image de la décrépitude et de la désolation.

— Sur les personnes comme sur les choses, murmura-t-il tristement, le temps exerce ses ravages.

Il pénétra dans l'intérieur de la masure. L'aspect n'était pas moins désolant qu'au dehors : partout les outrages du temps, partout la dévastation. Les boiseries rongées par les vers s'en allaient en poussière; l'action de l'humidité s'était également fait sentir sur les peintures, et les crevasses de l'extérieur se reproduisaient à l'intérieur.

Il n'y avait plus un seul meuble. Qu'était devenu le joli petit mobilier acheté par Féraud avec une des épaves des cent mille francs donnés par la marquise de Saulieu à sa fille le jour de son mariage? Le propriétaire de l'immeuble s'en était sans doute emparé ou l'avait fait vendre à la criée d'une vente publique pour se payer des termes de loyer qui lui étaient dus.

Le père Anselme ne jeta qu'un regard rapide dans la première pièce et entra dans la seconde, qui avait été la chambre à coucher des époux de Mérulle et de la petite Laurence. Aussitôt, une sorte de tremblement nerveux le secoua de la tête aux pieds; il était affreusement oppressé, quelque chose le serrait à la gorge et il lui sembla qu'une main de fer lui tordait le cœur. Des souvenirs pénibles, sombres, sinistres mêmes, s'emparèrent de son esprit, et, ne pouvant plus retenir ses larmes, il se mit à pleurer.

Au fond de la chambre vide, il croyait voir le lit de

Gabrielle avec ses rideaux de cretonne à grandes fleurs bleues, et, tout près, le berceau dans lequel dormait la fillette qui avait été l'objet de tant de sollicitude, de tendresse, d'amour maternel et de beaux rêves d'avenir.

Et ses larmes redoublèrent, et il sanglota en se rappelant l'odieux outrage lancé par le vicomte de Méruile à la face de Gabrielle de Saulieu, qui méritait toutes les admirations, tous les respects.

Comme s'il eût été écrasé sous le poids de l'horrible souvenir, il se courba et prononça d'une voix sourde :

— Misérable ! misérable !

Puis, comme s'il se fût trouvé en présence de la malheureuse lâchement insultée, il s'écria :

— Grâce, grâce ! pardon !

Peu à peu sa douleur se calma ; il essuya ses yeux et son visage et s'approcha de la fenêtre qui avait vue sur une petite chaîne de rochers qui bordent le rivage de la mer. Alors, lui revint le souvenir du drame qui s'était passé là, sur la plate-forme d'un de ces rochers, et il ne put s'empêcher de tressaillir.

Mais aussitôt sa physionomie s'anima et ses yeux étincelèrent. Il venait d'avoir une inspiration subite.

Il sortit de la maison où il était venu accomplir un pieux pèlerinage, comme s'il eût voulu prendre de nouvelles forces, se retremper au souvenir des malheurs qui avaient frappé Gabrielle de Saulieu et son enfant, et marcha vers la mer.

Il grimpa sur les rochers et, debout sur l'un des plus élevés, il se tourna vers la masure ; la fenêtre était en face de lui et son regard plongeait dans la chambre qui avait été celle de Gabrielle.

Un autre souvenir lui causa une impression douloureuse, un pli amer se dessina sur ses lèvres et de ses prunelles sombres, jaillirent des flammes.

— Le lâche! murmura-t-il. Aujourd'hui son cadavre en putréfaction est au fond de la Marne!

Il descendit de ce rocher et s'avança sur un autre qui avait une surface plate de quelques mètres carrés et était en surplomb sur la mer.

C'était là que les contrebandiers avaient entouré Férand, qu'ils accusaient de trahison, là que l'un d'eux lui avait plongé son poignard dans la poitrine; enfin, c'était du haut de ce rocher que la victime de la haine de Darasse avait été précipitée dans la mer.

Le père Anselme s'agenouilla, et les mains jointes et les yeux au ciel :

— Mon Dieu, dit-il avec une émotion profonde, je vous remercie de m'avoir laissé vivre afin de me permettre de réparer, autant que cela me sera possible, tout le mal que j'ai fait; j'ai souffert de la faim, de la soif, j'ai enduré toutes les misères, connu toutes les angoisses, subi toutes les tortures qui peuvent être infligées au cœur et à l'âme d'un homme; je ne me plains pas, je m'étais condamné moi-même à toutes les souffrances. Coupable, j'avais mérité mon châtiment.

Mon Dieu, vous avez entendu mes prières, vous avez vu mes larmes, vous connaissez mes regrets, et, après vingt années, vous avez été touché de mon repentir. Votre colère semble s'être apaisée, puisque vous m'avez pris en pitié. Ah! vous êtes bon! Merci, mon Dieu, merci!

Mais ne m'abandonnez pas encore, faites que je puisse achever mon œuvre, accomplir ma tâche jusqu'au bout. Grâce à vous, j'ai retrouvé l'enfant;

maintenant, aidez-moi, aidez-moi à retrouver la mère, ma pauvre Gabrielle.

Pour elles, tout le bonheur que vous donnez à ceux que vous aimez! Je ne demande rien pour moi; elles ont souffert par moi, je dois souffrir pour elles et, jusqu'au jour de ma mort, subir le châtiment que j'ai mérité.

Sans me faire connaître ni à madame la marquise de Saulieu ni à Geneviève, je rendrai la petite fille à sa grand'mère. Je veux rester inconnu tant que je n'aurai pas rempli la tâche que je me suis imposée.

Ici, devant vous, Seigneur, je fais le serment de ne pas être autre chose pour ma fille adorée que le père Anselme, le pauvre commissionnaire, jusqu'au jour où j'aurai mis Geneviève dans les bras de sa mère.

Ce jour-là seulement, je sentirai que la colère du ciel s'est apaisée et que le pardon a été accordé au coupable.

FIN DU TOME DEUXIÈME

TABLE DES CHAPITRES

DEUXIÈME PARTIE

LES MISÉRABLES

TROISIÈME PARTIE

LES VICTIMES

Émile Colin. — Imprimerie de Lagny.

www.ingramcontent.com/pod-product-compliance
Lightning Source LLC
LaVergne TN
LVHW020555110826
845149LV00002B/275

* 9 7 8 2 0 1 1 8 5 5 7 7 0 *